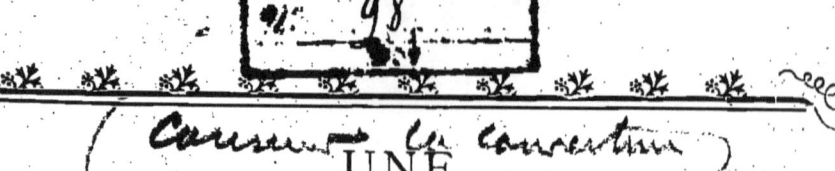

(Causerie — la couverture)

UNE
HISTOIRE VÉCUE

DES

CATACLYSMES DE LA MARTINIQUE

1891-1902

(Edith Duchâteau-Roger)

PAR UNE PAUVRE CLARISSE

FORT-DE-FRANCE LA RIVIÈRE MADAME

SE VEND AU PROFIT DES CLARISSES DE MONS — BELGIQUE

"UNE HISTOIRE VÉCUE"

DES

CATACLYSMES DE LA MARTINIQUE

UNE

"HISTOIRE VÉCUE,,

DES

CATACLYSMES DE LA MARTINIQUE

1891-1902

(Edith Duchâteau-Roger)

PAR

une Pauvre Clarisse du Monastère de Ste-Claire de Mons

« Ce sont de vraies scènes de la fin
du monde ! » (Abbé PAREL)

Société Saint-Augustin

DESCLÉE, DE BROUWER ET CIE

LILLE — PARIS -- BRUGES

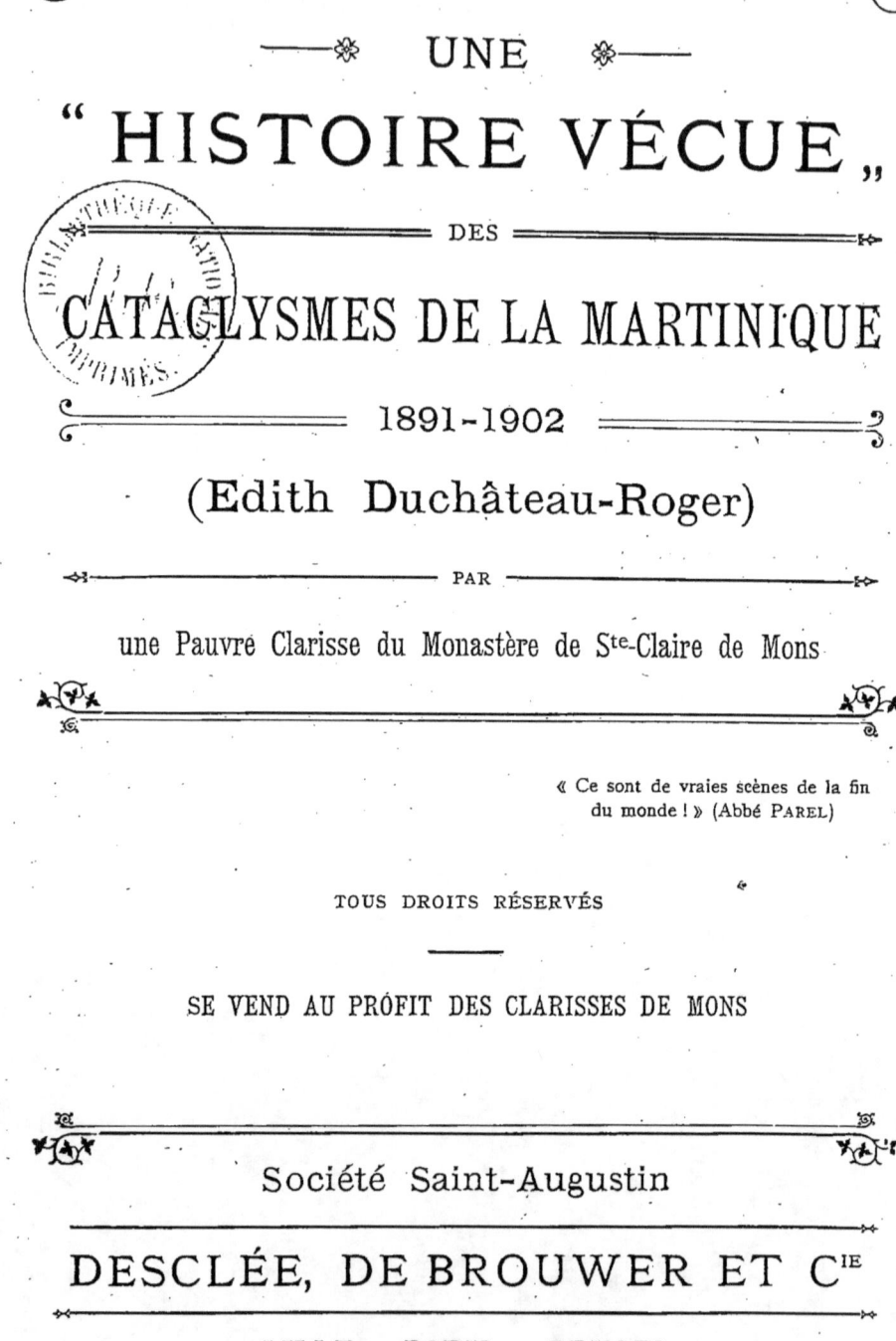

DÉCLARATION.

Conformément au décret du Pape Urbain VIII, l'auteur déclare soumettre sans aucune réserve au jugement du Saint-Siège apostolique et du Vicaire infaillible de Jésus-Christ, l'appréciation des faits et celle de la doctrine contenue dans cet ouvrage et y soumet pleinement sa personne.

Vu cette déclaration et sous toutes les réserves qu'il appartient, nous autorisons l'impression de l'ouvrage.

Tournay, le 12 novembre 1903.

V. CANTINEAU, Chanoine,

censeur des livres.

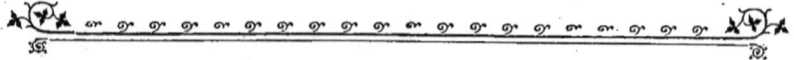

LETTRE ADRESSÉE A L'AUTEUR

par Son Éminence le Cardinal Lecot, Archevêque
de Bordeaux.

ARCHEVÊCHÉ
DE
BORDEAUX.

Bordeaux, le 29 octobre 1903.

MA CHÈRE FILLE,

*L'œuvre que vous avez bien voulu soumettre à mon examen
sort du cadre ordinaire de vos travaux.*

*Aussi vous la donnez comme un écho des récits faits pendant les récréations de vos chères novices par un témoin
oculaire.*

*Le récit dut être singulièrement dramatique, et le livre
reproduit bien le récit.*

*Pauvre Martinique ! Elle aura été, depuis qu'elle est colonie française, de la part du monde, l'objet d'une attention,
tantôt justement jalouse, et tantôt émue de la plus profonde
pitié pour ses grands malheurs.*

*On ne lira pas votre opuscule sans cet intérêt particulier
qu'excite dans toutes les âmes le tableau vivant de catastrophes
incomparables.*

*On y trouvera, avec cet intérêt immense, des leçons fortifiantes et des traits pénétrants d'édification, dans le peuple,
chez les Religieuses et chez les Prêtres.*

*A ce dernier titre, vous aurez une fois de plus rempli la
douce mission d'apostolat que la Providence semble avoir
voulu confier à votre plume, et vous pourrez vous reposer
dans la pensée qu'en intéressant vos chères Enfants et vos
lecteurs du dehors, vous avez encore fait un peu de bien.*

*Recevez pour vous, ma chère Fille, et pour votre si édifiant
monastère, mes paternelles bénédictions avec l'assurance de
mes meilleures prières.*

✠ *V. L. Card. LECOT,*
Arch. de Bordeaux.

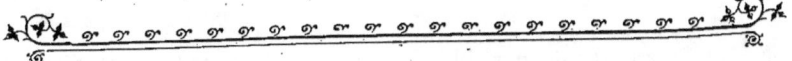

A SON ÉMINENCE LE CARDINAL LECOT,
Archevêque de Bordeaux.

ÉMINENCE,

Ainsi que j'ai eu l'honneur de vous l'écrire déjà, ma plume en larmes n'avait tracé d'abord le récit lamentable des malheurs de la Martinique qu'afin d'en conserver la mémoire aux habitantes de notre cher Monastère. Mais de nombreuses et pressantes sollicitations me font souscrire aujourd'hui à la publication de ces pages.

Avant qu'elles voient le jour, Monseigneur, j'éprouve le besoin de les dédier à votre Éminence, et cela pour deux raisons.

La première découle d'un sentiment profondément filial qui me presse de venir déposer entre vos mains paternelles cette humble gerbe en deuil glanée de faits vécus, de souvenirs navrants, hélas ! et tout humide encore des pleurs de notre compassion, de la rosée de nos prières.

La seconde, Éminence, c'est que la chère Martinique étant du ressort métropolitain de l'Église de Bordeaux, il est tout naturel que cette *Histoire vécue de ses Cataclysmes* soit, à ce titre, offerte et dédiée au Vénéré Cardinal-Archevêque, son premier Pasteur.

Je sais, Monseigneur, de quel paternel intérêt Votre Éminence entourait cette jeune église de Saint-Pierre, quelle part d'affection et de prières lui donnait votre cœur. Je me le rappelais encore en lisant naguère cette belle parole de la Sainte Écriture tracée par Jonathas aux Lacédémoniens : « Nous n'avions jamais cessé, depuis notre alliance, de nous souvenir de vous... » et cette autre de saint Paul à ses chers Philippiens : « Dieu m'est témoin combien je vous chéris tous dans les entrailles de Jésus-Christ. »

A ce double titre, Éminence, agréez l'hommage et la dédicace de cet humble labeur. Puisse-t-il être à votre douleur si vive encore une fleur de consolation, tout funèbre qu'en soit le parfum !

Il me souvient, Monseigneur, de la tristesse avec laquelle votre âme en deuil me parla l'an dernier, à mon passage à Bordeaux, de cette portion chérie de votre lointain troupeau. Une fois de plus j'admirai votre charité pour ceux qui souffrent et qui pleurent... Vous aviez de si compatissantes paroles pour les victimes disparues et pour les survivantes...

Si votre cœur fut brisé à la lugubre nouvelle de la catastrophe de

Saint-Pierre, il fut aussi bien consolé par la charité sans égale que manifesta en cette triste et douloureuse circonstance votre zélé et si cher suffragant. Rien ne pouvait adoucir davantage votre immense douleur que de voir Monseigneur de Cormont mettre immédiatement au service de l'île infortunée toutes les énergies d'un sublime dévouement... Qui n'a été ému et touché de ces quêtes universelles faites par ce noble quêteur, tendant la main au monde entier pour secourir les sinistrés de son malheureux diocèse ?

Quel cœur ne s'est senti angoissé en voyant le charitable Évêque faire voile à nouveau vers cette terre de feu pour aller pleurer au sein de son troupeau décimé, — comme il l'a dit lui-même, — tant de chers disparus, souffrir des souffrances des survivants, les consoler, les encourager, les secourir !... Que n'ont pas tenté sa bonté et sa compassion pour venir au secours de ses diocésains éprouvés, de tant de malheureux qui se trouvaient sans asile, sans pain, sans vêtements !...

La charité est ingénieuse. Celle de nos saints Prélats a toujours le secret de soulager, dans une large mesure, les misères qui réclament leur sollicitude de pères et de pasteurs...

En vous priant de bénir les Exilées de Mons, toujours vos filles malgré la distance, je vous offre leurs respectueux hommages et je me dis,

Monseigneur,

De Votre Éminence Vénérée,

La très humble et bien obéissante fille in Jesu,

M. SÉRAPHINE du Cœur de Jésus,

Vicaire et Maîtresse des Novices.

Mons, ce 4 octobre 1903,

en a fête de notre Séraphique Père saint François d'Assise

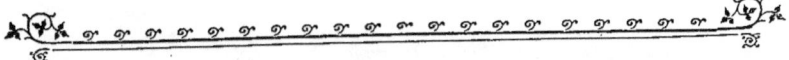

LETTRE ADRESSÉE A L'AUTEUR
par M. le Comte GANDELET

Chambellan de S. S. Pie X
Commandeur des Ordres de Saint-Grégoire-le-Grand et de Saint-Sylvestre,
Membre des Académies Pontificales de la Religion Catholique,
de la Tibérine et des Arcades.

MADAME ET RÉVÉRENDE MÈRE,

Je viens de lire l'émouvant récit que nous offre votre ouvrage d'une *Histoire vécue des cataclysmes de la Martinique.*

Je tiens à vous remercier cordialement au nom de vos nombreux amis de France et au nom de tant de familles en deuil qui ont perdu des parents aimés, des intimes et des connaissances bien chères dans les terribles catastrophes de notre colonie Antillaise.

Oh ! oui, merci d'avoir écrit ces pages, *memento* d'un intérêt palpitant, et qui, tout en rappelant de si douloureux et si dramatiques événements, auront néanmoins le secret d'adoucir bien des douleurs ; car, comme vous le dites avec tant d'exquise charité, pour la consolation des familles désolées, vous donnez jour et nuit, dans la solitude de votre vie de Clarisse, un spécial souvenir à ceux que vous avez connus et aimés : bien plus, vous souvenant de votre séraphique mission, vous, les victimes volontaires de l'amour de Jésus, vous les mortes vivantes, ensevelies dans le cloître, vous priez pour *toutes* ces victimes et vous offrez à Dieu vos rigoureuses pénitences pour *toutes* ces âmes qui ont paru si inopinément devant Lui.

La charité chrétienne est sans borne, elle doit être infinie comme l'amour du Christ pour ses enfants ; aussi, à vos prières et à vos mortifications se joindront d'autres prières et d'autres mortifications. Répondant à votre appel, des âmes pieuses iront avec vous « sur ce champ de bataille terrible où la Pelée coucha en un instant tant de milliers de victimes » ; champ de bataille d'inexprimables souffrances et d'atroces tortures où vos âmes silencieuses reviennent chaque jour, par la pensée, « pour redire un chapelet, réciter un office des morts, dire un *De profundis* ».

Que j'aime à recueillir de votre lyre du cloître ces strophes touchantes :

A chacun nous voulons donner une prière,
La fleur du souvenir,
Anges blancs des tombeaux, vous qui gardez Saint-Pierre
Laissez-nous y venir.

Dans ce champ de douleur qu'illuminent encore
De longs serpents de feu,
Ou que la cendre voile, hélas ! à mainte aurore
Oh ! prions le bon Dieu ! !......

Merci encore, Madame et Révérende Mère, pour l'édification que nous donne le récit de tant d'actes héroïques pratiqués par le clergé séculier et régulier de la Martinique, ainsi que par les religieuses et le peuple Martiniquais.

Au milieu de tant de douleurs, quelle consolation de voir briller le dévoûment admirable de ces prêtres et de ces religieux dont vous nous montrez la sublime charité qui se fait tout à tous! Quelle héroïque figure que celle du Père Mary tombant au champ d'honneur du sacrifice, s'oubliant et se donnant jusqu'à la mort pour secourir un peuple malheureux,! Quel noble exemple que celui que donne le vaillant Évêque de la Martinique, Monseigneur de Cormont, qui, aujourd'hui encore, comme un autre saint Vincent de Paul, va, tendant la main, pour secourir les pauvres de son diocèse en ruines!

Quelle ravissante vision surtout, que celle de ces religieuses si résignées et si dévouées! A pratiquer l'héroïsme en un tel désastre, les âmes d'élite grandissent et s'élèvent vers le ciel : l'amour de l'héroïsme constant leur vient au cœur : faut-il s'étonner si Dieu, parmi ces dernières, a voulu se choisir une Clarisse de plus? Disant au revoir dans la patrie céleste à ceux qui lui restaient sur la terre, l'heureuse privilégiée du Cœur de Jésus traversa les mers et notre pauvre France, devenue, hélas! si inhospitalière aux nobles dévoûments, pour vous rejoindre dans l'exil. A Elle, aussi, nos remerciements pour les documents qu'elle a bien voulu vous donner et qui nous valent aujourd'hui cette *Histoire vécue*, dont la place est marquée dans toutes les familles éprouvées qui pleurent un mort bien-aimé disparu dans ce grand cataclysme des temps modernes.

Avec l'assurance de mon sincère dévoûment, veuillez agréer, je vous prie, Madame et Révérende Mère, l'hommage de mes sentiments les plus respectueux et me croire toujours votre affectionné ami et serviteur,

Comte GANDELET,
Chambellan de S. S. Pie X.

Nancy, en la fête de tous les Saints, 1903.

LETTRE ADRESSÉE A L'AUTEUR

par Monseigneur Alexandre Le Roy, Évêque d'Alinda,
Supérieur Général de la Congrégation du Saint-Esprit.

Cette Histoire des Cataclysmes de la Martinique *est bien, comme elle s'intitule, une* Histoire vécue, — *vécue par une âme créole, douce, aimante, impressionnable et religieuse, à qui il a été donné de traverser indemne, en y laissant quarante-sept des siens, la plus effroyable catastrophe des temps modernes.*

De pareils souvenirs, recueillis en des conversations qui durent être captivantes et dépasser quelquefois l'heure réglementaire — un peu, — se lisent avec la rapidité et l'intérêt d'un roman saisissant, dont on saurait que « c'est arrivé ».

Ne nous plaignons pas de vivre une époque banale : révolutions du globe, commotions sociales, guerres religieuses, nous avons tout cela, et ce simple livre, sorti d'un monastère de Clarisses, en est le témoin vivant...

✠ *Alexandre LE ROY,*
Évêque d'Alinda, Supérieur général
de la Congrégation du Saint-Esprit.

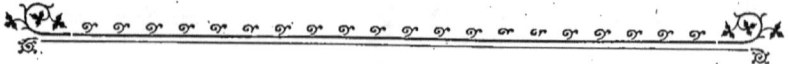

L'EXODE
des Clarisses de l'« Ave-Maria » de Bordeaux.
Talence, 28 septembre 1901.

> Oh ! n'exilez personne !
> Oh ! l'exil est impie !
> *(Un poète national.)*

'HEURE est matinale !... une foule nombreuse, parents, bienfaiteurs, amis, se presse dans les trop étroits parloirs du monastère extérieur...

On attend l'ouverture de la porte « dite de clôture », porte mystérieuse, d'où vont sortir celles qui n'y étaient entrées qu'après avoir dit un solennel adieu à la famille, au monde !... Pour la plupart, cet adieu date de peu, car le monastère, récent de fondation, renferme surtout de jeunes religieuses dont la profession ou la vêture comptent, pour les unes, quelques années, pour les autres, quelques mois...... Et dans ce monastère où elles s'étaient élancées radieuses, — pensant y être enfermées à jamais, — voilà qu'aujourd'hui, ceux qui avaient été témoins de leur entrée, sont conviés à assister à leur sortie... du cloître...

Elle était annoncée pour six heures du matin ; mais, bien avant, les spectateurs de cette cérémonie de « compliments de condoléances » et d'adieux, étaient là... Les parents pleuraient,... les amis attendaient... consternés...

Au bruit produit par l'ouverture des deux énormes serrures qui ferment l'unique battant de la porte claustrale, la foule, d'un mouvement spontané, unanime, se place sur deux rangs pour laisser passer les Moniales qui se rendent à la chapelle extérieure, celles du moins qui n'ont pas de famille... Les parents retiennent au passage leurs enfants et se rendent au parloir... Comment peindre cette dernière entrevue avant l'exil ? Regrets... compassion... espoir... tout cela se dit... mais par des larmes qui coulent silencieuses. . . . . .

. . . .

Ah ! qu'il était navrant ce départ pour l'exil... l'exil et ses suites telles qu'elles peuvent être pour de pauvres Clarisses qui, de par la Règle, sont tenues à ne vivre que d'aumônes... Il fallait dire adieu à la France aimée, au ciel bleu de l'Aquitaine, à la famille, aux bienfaiteurs, devenus des amis... Et puis !... quelle perspective ! la nouvelle existence là-bas... ou mieux, là-haut, sous le ciel du Nord... noir de nuages... l'incertain... l'inconnu... une prosaïque maison bourgeoise en échange de ce vaste couvent bâti dans toutes les conditions de l'art monastique... avec son carré de cloîtres aux voûtes ogivales encadrées encore, malgré la saison avancée, de roses, de chèvrefeuilles et de clématites !...

Enfin, sort de la chapelle le groupe des Moniales... elles en ont mouillé les dalles de leurs larmes amères... cette chapelle qu'elles avaient vue, au jour de leur vêture, si riante, si gracieusement décorée, aujourd'hui, elle a l'aspect d'un navire désemparé : les murs sont à nu... les blanches statues ont quitté leurs niches ;... la table du maître-autel, découronné de ses galeries et de sa flèche, reste seule, marquant la place de l'immolation de la Grande Victime dont le sang a coulé une dernière fois à l'aube de cette ultime journée... Le tabernacle ouvert atteste le départ de Celui qui vivifiait ses murs.

Dans la cour d'entrée, les rangs se forment de nouveau... On salue ces religieuses émues, mais fermes dans leur attitude... on leur serre les mains... on baise leur chapelet, leur scapulaire... et elles atteignent ainsi la dernière porte... porte d'entrée, si connue des visiteurs de l'« Ave-Maria » de Talence !...

Des omnibus les y attendent... Là, spectacle touchant ! Une foule, bien différente de celle qui remplissait les parloirs et les vestibules, s'y est réunie : gens du quartier ; hommes, femmes du peuple,... ouvriers et ouvrières de fabrique à en juger sur la mine !... Mais ce qui frappe, c'est la tenue irréprochable de tout ce monde... qu'amène, peut-être pour la plupart, un simple mouvement de curiosité !...

L'impression générale les gagne bientôt ; et, devant le spectacle de cette scène « inédite », il n'y eut pas un sourire mauvais, pas une parole ironique... Ils regardent avec une émotion visible le défilé de ces pauvres Clarisses, vêtues de bure sombre et enveloppées dans de longs voiles noirs.

« Je ne sais pourquoi, nous a écrit depuis un témoin, mon esprit, un peu troublé, remontait d'un siècle le courant des années... il revivait ces jours de la Révolution où des victimes aussi partaient entassées dans des chariots qui devaient les conduire à la mort !... Mais du moins ici, les haies, formées sur leur passage, n'applaudissaient point à leur

LE CLOÎTRE DE L' « AVE MARIA ».

malheur !... au contraire, tous s'inclinaient avec compassion et respect. »

L'ébranlement des voitures fut un moment d'émotion poignante : tous les chapeaux se levèrent, les mouchoirs s'agitèrent ; des yeux et du geste, on s'exprimait l'adieu le plus sympathique comme le plus douloureux.

Enfin les omnibus et les fiacres s'éloignent et, bientôt, les Pauvres Clarisses ne voient plus du monastère, — où elles se croyaient ensevelies à jamais, — qu'une vague silhouette, se dessinant sur un fond d'azur, car, en ce jour, par une certaine ironie de la nature, le ciel était sans nuage !... et le soleil radieux... Le clocher de la chapelle s'élevait tout en feu, faisant contraste avec les teintes sombres dans lesquelles se baignaient encore les vastes constructions claustrales. . . . .

. . . .

Pauvres femmes, nous nous en allions, emportées dans l'espace, les cœurs oppressés par les adieux, mais l'âme élevée vers celui qui, étant le seul Maître des événements, veut ou permet tout ce qui arrive... Tout bas, nous murmurions le *Fiat : Fiat* de la séparation !... *Fiat* de l'exil !... *Fiat* de l'abandon... demandant uniquement pour prix de nos douleurs l'*Adveniat Regnum Dei* sur cette terre de France qui ne nous voulait plus...

Fidèles à notre vocation de prière et de réparation, nous priions et nous nous offrions pour la patrie tant aimée... pour ceux qui pleuraient sur nous... et aussi pour ceux qui nous forçaient à l'exil !... C'était comme un *consummatum est*, l'écho de celui du Christ immolé une dernière fois sur l'autel de notre monastère, désormais un silencieux tombeau ! . . . .

. . . .

C'était une nouvelle oblation... un nouveau sacrifice... et comme une nouvelle mort......

S'EXILER : « C'EST MOURIR UN PEU » (¹).

Loin de ma « doulce » et belle France,
Ma souffrance

---

1. Inspiré de ce mot touchant d'une mélancolique poésie ; « Partir, c'est mourir un peu. »

Semble s'accroître chaque jour...
O Talence, mon beau séjour,
O Cloîtres de mon monastère,
     Ciel sur terre,
O sainte maison du bon Dieu :
Vous quitter : « C'est mourir un peu ! »

En vous franchissant, ô frontière,
     Ma paupière
Se mouillait des pleurs de l'exil.
L'âme disait : *Ainsi soit-il !*
Mais le cœur en désespérance,
     Loin de France,
Agonisait sous l'œil de Dieu :
S'exiler : « C'est mourir un peu ! »

En vain le soleil de septembre,
     Aux tons d'ambre
Dorait la plaine de *Bergen*
Et semblait en faire un Éden.
Loin du cloître et de la patrie
     Si chérie,
L'automne était pâle en ce lieu :
Loin de la France on meurt un peu !

Et maintenant... Dieu nous protège !
     La neige
S'étend partout comme un linceul,
Le ciel est noir... il est en deuil...
Oh ! qu'il fait froid loin de la France !...
     Quand j'y pense,
J'ai le grand frisson de l'adieu :
La quitter : « C'est mourir un peu » !

Quand fleurira la primevère,
     Messagère
Du beau printemps paré de fleurs
Et lorsque les merles siffleurs
Viendront sautiller par la haie,
     Moi plus gaie,
Je croirai revoir le ciel bleu
Loin duquel nous mourons un peu !

Lorsque la moisson blanchissante,
　　　Jaunissante,
Annoncera nouvel été,
Loin de mon pays regretté,
S'adressant au Dieu de la France,
　　　Ma souffrance
Lui dira : Moissonne, ô mon Dieu,
Ce qui me fait mourir un peu !

Et ce Dieu bon, Celui que j'aime,
　　　L'amour même,
Celui qui compte mes soupirs,
Centre adoré de mes désirs,
Me dira : Ma fille chérie,
　　　Ta patrie,
Ton ciel, c'est le Cœur de ton Dieu ;
Espère... et souffre encore un peu !

UNE PAUVRE CLARISSE.
D'une cellule d'exil, Mons, novembre 1901.

EDITH DUCHATEAU-ROGER.
St-PIERRE ET LE MORNE ROUGE.

« Ce que Dieu garde est bien gardé ! »

UNE DEMANDE RESTÉE EN SUSPENS !...

 PEINE arrivées en Belgique, notre terre d'exil, nous recevions, d'un religieux de la Martinique, une demande d'admission en faveur d'une Créole originaire de Ste-Lucie (Antilles Anglaises), mais ayant passé une grande partie de sa vie soit à St-Pierre, soit au Morne Rouge.

Cette jeune Antillaise était alors dans la Congrégation de N.-D. de la Délivrande et prenait une part active à la magnifique mission de dévouement qui fait la gloire et l'honneur de cet institut... Mais une voix intime la sollicitait depuis longtemps à une vie moins extérieure ; son âme mystique avait besoin de solitude et de silence claustral, conditions qui ne peuvent se rencontrer dans les labeurs de l'apostolat et le mouvement des œuvres.

L'acceptation fut ajournée... la situation particulière de la Postulante nous engageant à la prudence et à la discrétion... nous laissâmes le temps faire son œuvre : il devait affermir le sentiment s'il était vrai, profond, surnaturel, ou l'éteindre, s'il n'était qu'une impression passagère... Ce fut sous la cendre... sous la cendre d'un volcan, que se fortifia et mûrit cette vocation franciscaine !...

Notre Père François d'Assise chantait dans ses ardeurs célestes : *L'amour m'a mis dans un foyer, dans un foyer d'amour !...* Sa future fille, échappant au feu et à la lave d'un terrible volcan pour se consumer lentement dans les flammes de la vocation séraphique, peut redire, avec le céleste François : « Comme la vie a passé par la mort pour conquérir l'amour, elle sort de la mort pour renouveler l'Amour dans un autre Amour. Aussi le vaincu retrouve-t-il promptement ses forces et suit-il son Vainqueur à la Cour céleste ([1]) ». . . . .

---

1. S. François d'Assise, *Étude.*

Commençons notre récit :

*
* *

LE CHAMP DES MORTS

Mai, août nous apportaient par lettres et journaux la terrible annonce de la destruction de St-Pierre et de ses environs : le Morne Rouge !... Nous avions appris que dans le cataclysme, appelé avec raison *le plus grand des temps modernes*, bon nombre de familles de nos amis créoles avaient disparu. Les feuilles publiques nous avaient mentionné quelques noms,.. notre angoisse était grande !... puis, des lettres arrivant de Fort de France semblèrent fixer nos incertitudes... Le nom d'ÉDITH DUCHATEAU-ROGER ne fut pas donné parmi ceux des survivants... Nul doute qu'elle n'ait été ensevelie aussi dans l'immense linceul de cendre et de lave qui recouvrait la cité détruite...

Nous la cherchions parmi les morts : parmi les amis et les bienfaiteurs disparus, parmi d'autres postulantes aussi, âmes jeunes et pures qui attendaient l'heure de Dieu pour rompre les liens de la famille, dire adieu au sol natal et suivre le Solitaire de l'Alvernia dans les étroits sentiers de la pénitence et du renoncement... Pour tous nous redisions dans les élans de compassion et de douleur les suffrages des Trépassés. Qui n'a senti son cœur s'émouvoir en face de ce brasier, un instant allumé, et devenu un champ des morts ? N'y aurait-il qu'une pierre, restée debout, que, comme de nouveaux Jérémie, on se sent attiré à aller pleurer sur les ruines de cette Jérusalem moderne détruite en un clin d'œil et qui rappelle au souvenir « le terrible tableau que la Ste Écriture nous retrace de la désolation qui doit signaler la fin des temps (1) ? » O jour terrible, ô jour d'effroi, qu'as-tu été pour tant de milliers d'ensevelis ! Qu'il nous est doux de penser que jusque dans ce brasier la justice et la miséricorde se sont embrassées, et que nombre d'égarés auront trouvé un Sauveur dans leur Juge ! Ne nous est-il pas permis d'espérer que l'appareil épouvantable avec lequel cette mort s'est présentée subitement a causé le salut de beaucoup d'âmes qui ne l'eussent pas rencontré dans une mort moins violente ?... Il y a eu la minute de la préparation qui a précédé celle de la destruction !... Pauvres trépassés !... A

---

1. Mgr de Cormont, *Lettre pastorale.*

tous, connus et inconnus, notre prière vous est acquise ! jour
et nuit, du fond de notre silencieuse retraite, nous redisons
pour vos âmes ce cri qui monte droit au Cœur de Dieu :
Pie Jesu, dona eis requiem !...

***

UNE LETTRE D'OUTRE-TOMBE !...

Nous avions lu avec la plus profonde douleur le drame
inédit dans l'histoire, — à moins de remonter aux antiques
cités de Sodome et Gomorrhe, — de la disparition instan-
tanée de toute une ville, ne laissant qu'un seul survivant :
un larron nègre enfermé dans les cachots souterrains de la
prison et que sa « situation sous-sol » fit échapper aux
commotions atmosphériques... Mais voilà qu'un jour, une
lettre inattendue nous arrive !... Elle est de notre Créole ..
qui n'est point morte. — C'est une survivante !... « une
échappée » aux multiples catastrophes de la Martinique...

Pouvait-on refuser la douce solitude du cloître, l'ombre
d'un monastère à celle qui avait triomphé des laves d'un
volcan incandescent ?... A sa nouvelle demande, un essai
de Noviciat fut accordé... et accepté avec reconnaissance !...

***

CE QUE DIEU GARDE EST BIEN GARDÉ !...

L'ensemble de la vie de cette âme est une attestation
nouvelle que cette pensée n'est point un simple adage, mais
un principe de foi et une affirmation de l'étroite relation qui
unit tout être ici-bas à son Créateur... de la puissance ex-
clusive que Dieu garde sur tous les ouvrages sortis de sa
main. Au milieu même de ces bouleversements de la nature
où tout semble désordre, désarroi, confusion, dérogation à
toute loi raisonnable, Dieu reste Dieu, Maître absolu des
éléments en révolte, et le plus petit atome ne disparaît
qu'autant que sa volonté en a décrété ou permis l'anéantissement. Celui qui crée est aussi celui qui détruit quand il a
marqué l'heure de la destruction, et il n'est point d'agent,
quelle qu'en soit la force motrice ou explosive, qui puisse lui
imposer la destruction du plus petit insecte en dehors de
ses vouloirs... *Tous les confins de la terre sont en sa main et
les hauteurs des montagnes sont à Lui* (1).

---

1. Ps. XCIV.

N'est-ce pas dans ces grandes et sublimes croyances de la puissance infinie de notre Dieu, de sa Providence universelle, de sa sagesse profonde que nous puisons ces sentiments si forts d'abandon, de confiance, de tranquillité ?... Tranquillité même dans les temps les plus troublés, lorsque le sol tremble sous nos pieds et que le ciel est chargé de nuages menaçants... La nature en désordre ne nous offrirait-elle plus qu'une branche desséchée..., nous nous y précipiterions comme de petits oiseaux poursuivis... et y reposerions, calmes et joyeux, car la branche qui nous porte est celle de la Providence.

Mais revenons à notre Créole et à son émouvante histoire ; les faits parlent plus haut que toute dissertation... Les récits de ses derniers malheurs, des mille morts auxquelles elle avait échappé.... le parfum exotique de ses descriptions... émurent et charmèrent d'abord nos réunions de Communauté... Le parloir et les lettres en portèrent quelques échos au dehors... et au loin... Nos amis de la ville de Mons... et de France... des parents, des ecclésiastiques nous demandèrent avec instances de publier ce qui ne pouvait être dit par les journaux... et qui serait une *histoire vécue des cataclysmes de la Martinique par une échappée au Volcan.* Déjà nos novices avaient pris des notes sur les descriptions de ce pays féerique, sur ses productions extraordinaires, sur ses coutumes originales... le journal du Noviciat avait consigné beaucoup de faits, nous avons achevé l'œuvre commencée et nous publions le tout avec les *récits* et *lettres* de notre Chère Sœur, pour satisfaire ceux qui l'ont désiré et nous l'ont instamment demandé.

Avant de parler du cyclone de 1891, qui est le premier cataclysme de la Martinique auquel assista Edith Duchâteau-Roger, comme témoin, et presque comme victime, nous allons jeter un regard sur le paysage merveilleux qu'offraient St-Pierre et le Morne Rouge, théâtres des événements dont nous ferons ensuite le récit...

*

CE QU'ÉTAIT St-PIERRE, LA REINE DES ANTILLES !...

Les peintres ont le talent de personnifier la nature et de nous la rendre ainsi plus vivante, plus expressive et plus vraie... Je ne sais quel est l'artiste au pinceau duquel nous

devons l'Allemagne peinte « sous les traits d'une Vierge,
» aux longs yeux d'azur, au maintien modeste et réfléchi, qui
» ressemble à une figure d'Albert Dürer ; l'Italie, brune,
» couronnée de lauriers, à l'air d'une muse de Parnasse de
» Raphaël. C'est la Science demandant à l'Inspiration sa
» flamme, l'Inspiration demandant à la Science des conseils ;
» leurs mains s'enlacent comme celles de deux sœurs long-
» temps séparées, mais faites pour s'aimer et se comprendre.»
Si ce même peintre avait dû personnifier, à l'aide de son
pinceau, la cité fondée jadis par Belain d'Esnambuc (XVIIᵉ
siècle), il l'eût représentée comme une élégante princesse à
demi couchée sur des collines, adoucissant leurs pentes
pour rendre sa couche plus moelleuse, laissant jaillir de leur
sein charmes et richesses, jalouses de présenter sans cesse
leur Suzeraine parée des joyaux merveilleux d'une nature
admirable : majestueux bouquets de verdure, fruits délicieux,
flore éblouissante, cascades argentées. On y aurait vu
l'Océan lui-même, comme le plus respectueux de ses tribu-
taires, déposer à ses pieds les vagues de ses flots azurés que
semblaient limiter mollement les teintes émeraudes des plantations du rivage.

C'est ainsi qu'apparaissait St-Pierre, la plus brillante des
cités Martiniquaises et des Antilles. Les relations qui nous
en restent nous la montrent sous ces traits charmants. Ses
mornes baignaient dans un ciel bleu éthéré leurs courbes
élégantes que dorait une lumière riche en couleur. Les eaux
qui descendaient des sommets serpentaient en lacets de
cristal, étincelaient sous les rayons du soleil et jaillissaient
en fontaines aux eaux limpides et rafraîchissantes. Des
bouquets d'arbres, des palmiers se groupaient auprès de
chaque habitation, et, semblables à des nœuds de ruban vert
ou à des agrafes, les retenaient suspendues sur le flanc
des montagnes...

CE QUE St-PIERRE ÉTAIT DANS L'ILE.

Si St-Pierre n'était, au point de vue administratif, que la
deuxième ville de la Martinique, puisque le Gouverneur
réside à Fort-de-France, du moins par sa situation, sa beauté,
ses monuments, son importance commerciale, littéraire,
artistique, elle en était la première. Depuis longtemps, le

LA MARTINIQUE. — VUE DE SAINT-PIERRE.

siège de l'évêché y avait été transféré de préférence au chef-lieu de l'île, ce qui lui donnait encore le mouvement et l'intérêt religieux qui caractérisent tout centre épiscopal.

Trois grandes paroisses se divisaient la ville : le Fort, le Centre et le Mouillage, où était l'évêché. La cathédrale avait un aspect imposant : deux tourelles blanches, élancées, la faisaient émerger des autres monuments et entre ces tourelles apparaissait une immense statue de la Vierge protégeant cette ville et la bénissant !... Les constructions de St-Pierre étaient presque toutes de formes européennes : plusieurs remontaient au XVIIe siècle.

* *
*

L'ÉGLISE DU FORT, située sur une petite hauteur, se présentait comme un phare dominant la mer... Son architecture grecque, avec ses colonnes en saillies, rappelait un peu la *Madeleine* de Paris par son magnifique portique. La décoration intérieure de toutes les églises était riche, élégante : autels splendides, tableaux de valeur, et fresques artistement exécutées. C'est *au Fort* que se trouvait le magnifique collège dirigé par les Pères du St-Esprit dont la ravissante chapelle, décorée de peintures murales par un de leurs Frères, artiste de valeur, était achevée depuis un mois quand éclata la catastrophe. Leur collège était un établissement très prospère où se rendaient surtout les jeunes gens des plus grandes familles de l'île.

Plus haut que le Fort se trouvait une petite paroisse secondaire, appelée *la Consolation*, du nom d'une Vierge dont l'origine, un peu légendaire, ne diminuait en rien la foi en sa puissance...

La tradition raconte qu'il y a cinquante ans environ, cette statue avait été trouvée dans un champ de cannes à sucre. Depuis quand y était-elle ? On ne parut pas s'en soucier, mais on en attribuait l'existence à des matelots de je ne sais quel pays... — bretons ou normands, — que la tempête rejeta sur cette côte... Seuls ils survécurent au naufrage de leur navire. Leur salut leur parut un miracle et, pour en témoigner leur reconnaissance à la Patronne des navigateurs, ils gravèrent son image sur un tronc d'arbre... Ce n'étaient pas des *Phidias*, mais leur œuvre, toute grossière, était un sensible témoignage de leur foi et de leur gratitude envers la

Reine du Ciel, et leur statue de la Madone eut un plein succès auprès de ce peuple simple et croyant ; les jours de fête on voyait leur Dame Consolatrice, parée de splendides vêtements, recevoir les hommages d'une foule, traduisant son amour, ses besoins, par des prières ardentes, des supplications à haute voix et souvent par une pantomime expressive, car les nègres parlent autant avec le geste que par la voix... Voici une vieille négresse... elle a l'air navré... D'abord elle se met à genoux, baise la terre avec une physionomie piteuse.. puis envoie des baisers à la Madone... lui présente ses mains vides... Cela signifie qu'elle n'a plus rien dans son escarcelle... et que la Ste Vierge, à qui elle suppose toutes richesses, doit la remplir... Ses larmes coulent... elle les montre, inondant les dalles, à la Mère consolatrice... et Celle qui est l'universelle *Causa nostrœ lœtitiœ*, lui envoie sans doute de son paradis de délices un rayon de joie, une espérance en une vie meilleure, car la pauvre femme s'en va toute consolée...

Dans cette petite paroisse de la Consolation se trouvait le magnifique pensionnat des Sœurs de St-Joseph de Cluny, où la jeunesse recevait une éducation brillante et distinguée.

Les Religieuses de la Délivrande dirigeaient un orphelinat *au Mouillage*, destiné à recevoir les enfants pauvres des familles blanches, françaises. Elles avaient également un externat au Fort, où elles étaient aussi chargées de l'œuvre des catéchismes pour les enfants et les adultes de la classe noire.

Comme on le voit, St-Pierre était bien pour l'île le centre intellectuel, religieux, commercial et aussi la ville du plaisir... elle attirait à elle les populations voisines : car elle était la plus moderne, à tous les points de vue, des cités des Antilles.

*
* *

LE MORNE ROUGE.

De la place du Fort une route splendide se dirigeait vers le Nord, conduisait au Morne Rouge, village charmant qui s'élevait sur la montagne de ce nom, ainsi appelée de la couleur de sa terre. La température, grâce à une brise continuelle, s'y maintenait entre 18 et 25 degrés. On n'y subissait pas les chaleurs accablantes de St-Pierre ; aussi était-il un lieu de plaisance, un ensemble de villas coquettes où les familles bourgeoises venaient jouir de la fraîcheur et des charmes de la nature si belle sur cette hauteur.

* *
*

NOTRE-DAME DE LA DÉLIVRANDE.

Le Morne Rouge était aussi un lieu de pèlerinage très fréquenté par toute la colonie. Chaque paroisse se faisait un honneur de venir pendant les mois de mai, et d'octobre apporter son tribut d'amour à la Reine du Ciel dans son célèbre sanctuaire de *Notre-Dame de la Délivrande*.

Ce n'était pas une Madone locale comme celle de la Consolation, régnant seulement sur son quartier... c'était la Vierge de l'Ile tout entière... Le Morne Rouge était le *Lourdes* de la Martinique... Toutes les causes y étaient portées... souffrances morales. . guérisons des corps... succès dans les affaires... actions de grâces...

Oh ! comme elle était bien placée à l'angle de sa chapelle dont elle était le phare lumineux, étincelant, éclairant toute l'île qui formait à ses pieds un magnifique panorama. A l'ouest, la mer; au sud, les Pitons du Carbet, le Parnasse d'où jaillissait une cascade qui s'écoulait ensuite dans la plaine en un gracieux ruban d'argent ; au nord, et formant un rideau toujours vert au blanc *Sanctuaire*, les montagnes, ramification de la terrible Pelée, toutes couvertes de forêts vierges, peuplées de myriades d'oiseaux aux couleurs les plus variées, qui faisaient entendre dès l'aube leurs louanges en l'honneur de la Reine des Cieux.

Une route bien entretenue reliait St-Pierre au Morne Rouge ; accidentée par la nature du terrain, d'abord en pente douce, elle devenait de plus en plus rapide, montant ainsi jusqu'à la Croix du Jubilé, magnifique Crucifix de grandeur naturelle qui marquait la limite entre St-Pierre et le Morne Rouge.

LE CYCLONE de 1891.

> Les éclairs ont brillé par l'univers, la terre a
> vu et elle a tremblé.   (*Ps.* XCVI.)

A vie ici-bas est sujette à de perpétuels périls ; « périls sur les fleuves, périls des voleurs... périls au milieu des villes, périls au milieu des déserts, périls sur la mer ([1]). » L'Apôtre des nations, en énumérant ainsi les maux qui ont assailli son existence tourmentée, nous rappelle les mille accidents auxquels nous sommes nous-mêmes en butte. Mais ce qui est si vrai pour tous, est plus réel encore pour les habitants de cette île enchantée qui les livre si souvent à la merci des éléments déchaînés, semblant leur demander la rançon des jouissances qu'elle leur sert avec une prodigalité sans égale.

Le matin du 18 août 1891, un vent impétueux s'élève brusquement... sa violence augmente d'heure en heure... on pressent une bourrasque. Dans l'après-midi, la tempête surgit apportant avec elle une pluie torrentielle, semblable à une cascade détournée de sa coulée... « Que va-t-il se passer ? » se demande-t-on avec inquiétude d'abord... puis avec angoisse... A sept heures, la violence des éléments soulevés était telle que tout cédait sur leur passage... Comme de simples brins d'herbes, des arbres séculaires étaient déracinés et emportés au loin, les tuiles volaient comme des plumes, puis venaient se briser contre des murailles encore debout en faisant un bruit épouvantable et laissant les toits découverts... Puis survint l'horrible trombe renversant les maisons qui cédaient avec la même facilité que si elles eussent été des châteaux de cartes... et ensevelissaient sous leurs décombres tous les malheureux habitants. L'effroi était partout et le danger aussi. A l'intérieur : écrasement inévitable... au dehors : éclairs aveuglants, électricité, roulements ininterrompus du tonnerre... pluie diluvienne...

Laissons parler notre Créole, encore jeune fille dans le monde, et témoin de cette scène terrible que Mgr Carméné, alors Evêque de la Martinique, comparait à l'effrayant cataclysme qui doit précéder le Jugement dernier :

---

1. II Cor. XI.

« Je me trouvais avec ma famille en villégiature au *Petit Réduit*, morne situé près du Parnasse sur le chemin qui conduit au Morne Rouge. Depuis le matin, le vent était plus fort que d'habitude et augmentait d'heure en heure accompagné d'une forte pluie, ce qui commençait à nous inquiéter au sujet de mon beau-frère appelé pour affaires à Ste-Philomène et qui, pour revenir, devait traverser deux rivières, terribles quand les pluies sont si fortes. Les ponts jetés sur ces rivières sont très primitifs et n'offrent aucune sécurité quand ces torrents débordent...

» Notre angoisse croissait d'heure en heure, car la violence du vent se faisait de plus en plus sentir. Il se jouait des arbres qu'il tordait comme de frêles arbrisseaux, et à tout instant on entendait les craquements sinistres de ces géants dont les branches jonchaient le sol déjà couvert des fruits que la tourmente avait jetés à terre.

» Notre inquiétude était à son comble lorsque, enfin, nous vîmes arriver notre cher voyageur vers les six heures, juste à temps pour trouver un abri contre la violence de cette effroyable tempête.

» Nous nous mîmes à table pour souper lorsque, tout à coup, une commotion terrible nous fit sursauter... C'étaient les tôles recouvrant la maison, qui, détachées par la tourmente, étaient projetées au loin. Effrayés, terrorisés, nous nous demandions ce qu'il fallait faire ?... Fuir ? ou rester ? C'était l'indécision entre deux sortes de périls !... le renversement ou l'écrasement. Soudain un craquement nous fit croire à l'ébranlement de la maison. Je mis la main sur la cloison du salon et je pus me rendre compte de l'imminence du danger. Evidemment la construction était ébranlée dans ses fondements. « — Edouard, m'écriai-je en appelant mon » beau-frère, nous sommes perdus ! la maison va s'écrouler » et nous écraser, fuyons ! »

» Le danger paraissait aussi grand à l'extérieur qu'à l'intérieur, car nous risquions de ne pouvoir résister à la violence du vent ou d'être écrasés par les arbres qui s'abattaient autour de nous... ou encore d'être foudroyés par cette électricité dont les jets, semblables à des aigrettes de feu, se croisaient au-dessus de nos têtes...

» Voyant que, sûrement, nous succomberions sous la chute de la maison, mon beau-frère nous conseilla la fuite et, prenant à la hâte un peu de linge de nuit et nos bijoux, nous les enfermâmes dans une cassette en fer blanc que nous confiâmes à notre domestique, puis il fallut se résoudre à s'élancer au dehors...

» Impossible de songer à se munir de parapluies, ils eussent été projetés dans l'espace, comme une plume. Pour nous garantir contre ce déluge, nous nous étions enveloppés dans des draps, des jupes, et quand nous ouvrîmes la porte, poussée par le vent, elle se brisa avec un bruit formidable. Nous nous tenions serrés les uns contre les autres pour opposer plus de résistance à la violence de l'ouragan qui aurait pu nous emporter comme des fétus de paille. De nos lèvres angoissées s'échappaient des prières ardentes : « Mon Dieu, » sauvez-nous, nous périssons !... Tout notre espoir est en » vous !... Venez à notre aide !... »

» La pluie tombait avec une telle force qu'il me semblait avoir la figure transpercée par des milliers d'épingles. L'air était raréfié, et nous étouffions. Pour pouvoir respirer nous étions forcés d'ouvrir constamment la bouche, ce qui était une nouvelle souffrance, car cette pluie nous piquait atrocement la langue.

» L'atmosphère était tellement chargée d'électricité qu'à chaque seconde la campagne s'illuminait pour retomber ensuite dans des ténèbres profondes. A la lueur de ces éclairs, nous pouvions distinguer notre beau chien terre-neuve aux longs poils blancs et bouclés ; malgré son effarement il formait l'avant-garde de notre petite caravane qu'il semblait vouloir protéger contre la fureur des éléments.

» La route se trouvait jonchée de branches d'arbres qu'il nous fallait enjamber à tout instant. A un moment mes deux pieds s'étant embarrassés dans les branches, je me trouvais dans l'impossibilité de faire un pas. Mon beau-frère, à qui je donnais le bras, ne se rendant pas compte de ma situation, m'entraînait toujours. Par une protection du Ciel, je pus me dégager de cet obstacle, mais ma jupe y resta accrochée...

» A force de lutter contre le vent, nous finîmes par arriver à une maison située au bas de la montagne et appartenant à une famille amie. C'est un miracle de n'avoir pas été tués par les énormes tuiles que le vent arrachait du toit et faisait voltiger de toutes parts. L'habitation, sous l'effort du cyclone, avait pris une position oblique, effrayante à voir, ce qui rendit fort difficile l'ouverture de la porte. Nous pensant ensevelis sous les décombres, nos amis, en nous voyant arriver, poussèrent des cris de joie et nous accueillirent avec transport.

» Nous étions mouillés jusqu'aux os et tout transis. Au moment où nous entrâmes, un violent tremblement de terre ébranla toute la maison avec un bruit infernal et toute la vaisselle se cassa sur le coup...

» L'habitation servait déjà de refuge à une foule de pauvres noirs dont les cases avaient été renversées par la tourmente et qui étaient venus demander un abri. Lorsqu'éclata le tremblement de terre, sentant la mort venir, nous nous groupâmes par familles pour mourir ensemble. A cet instant suprême on n'entendait que prières et supplications... Les hommes s'accusaient à haute voix, demandant à Dieu pardon de leurs fautes. Notre fidèle chien *Jack*, terrifié, sentant la mort, se réfugia au milieu de notre cercle intime qui se tenait enlacé. Il grelottait et poussait de petits cris plaintifs.

» La maison étant découverte par le cyclone, l'eau tombait à grands flots sur le premier étage et de là arrivait en pluie sur le rez-de-chaussée où nous nous tenions. Cette pluie incessante finit par éteindre toutes les lumières. Au moment même où s'éteignait la dernière bougie, je lâchai le verre du photophore que je tenais à la main et qui alla se briser avec fracas sur les carreaux.

» La tourmente augmentait sans cesse, et de plus nous étions étourdis par le bruit effroyable que faisaient les tuiles en tombant du toit sur le premier étage. Elles étaient projetées avec une telle violence qu'elles allaient s'incruster dans le plancher, ce que nous pûmes constater le lendemain.

» En ce moment nous entendîmes frapper à la porte ; avec des peines incroyables nous parvînmes à l'ouvrir. C'était une pauvre jeune fille habitant une maison voisine avec sa tante infirme. Nous lui demandâmes comment elle avait fait pour arriver jusqu'à nous. — « Je ne sais, répon- » dit-elle avec émotion ; c'est le vent qui m'a saisie et poussée » jusqu'ici et je me demande avec angoisse ce qu'est devenue » ma pauvre tante. Elle a dû être enlevée, elle aussi, et portée » je ne sais où. » — Comme il était impossible de sortir sans risquer d'être enlevé soi-même par la trombe dévastatrice, nous fîmes une ardente prière pour la pauvre vieille demoiselle en péril et nous la confiâmes à l'adorable Providence.

» Tout à coup, au milieu des ténèbres qui nous environ- naient, un craquement sinistre des poutres qui commençaient à se disjoindre, nous glaça d'effroi. Nous comprîmes que c'en

était fait de nous et que nous allions mourir. « — Édouard,
» m'écriai-je, n'entends-tu pas les poutres qui se disjoignent ?...
» c'est fini ! dans un instant nous allons être écrasés. — Ne
» crains rien, chère petite, me répondit mon beau-frère, je suis
» grand et c'est moi qui recevrai le premier choc, ce qui, je
» l'espère, vous garantira : peut-être ainsi serez-vous sauvés. »

» Nous nous pressâmes les uns contre les autres dans une
étreinte que nous pensions être la dernière.

» Les pauvres noirs, devant l'imminence du danger,
s'écriaient qu'il valait mieux aller se coucher dans les cannes.
Mais nous ne fûmes pas de cet avis, car nous pensions avec
raison que le vent nous aurait emportés et traînés dans la
boue ; du reste, les champs de cannes étaient transformés en
marécages.

» Les rafales se succédèrent encore sans interruption pendant quelque temps, puis on remarqua une distance marquée
entre chacune d'elles. Aussitôt une lueur d'espoir vint ranimer nos cœurs angoissés. Mon beau-frère réclama le silence,
car dans la détresse générale chacun criait vers Dieu pour
implorer son assistance. On put alors se convaincre que
réellement la tempête s'apaisait.

» Depuis longtemps nous étions plongés dans les ténèbres
les plus profondes et l'unique boîte d'allumettes que nous
possédions étant toute mouillée ne pouvait plus nous être
d'aucun secours. Heureusement, un des messieurs présents
avait eu la bonne inspiration, dès le commencement de la
tourmente, de prendre une allumette, qu'il s'efforçait de réchauffer en soufflant dessus et en la mettant sur sa poitrine.
Enfin, ô bonheur, après quelques essais infructueux, l'allumette put prendre, et, avec une joie indicible, nous pûmes
nous revoir, ce que nous n'espérions plus...

» De suite nous consultâmes nos montres pour savoir
combien d'heures avait duré notre supplice. Grande fut notre
surprise en constatant qu'il n'était que dix heures, alors que
nous pensions être arrivés au matin. Tout à coup, la tempête cesse très brusquement et à dix heures et demie le
calme le plus profond régnait dans l'atmosphère. Le ciel était
constellé d'étoiles, la brise était douce et le plus délicieux des
clairs de lune éclairait les campagnes dévastées. Le contraste
était navrant et semblait ironique...

» Notre première pensée fut de songer à secourir la
vieille demoiselle que sa nièce pleurait déjà comme morte.

Deux messieurs allèrent à sa recherche et bientôt ils revinrent la portant inanimée et ressemblant à un cadavre.
Tous la croyaient morte, lorsqu'on s'aperçut qu'il y avait
encore un léger souffle de vie. Aussitôt pour la ranimer et la
réchauffer, on se mit à la frictionner vivement avec de l'eau-
de-vie. A force de frictions, la malheureuse paralytique
revint à la vie et sa première parole fut pour réclamer sa
nièce qui, de suite, s'élança vers elle et la rassura. Dès
que la pauvre vieille demoiselle put parler, elle nous fit le
récit pathétique de ce qui lui était arrivé.

» A un moment donné, elle avait senti la maison s'écrouler
et le toit était tombé sur elle, la protégeant encore contre
l'affreuse tourmente ; mais un nouvelle rafale plus violente
emporta le toit comme une plume et la laissa exposée, à peine
vêtue sur son lit, à tous les outrages des éléments en révolte.
C'est un miracle de la divine Providence, ajouta-t-elle, si je
n'ai pas été enlevée avec mon lit ; car tout à l'entour de moi,
même des arbres gigantesques, étaient déracinés et transportés au loin...

» On put enfin faire un peu de feu, car tout le monde
était mouillé jusqu'aux os et le reste de la nuit se passa à se
sécher et à boire des infusions.

» Nous envoyâmes notre domestique à St-Pierre chez la
mère de mon beau-frère afin de demander des vêtements, car
les nôtres étaient en lambeaux. Mais sa maison n'avait pas
été épargnée par le cyclone et tout y était dans l'eau.

» Lorsque le jour se leva, nous nous précipitâmes hors de
la maison pour nous rendre compte des dégâts causés dans
cette nuit terrible. Et alors nous vîmes le sol jonché de
fruits, couvert d'arbres déracinés dont l'écorce même avait
été enlevée : pas un seul arbre aux environs n'était resté
debout. L'herbe même avait été arrachée, et la terre était
fendue en maints endroits.

» Pendant que nous contemplions ce lamentable spectacle,
une bande de nègres, descendant du Morne Rouge, vinrent
nous annoncer, avec des cris et des lamentations inexprimables, que l'église était détruite ainsi que le couvent de la
Délivrande et toutes les maisons du Morne et qu'on ne
pouvait compter le nombre des morts. D'autres noirs, montant de St-Pierre, nous dirent que nous ne pourrions jamais
nous rendre à la ville, car la route était impraticable et barrée
par d'énormes troncs d'arbres ; que la terreur régnait dans

la cité dont toutes les maisons étaient entièrement décou-
vertes... que tous les vaisseaux en rade avaient coulé ou
avaient été jetés sur le rivage...

» Malgré tout cela, comme il fallait absolument que nous
revenions à St-Pierre, puisque la maison que nous avions
quittée la veille était entièrement détruite, ainsi que quelques-
uns de nos amis venaient de le constater, nous partîmes.
Notre costume était des plus sommaires : les dames étaient
en robes de nuit violettes, pieds nus et têtes nues... *Jack*
précédait le cortège, se glissant à travers les branches qui
barraient la route et que nous escaladions comme nous le
pouvions... lorsque les obstacles étaient trop grands, mon
beau-frère nous aidait. Ce n'est pas sans blessures et sans
accrocs que nous arrivâmes.

» Les rues de St-Pierre étaient jonchées de tuiles, encombrées de matelas que l'on étendait au soleil pour les faire
sécher. Les toits étaient découverts et les habitants essayaient
de protéger leurs maisons avec des bâches, des planches
et toutes sortes de débris. La pluie tomba encore toute la
journée, et les dégâts furent considérables. De plus, pendant
deux jours, les vivres manquèrent et il fut impossible de se
procurer du pain. Les lamentations se confondaient avec le
son des glas qui retentirent sans interruption, ajoutant encore
à la tristesse mortelle qui régnait en cette ville désolée.
Partout ce n'étaient que pleurs, gémissements et constatations
de victimes nouvelles.

» Arrivés dans notre famille, nous eûmes la douleur de
trouver mourante la sœur de mon beau-frère, déjà malade
des fièvres du pays depuis quelque temps et que l'émotion
de cette nuit terrible acheva. Elle s'éteignit sous nos yeux
quelques jours après. Comme toutes les autres, l'habitation
avait été découverte; tout était inondé, hors d'usage. A part la
chambre de notre chère malade, une seule des plus petites
restait habitable et pendant trois jours, cependant, nous
nous abritâmes dans cette maison dévastée...

» Vers le soir de cette première journée, nous apprîmes
que quatre membres de notre famille habitant la *Rivière
Salée*, bourg situé au sud de l'île, avaient été écrasés par la
chute d'une muraille. Voici comment s'était produit ce
terrible accident :

» Ils habitaient une jolie villa située aux environs de la
Rivière Salée, à peu de distance d'une grande usine de

rhum. Lorsqu'ils virent la violence du cyclone, comprenant la gravité du péril qu'ils couraient en demeurant dans leur maison déjà découverte et qu'ils sentaient trembler, mon oncle décida qu'il fallait aller chercher un refuge chez le propriétaire de l'usine voisine dont la maison construite en fer offrait, pensait-il, un plus sûr abri. Ils partirent donc tous les cinq avec leurs deux domestiques. Arrivés dans cette habitation, ils choisirent l'endroit qui leur paraissait présenter le plus de garantie, de sécurité. Hélas! ils étaient à peine installés qu'un violent tremblement de terre ébranla justement la muraille à laquelle ils s'appuyaient et la renversa sur eux. Ma tante fut écrasée sur le coup ; à côté d'elle, sa fille aînée, âgée de dix-huit ans, fut retrouvée à la renverse, tenant dans ses bras sa petite sœur de deux ans également écrasée. La jeune fille avait le crâne traversé par une barre de fer qui était entrée par le front et qui ressortait derrière la tête. Mon cousin, jeune garçon de quinze ans, malade de la fièvre, que l'on avait transporté avec beaucoup de peine, fut retrouvé complètement écrasé dans les couvertures dont on l'avait enveloppé. Les deux bonnes n'avaient aucun mal, mais mon oncle fut retiré des décombres sans connaissance, ayant les deux jambes cassées et couvert de blessures des pieds à la tête. Grâce aux soins qui lui furent prodigués par deux éminents docteurs, il put revenir à la vie, mais la douleur qu'il ressentit en apprenant la perte de toute sa famille fut telle, qu'il en demeura fou pendant deux ans. Revenu à la raison, il languit encore quelque temps et mourut de chagrin. Il ne reste plus de cette famille qu'un seul membre, le fils aîné, qui travaillait dans une autre partie de l'île lorsqu'éclata le cataclysme qui anéantit tous les siens... »

Comme on le voit, Édith Duchâteau-Roger et une partie de sa famille ne durent leur salut qu'à une protection bien visible de Dieu... Mais quelle nuit !... et combien le spectacle de cette nature bouleversée remet en mémoire cette parole terrible visant la fin du monde : « *Les hommes sécheront de frayeur dans l'attente de ce qui doit arriver* [1]. »

. . . .

Ces récits émouvants avaient pour nos novices un attrait captivant... leur compassion s'exaltait au souvenir des dangers courus par les habitants de cette île si intéressanet

1. Luc, XXI, 26.

et si malheureuse. Elles voulurent en connaître encore !....
La jeunesse est avide de savoir !.... Nous transcrivons ici
quelques pages de cette histoire, — vécue en une seule
nuit, — celle du 18 août 1891 :

* *

DÉTAILS SUR QUELQUES FAMILLES ÉPROUVÉES
PAR LE CYCLONE.

Un jeune ménage venait depuis un mois à peine de s'établir dans une délicieuse habitation près du Morne Rouge
lorsque le terrible cyclone éclata. La maison fut entièrement
détruite, les meubles brisés, toute la vaisselle cassée. Les
hôtes ne trouvèrent leur salut qu'en prenant la fuite en
plein danger. A peine avaient-ils abandonné leur demeure,
qu'elle s'écroula avec un fracas épouvantable.

La jeune dame, malade, se sauva en robe de chambre et
arriva dans le plus pitoyable état chez une de ses parentes
habitant la vallée. Dès son arrivée, un violent tremblement
de terre ébranla tellement la cloison à laquelle elle s'ap-
puyait, qu'elle en reçut dans le dos un coup dont elle porta
longtemps les traces. La malheureuse, grelottant de froid
sous les légers vêtements transpercés, ne trouva qu'un drap
pour s'envelopper. Elle fut tellement éprouvée par les souffrances de cette nuit affreuse, qu'elle contracta une grave
maladie et que l'enfant qu'elle attendait mourut des suites de
tant de douleurs et d'émotions.

Cette pauvre famille fut entièrement ruinée par ce sinistre.
Deux ans après, elle avait, par son travail, acquis une petite
aisance, lorsque le feu allumé par malveillance vint de
nouveau la ruiner.

Lors de l'éruption de la Montagne Pelée, ces infortunés
furent du nombre des premières victimes avec leur petit
garçon.

* *

AUTRES VICTIMES.

« Une de mes parentes, raconte notre chère Narratrice, se
trouvait au Morne Rouge avec ses deux enfants, quelques
amis et ses servantes, dans une des maisons les plus élevées
du bourg. Par sa situation même, cette habitation courait les
plus grands dangers, n'étant nullement protégée contre la
violence du vent.

» Devant l'imminence du péril, une idée lumineuse jaillit tout à coup dans l'esprit de ses habitants menacés : ils ouvrent toutes les portes et fenêtres pour établir un courant d'air et, se réfugiant dans une des pièces du milieu, ils s'asseyent par terre les uns pressés contre les autres pour opposer plus de résistance à la fureur de l'ouragan. Ils attendirent ainsi ou la mort ou le salut : Les deux jeunes enfants pleuraient de frayeur et de souffrance. Le vent ne trouvant pas de résistance *entrait* par une ouverture et *sortait* par l'autre, balayant tout sur son passage. Les pauvres habitants reçurent toute la pluie comme s'ils avaient été dehors ; de plus, la maison étant entièrement découverte, ils demeurèrent pendant tout le cyclone exposés à toutes les intempéries du dehors, mais ils furent tous sauvés grâce à cet expédient hardi : Le vent, trouvant une issue, ne renversa pas ce qui lui faisait obstacle et les murs de la maison restèrent debout, mais tous les meubles avaient été emportés par le tourbillon, en sorte que le lendemain matin, n'ayant plus ni vêtements ni vivres, ma tante dut regagner sa maison de St-Pierre. Elle était dans la plus piteuse situation : pieds nus, les cheveux épars, en robe de nuit, ainsi que ses deux petits enfants qu'elle portait tour à tour. Elle arriva harassée à St-Pierre, chez une de ses sœurs, où elle trouva les soins qui lui étaient si nécessaires.

» Quelques personnes de ma famille étaient à la campagne pour les vacances lorsque le sinistre éclata. Les deux plus grandes habitations furent violemment ébranlées dès le commencement du cyclone et jetées à terre avec un bruit terrible. Mes oncles et leurs familles n'eurent que le temps de s'enfuir atteints et blessés par les poutres qui brisèrent les bras de quelques-uns et fracturèrent les jambes de plusieurs.

» Tous se réfugièrent dans la petite habitation qui restait miraculeusement debout et leur servit d'asile jusqu'au lendemain. Alors ils descendirent à St-Pierre, traînant leurs pauvres blessés qui avaient grand besoin des mains habiles des docteurs et chirurgiens appelés en hâte. Leur maison de St-Pierre avait été découverte comme la plupart des autres habitations. Seul le salon restait encore habitable. Il fut transformé en ambulance pour les chers malades qui, après d'horribles souffrances, finirent par se remettre de leurs cruelles blessures. »

*
* *

DÉGATS AU MORNE ROUGE.

Le Morne Rouge fut le point de l'île le plus atteint par le terrible cyclone qui n'y laissa que des ruines.

Le magnifique sanctuaire de Notre-Dame de la Délivrande, malgré la solidité de ses murailles et la profondeur de ses fondations, fut complètement renversé. Par un miracle éclatant, la statue de la Très Ste Vierge resta seule debout au milieu des ruines, ayant des décombres jusqu'à la ceinture. Tout était brisé autour d'elle, mais la statue miraculeuse était intacte et sa couronne même n'avait pas été ébranlée. Chose remarquable : aucune statue de la Ste Vierge n'avait été atteinte par le cataclysme dans toute la colonie. Plusieurs églises étaient tombées, mais partout l'image de la Reine du ciel était restée inattaquée. Un témoin raconte à ce sujet qu'ayant été visiter les ruines d'une chapelle, il vit la statue d'une Vierge-Mère parfaitement conservée, mais dont l'Enfant Jésus avait la tête cassée. On pourrait citer de nombreux exemples de faits analogues.

COUVENT DE N.-D. DE LA DÉLIVRANDE.

Près du sanctuaire se trouvait le magnifique établissement des Sœurs de la Délivrande. Cette congrégation créole a été fondée, en 1868, par l'administrateur du diocèse de la Martinique, M. l'abbé Guédon, après la mort de Mgr le Herpeur, qui en avait conçu le premier plan. Le but de cette congrégation est d'aider les curés dans les paroisses en faisant des catéchismes aux enfants et aux adultes, de visiter les malades et de les préparer à recevoir les derniers sacrements.

Ces religieuses ont un costume qui ressemble à celui de la Vierge de Lourdes. Leur robe et leur voile sont de laine blanche. Elles ont un scapulaire bleu ciel et portent à la ceinture une corde blanche à laquelle est attaché un gros chapelet.

Cet établissement était le berceau de la fondation. Les religieuses avaient la garde du sanctuaire qu'elles ornaient avec un goût exquis. Elles dirigeaient les chants et tenaient l'orgue. Tous les jours, d'heure en heure, elles se succédaient aux pieds de la Madone pour y réciter le rosaire.

Un pensionnat très prospère était annexé à cet établissement.

*　*
*

LE CYCLONE.

Les religieuses de la Délivrande se trouvaient au nombre
de trente, au Morne Rouge, lorsqu'éclata le terrible cyclone
qui, s'abattant sur leur maison, la renversa et les ensevelit
sous les décombres.

Un témoin raconte qu'aussitôt après le souper de la communauté, un tremblement de terre formidable vint ébranler
la maison et jeter la terreur parmi les religieuses. Affolées,
elles se précipitent dans la salle de communauté, où se
trouvait une statue de Notre-Dame de Lourdes, pour être
protégées ou mourir à ses pieds. Une nouvelle secousse renversa l'édifice qui s'effondra ensevelissant toutes les
religieuses. A cet instant, elles perdirent connaissance, mais
bientôt quelques-unes revinrent de leur évanouissement et
se mirent à appeler leurs sœurs dont les gémissements
étouffés apprirent le lamentable état.

Plusieurs agonisaient. L'une d'elles avait le crâne brisé
par une poutre, et dans un dernier râle, invoquait les saints
Noms de *Jésus, Marie, Joseph.* Une autre étouffait... d'autres
se plaignaient de nombreuses blessures. Une religieuse
avait les jambes prises sous des poutres... d'autres avaient
les membres brisés ; enfin, presque toutes étaient couvertes
de meurtrissures.... Une voie étouffée s'écriait : *Adieu, mes
Sœurs, priez pour moi.. je meurs.... j'étouffe.... j'ai une
poutre sur la poitrine qui m'empêche de respirer...* La tête de
cette pauvre agonisante était appuyée sur les genoux d'une
de ses sœurs, qui, les membres pris sous les poutres, sentait
l'infortunée mourir sur elle sans pouvoir en aucune façon lui
porter secours...

On n'entendait que prières, plaintes et gémissements...

*　*
*

LES SOLDATS FRANÇAIS.

Un peu au-dessus du village du Morne Rouge, se trouvait
le camp des soldats français. Sans attendre la fin du
cyclone, comprenant qu'il y avait des victimes à secourir,
ces braves partirent avec un dévouement admirable au
secours des sinistrés.

En arrivant au Morne Rouge, ils allèrent offrir leurs services au Père Mary, curé du village, dont l'église venait de s'effondrer. Le Père Mary n'ayant pas eu le temps de retirer le St-Sacrement avant la catastrophe, employa les soldats à lui frayer un chemin jusqu'au sanctuaire, afin de retirer des décombres les Saintes Espèces, qu'il retrouva, ainsi que les vases sacrés, et transporta au presbytère. Le lendemain, il les déposa dans une petite chapelle dédiée au Sacré-Cœur, laquelle, adossée à l'église, avait été miraculeusement épargnée. Comme il revenait de remplir ce pieux devoir, une dernière poutre, se détachant du clocher, atteignit le lieutenant Pelcot à la jambe et la lui cassa. Deux jours après, le pauvre officier subit l'amputation. Une décoration bien méritée lui fut donnée en récompense de l'héroïsme qu'il avait déployé dans cette nuit terrible.

*
* *

LE PÈRE MARY.

Le Père Mary, de la Congrégation des Pères du St-Esprit, curé de la paroisse et directeur du pèlerinage de N.-D. de la Délivrande, était un saint prêtre, homme de devoir, d'un courage poussé jusqu'à l'héroïsme et d'un dévouement sans borne pour les pauvres noirs dont se composait la majorité de ses paroissiens.

Après la chute de son église, le Père Mary se dirigea avec les soldats du côté du couvent des Sœurs de la Délivrande. Déjà trempé par la pluie, glacé, grelottant et prévoyant qu'il resterait toute la nuit exposé à la tourmente, il s'appliqua sur la poitrine des compresses de rhum. Puis, ayant fait boire aux soldats de cette boisson fortifiante, il partit à la tête de son escouade de braves.

Arrivés auprès du couvent, ils ne trouvèrent plus qu'un amas de décombres. Ils ne savaient comment procéder, craignant d'achever les malheureuses survivantes, s'il y en avait, en voulant les sauver, ce qu'ils ne pouvaient faire qu'en montant sur les débris pour déblayer, afin d'arriver aux pauvres ensevelies.

Après beaucoup de difficultés, ils parvinrent à enlever une certaine quantité des matériaux accumulés. Alors, le Père Mary, se penchant sur une fissure, encouragea les pauvres victimes : « Mes Sœurs, leur dit-il, si vous vivez encore, faites un acte de contrition, je vous donne l'absolution ! »

Enfin après un travail conduit avec la plus grande prudence, les soldats commencèrent à apercevoir les pauvres religieuses. Toutes furent retirées dans un état pitoyable. Les unes avaient les bras et les jambes cassés, d'autres étaient encore évanouies et deux étaient mortes.

Une jeune fille qui se trouvait avec les Sœurs au moment de la catastrophe, était évanouie quand on la retira des décombres ; les soldats la tinrent pour morte et la mirent avec les cadavres que l'on allait porter à la gendarmerie. Heureusement que la pluie, lui tombant sur le visage, la ranima. S'apercevant de leur méprise, les soldats la transportèrent au presbytère dont le rez de-chaussée seul avait été épargné et qui devint l'asile des religieuses les plus valides. Celles qui avaient été le plus éprouvées furent transportées chez le Maire dont la femme était une amie et bienfaitrice des Sœurs. Aussi elle les reçut avec autant de bonheur que de charité et leur prodigua les soins les plus dévoués. Deux des pauvres victimes étaient dans un état épouvantable, presque mutilées. Elle les coucha dans son lit, le seul en bon état, car sa maison, une des rares restées debout, avait été entièrement découverte et la pluie avait tout transpercé.

Les religieuses de la Délivrande avaient aussi avec elles une jeune orpheline de douze ans, élevée dans leur pensionnat, et qui se trouva ensevelie comme elles sous les décombres. Lorsque l'enfant revint de son évanouissement, elle se trouvait près d'une lucarne qui éclairait encore cette triste scène. Par bonheur elle n'avait reçu aucune blessure, aussi put-elle se débarrasser des débris qui la couvraient et, sautant par la lucarne, elle partit tout effarée chercher du secours pour les Sœurs. Mais nul n'entendait ses cris désespérés auxquels seuls répondaient les mugissements de la tempête, et l'infortunée poursuivait sa course malgré la pluie qui l'aveuglait et le vent qui menaçait de l'enlever.

Tout le long de la route, racontait-elle plus tard, elle rencontrait des boules de feu qui couraient çà et là. Pour éviter ces globes incandescents, la courageuse enfant sautait dans des flaques d'eau quelquefois très profondes. Elle espérait trouver des secours dans les premières maisons du bourg, mais, hélas ! toutes les habitations étaient renversées, et la fillette dut parcourir tout le village avant d'en apercevoir une restée debout. Enfin, elle arrive... frappe à une porte, qui s'ouvre aussitôt, et elle entre demi-morte de frayeur dans le charitable asile où elle est reçue avec empressement. Après les soins réclamés par son état, la jeune fille voulut repartir au secours de ses chères maîtresses. Ses charitables hôtes attendirent l'apaisement de l'ouragan et se dirigèrent avec elle vers l'emplacement du couvent de la Délivrande. Lorsqu'ils arrivèrent sur le lieu du sinistre, les soldats achevaient de retirer des décombres les pauvres victimes.

Les malheureuses religieuses, couvertes de blessures, étaient encore dans le plus pitoyable état. Elles n'avaient plus que quelques lambeaux de vêtements, leur voile, leur robe ayant été arrachés par la violence du cyclone. Ce qui leur restait était trempé de pluie. Il fallait absolument leur procurer du linge sec et des habits, ce qui était très difficile, toutes les maisons du Morne ayant été renversées.

Avec un dévouement admirable, le Père Mary et Mme C., la bienfaitrice dont nous avons déjà parlé, s'occupèrent de leur procurer l'indispensable. Les vêtements qu'ils purent trouver étaient des plus disparates ; cependant les pauvres victimes furent bien aises de s'en revêtir. Une d'elles avait pour sa part un jupon de couleur éclatante et un petit *caraco* rouge ; une autre avait un peignoir bleu, tandis que sa voisine se drapait dans une immense jupe vieux rose et qu'une autre de ses Sœurs avait hérité d'un pardessus de M. le Maire. L'effet était pittoresque, quoique ce ne fût pas l'heure d'en jouir.

Le presbytère était, on le voit, transformé en une véritable ambulance. On y couchait par terre comme on pouvait... deux Sœurs passèrent quinze jours dans une garde-robe qui leur servait de lit. Pendant quelques semaines les religieuses restèrent les hôtes du bon Père Mary, qui, bien triste de tous ces désastres, s'efforçait de ranimer tous les courages avec son entrain et sa bonne humeur accoutumés.

La Révde Mère générale, fondatrice de la Congrégation, se trouvait depuis un jour ou deux à St-Pierre avec deux de ses filles lorsque s'abattit le terrible cyclone. Dès le lendemain les pauvres religieuses du Morne Rouge lui envoyèrent un message exposant leur triste situation, et la Révde Mère, malgré sa profonde douleur, et son état de santé, se hâta de rejoindre ses malheureuses filles auxquelles elle apporta quelques vêtements.

* *

SŒURS DE ST-JOSEPH DE CLUNY.

Après avoir opéré le sauvetage des Sœurs de la Déli-vrande, le Père Mary, à la tête des courageux soldats, se dirigea vers le petit établissement des religieuses de St-Joseph de Cluny qui dirigeaient dans sa paroisse une classe gratuite pour les noirs.

Là encore, nouvelle scène de désolation !... tout était par terre... Les soldats commencèrent à déblayer ce monceau de ruines, mais toujours sans résultat, on ne trouvait rien. Le Père Mary, se souvenant alors que la maison avait une cave, dit aux soldats : « Courage, Messieurs, ces malheu-reuses Sœurs sont sûrement ensevelies dans leur cave deve-nue leur tombeau, toutes sont mortes, sans doute, cependant accomplissons notre tâche jusqu'au bout. »

Les braves soldats se remirent à l'œuvre avec un nouvel acharnement, et finirent enfin par arriver jusqu'aux pauvres enterrées. Mais alors quel spectacle lamentable s'offrit à tous les regards. Les quatre religieuses étaient complètement écrasées ; la figure n'existait plus ; la cervelle et les entrailles étaient répandues !... Avec elles se trouvait une jeune fille de quatorze ans, que son père, un des riches planteurs de la Dominique, avait mise au pensionnat de St-Pierre. Ne retournant pas dans sa famille au moment des vacances, la jeune fille avait été envoyée au Morne Rouge depuis quel-ques jours seulement. Comme ses maîtresses, elle fut retrouvée écrasée sous les décombres. C'était une fille unique et une riche héritière : la douleur du malheureux père ne peut s'exprimer.

Le lendemain de cette épouvantable catastrophe, il fallut d'urgence procéder à l'enterrement des victimes. Mais pas d'ouvriers pour confectionner des cercueils !... Des caisses reçurent les pauvres corps, mutilés, défigurés, certains même n'eurent qu'un simple drap, et c'est ainsi qu'on les déposa dans la terre.

Deux religieuses, les moins invalides, ne voulurent pas que leurs chères trépassées s'en allassent seules à leur dernière demeure sans que leur famille religieuse se trouvât représentée auprès de leurs restes mutilés ; elles se joignirent au lugubre cortège... et... forcément dans leur costume improvisé... Un grand chapeau de paille remplaçait le

voile monastique demeuré sous les ruines... le reste était
à l'avenant... Une bonne vieille négresse, attirée par la
bizarrerie de leur attifage, s'approche de l'une d'elles : « Ma-
demoiselle, lui dit-elle, n'avez-vous pas vu Sœur X*** ? elle
devait être à l'enterrement et je ne la vois point... —
C'est moi, » lui répondit Sœur X***. Ebahissement de la
négresse qui se confond en excuses. — « Rassurez-vous,
ma bonne, reprit la religieuse, vous ne m'avez pas
offensée... Comment voulez-vous me reconnaître... sous ce
déguisement... *si je me voyais, je me prendrais pour une
autre ! ! »*

DÉPART DES HABITANTS DU MORNE ROUGE.

Une grande partie des habitants de St-Pierre avaient leur
maison de campagne au Morne Rouge. Ces villas étaient
donc très peuplées lorsqu'éclata le cyclone qui les renversa
presque toutes... Sans abri, les malheureux survivants de la
catastrophe n'eurent plus d'autre pensée que de regagner
St-Pierre au plus tôt. Le lendemain on les vit se diriger
vers la ville en files interminables, sans vêtements, sans
chaussures, pleurant les deuils qui les avaient atteints, les
petits enfants pouvant à peine marcher dans cette route
devenue inaccessible aux voitures.

JOURNAL DU NOVICIAT.

Une des familles les plus éprouvées par le cyclone, la
famille X*** est de celles dont les malheurs laissèrent un
souvenir des plus attendrissants... Sept de ses membres
succombèrent dans cette fatale nuit. M. X*** père, était à
St-Pierre où le retenaient ses affaires. Mais au Morne
Rouge, dans la magnifique villa si solidement construite, se
trouvaient son fils aîné, M. Ch., sa jeune femme, qui devait
être mère pour la deuxième fois, et leur jeune enfant de
deux ans... puis ses sœurs, ses frères... de nombreux domestiques et enfin beaucoup de voisins qui, aux pronostics du
sinistre, s'étaient réfugiés près d'eux, aussi confiants dans
leur générosité qu'en la solidité de la construction qui les
abritait... Hélas ! les tremblements de terre et les terribles
rafales devaient avoir raison de cet édifice aux apparences
si rassurantes. Ébranlée jusqu'en ses fondements, la maison

s'écroula au milieu des cris d'effroi et de douleur des malheureuses victimes. En cet instant suprême, M. Ch. X*** s'élançant vers sa jeune femme et son petit enfant, leur fit un rempart de son corps. Appuyé à une muraille qui heureusement résista, il s'arc-bouta au-dessus d'eux et reçut sans lâcher prise le choc des poutres qui lui brisèrent l'épine dorsale. Il mourut victime de son héroïsme et sauva ainsi sa jeune épouse et son fils. Deux de ses frères trouvèrent aussi la mort sous les décombres ainsi que ses deux plus jeunes sœurs et deux autres membres de la famille. Les autres furent plus ou moins grièvement blessés... Le petit garçon resta deux heures évanoui et ce n'est que par de vigoureuses frictions de rhum que l'on parvint à ramener la vie dans son frêle corps.

La douleur du pauvre père fut immense lorsqu'au lendemain de cette nuit terrible, il apprit que la mort l'avait frappé inexorablement dans ses plus chères affections. Il partit aussitôt pour se rendre compte de l'étendue de ses malheurs qu'il ne croyait pas aussi complets. Son voyage fut un véritable chemin de croix... Semblable à un nouveau Job, il apprenait à tout instant, par les messages qui se succédaient, des détails qui lui brisaient le cœur... Après cette effroyable catastrophe, le pauvre père ne voulut plus revoir cette villa où tant des siens avaient péri...

On peut évaluer à un millier de personnes le nombre des victimes du cyclone, en y comprenant celles qui moururent des suites de leurs blessures.

AUTRES FAITS NAVRANTS.

Un homme, sortant de chez lui, fut enlevé par le tourbillon et jeté sur un arbre où il resta suspendu sans pouvoir se dégager. Le lendemain, on le trouva mort à la même place.

Une dame française et sa fille, habitant les environs du *Robert*, village situé sur les bords de la mer, obligées de quitter leur maison qui s'écroulait, furent entraînées par la violence de l'ouragan et précipitées dans la mer, où elles se noyèrent. Un violent ras de marée, produit par le cyclone, avait fait sur mer de nombreuses victimes... de plus, la mer avait envahi les terres et porté la ruine et la mort sur son passage.

Une famille du Morne échappa au péril en se réfugiant

sous un immense lit à colonnes qui seul resta debout sous les décombres de la maison écroulée...

Entre les faits extraordinaires prouvant la violence du vent, on peut citer celui-ci : une grande table de marbre, projetée par le tourbillon, alla se fixer dans le plafond de la maison où on pouvait la voir encore au moment du volcan...

Les tuiles arrachées par le vent étaient lancées avec une telle force contre les murailles des habitations qu'elles s'y incrustaient et y lassaient une empreinte d'un ou deux centimètres de profondeur.

*

RECONSTRUCTION DU SANCTUAIRE DE N.-D. DE LA DÉLIVRANDE.

Le sanctuaire de N.-D. de la Délivrande fut reconstruit dans de plus vastes et plus grandioses proportions, par la piété populaire, aussitôt après le cyclone. Tous les habitants tinrent à honneur de contribuer à la reconstruction de l'église.

C'est dans ces circonstances que se manifesta encore l'infatigable dévouement du Père Mary et nous ne pouvons mieux exprimer son zèle apostolique qu'en citant ce passage de sa biographie publiée par les RR. PP. du St-Esprit dans la brochure : *Nos Œuvres et nos Victimes de la Martinique.*

« Sur les désirs de Mgr Carméné qui avait à cœur la reconstruction du Sanctuaire de N.-D. de la Délivrande, le Père Mary commence à travers l'île entière cette tournée légendaire de quêteur infatigable, qu'il continue toute une année, à pied ou à cheval, par le soleil ou la pluie, à travers tous les mornes de la colonie, dans les plus humbles cases des travailleurs nègres ou métis, comme dans les habitations des propriétaires, tendant à tous la main, au nom de la Très Ste Vierge, et rentrant le soir après huit ou dix heures de ces excursions, brisé, rompu, et rapportant parfois pour tout butin un franc cinquante. Il faut avoir vu de près les choses de la Martinique, pour se faire une idée de la somme d'énergie physique et morale qu'il a fallu dépenser dans une pareille entreprise. C'est avec le produit de ces quêtes, au total assez fructueuses, qu'il commença les grands travaux de restauration de son église. Mais s'il eût fallu payer toute

la-main-d'œuvre, ses ressources eussent été bien vite épuisées. Par de chaleureux appels à la foi de ses paroissiens,
composés en grande partie de pauvres, il les amène à faire
des corvées gratuites et volontaires. Six mois durant, on eut
alors au Morne Rouge un spectacle vraiment digne de ces
anciens âges qui ont bâti nos merveilleuses cathédrales. Des
escouades d'hommes, de femmes, de vieillards, de jeunes
gens, de jeunes filles, venus de tous les coins de la paroisse,
se rassemblent au jour fixé devant le presbytère, sur
la place de la future église, pour aller à la carrière,
distante de près d'un kilomètre. La messe dite, le bréviaire
récité, le Père apparaît, armé de son fameux cor de chasse ;
et prenant la tête de la bande de ces travailleurs volontaires,
il s'en va sonnant vigoureusement la charge, sur l'air d'un
cantique populaire, entraînant après lui tout ce peuple,
comme électrisé par son exemple et le son militaire du cor
ou du clairon. Une fois sur le théâtre des travaux, on le voit
maintenir l'ardeur dans le va-et-vient des transports, se
prodiguer, se multiplier, modérant les uns, stimulant les
autres, donnant ici une parole d'encouragement, là, apaisant
une querelle d'enfants, aidant ailleurs au chargement d'un
fardeau... Ceux-là seuls pourront se faire une idée de cette
vie de surmenage, au milieu des nègres et sous un soleil de
plomb, qui, missionnaires bâtisseurs sous les Tropiques, ont
réellement porté le poids du jour et de la chaleur.

» Après six années de travaux, l'église était achevée.
Mgr Carméné voulut en faire la bénédiction solennelle le
3 mai 1897. Entre la cérémonie et la Messe pontificale, le
Père Mary lut en chaire un petit discours, où il remercia tous
ceux qui avaient contribué à l'érection du sanctuaire. Puis,
quand il est descendu de chaire, Sa Grandeur se lève, lui
fait signe de s'arrêter devant son trône et, la crosse en main,
lui adresse les paroles suivantes :

« Mon cher Père, vous venez de remercier tout le monde :
il est juste que vous soyez remercié à votre tour. Je suis
heureux de remplir cette tâche. Je sais tout ce que vous
avez fait, par vos quêtes si laborieuses, par votre intelligent
et dévoué concours... Voilà pourquoi, mon cher Père, je
vous nomme chanoine honoraire de ma cathédrale. Je le fais
d'abord pour récompenser votre mérite personnel. Je le fais
aussi pour donner à l'église du Morne Rouge un dernier
témoignage de mon intérêt... ».

» Et séance tenante, le P. Mary est revêtu du camail de chanoine honoraire. »

C'était un brave, décoré sur son champ de bataille et recevant une croix d'honneur bien méritée !... Désormais son nom, sa vie vont être plus que jamais associés aux événements heureux et malheureux de cette intéressante paroisse. Nous savons d'avance que son courage ne faillit jamais et jusqu'à sa dernière heure, il demeure sur la brèche... fidèle au poste que lui a confié la Providence par l'organe de ses supérieurs.

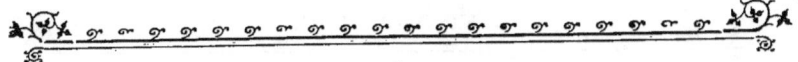
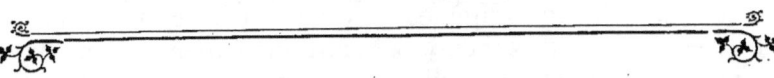
« Du haut du Ciel le Seigneur a regardé :
Il a vu tous les enfants des hommes. »
(*Ps.* XXXII.)

PRÈS les émotions causées par les récits de cette nuit terrible qui laissa la ruine, le deuil et la mort dans tant de familles inconsolées, on se sent le besoin de se rasséréner un peu l'esprit et le cœur, de fortifier son courage en éloignant de ses yeux les scènes trop horribles de l'avenir.

En ce moment, du reste, elles sont encore le secret de Dieu... Respectons sa prescience et remercions-le de nous tenir célée l'histoire de nos jours futurs. Que deviendrions-nous, faibles que nous sommes, si, à la peine de l'heure présente, se joignait la connaissance de celle du lendemain !... O bienheureuse ignorance, délicate attention de notre Père céleste !... tu es le secret de nos courtes félicités...

CŒLUM NOVUM ET NOVAM TERRAM ([1]) !

Revenons à notre île enchantée qui, au lendemain de sa catastrophe, reparaissait verdoyante, couvrant de sa flore brillante les ruines que les orages avaient amassées... Le contraste était navrant !... et facilement on se serait plaint de l'indifférence de cette nature ne donnant pas même un regret aux victimes qu'elle avait faites...

Sur ces cases projetées au loin, sur ces villas détruites, marquant la tombe de ceux qu'elles avaient ensevelis en s'écroulant, s'étalaient des églantiers aux fleurs pourprées, tandis que des lianes, des fougères, de hautes graminées recouvraient déjà d'un voile trop épais les vestiges des êtres chéris sur lesquels on venait verser d'inconsolables larmes... A l'endroit, m'a-t-on dit, où fut relevé le corps mutilé d'une benjamine de noble famille, son pauvre père éploré trouva, à sa première visite, un splendide rosier... Symbolisme d'une expression cruelle... presque ironique...

Cette nature, mobile dans ses aspects, légère et joyeuse

---

1. Apoc., II.

au lendemain de ses plus grandes calamités, explique un peu le caractère de ses indigènes : grands enfants, insouciants, toujours de bonne humeur, oubliant facilement le malheur d'hier et sans souci de celui du lendemain.

La race noire et la mulâtre forment la majeure partie de la population martiniquaise ; les colons européens — français surtout — en sont le complément dans la proportion de trois pour cent.

Les nègres travaillent comme ouvriers manœuvres dans les usines et rhumeries. A la campagne, ils sont occupés à défricher les terres et se livrent à tous les travaux de culture nécessités dans les vastes plantations (immenses propriétés possédées par les blancs en général).

Depuis l'abolition de l'esclavage, beaucoup de nègres et de mulâtres sont arrivés, par un travail persévérant, à sortir de leur condition première. Ils ont acquis de riches possessions et, grâce à une intelligence très vive, ils parviennent facilement aux fonctions publiques... Ils sont au pouvoir en majorité à la Martinique ; presque tous les maires des communes sont choisis parmi les indigènes. Quant aux blancs, riches, ils sont les possesseurs des grandes usines, des rhumeries, des plantations dans lesquelles ils occupent d'autres blancs, moins favorisés de la fortune, comme employés, mais ces derniers, quelle que soit leur pauvreté, ne servent jamais comme domestiques... Ils sont commis dans les magasins... les femmes se livrent à la couture... aux nègres pauvres est exclusivement réservé le service des maîtres.

Le nègre est très paresseux par nature ; l'extraordinaire fécondité de son sol, l'abondance des fruits et productions de toutes sortes qu'il lui donne sans culture, encourage son apathie native. Aussi est-il presque toujours dans la misère.

Le désintéressement si vanté de cette race, sa fidélité, son dévouement à des maîtres qu'elle servait sans salaire au jour de leurs ruines, ne sont plus qu'à l'état de souvenir. Mais ce souvenir est vrai et les chroniques de bien des familles martiniquaises que nous avons connues, enregistrent de beaux exemples d'abnégation et d'attachement de ces serviteurs à leurs maîtres.

C'est le Christianisme qui avait opéré cette merveille de l'union quasi familiale entre les vainqueurs et les vaincus, ces caraïbes presque sauvages, à qui les premiers colons, tout en exploitant leurs bras, donnèrent les bienfaits de notre religion civilisatrice.

Belain d'Esnambuc et ses compagnons, et aussi ceux qui vinrent par la suite fouiller ce sol pour en extraire les richesses, savaient, d'après l'expérience des siècles, qu'il n'y a qu'un moyen de transformer les barbares comme les sauvages : *l'influence religieuse...*

C'est par la réforme du cœur et de l'esprit que les mœurs se modifient, ce qui ne peut s'opérer que par la religion.

Ce ne sont pas les lois qui civilisent les peuples et, selon la pensée si juste de J. de Maistre qui devrait inspirer tous nos conquérants modernes : « si elles sont l'expression des mœurs, les mœurs doivent préparer et précéder les lois... » et cette œuvre a toujours été celle de l'Evangile.

Les premiers colons l'avaient compris, aussi ils ne voient pas la possibilité de faire la conquête matérielle de cette île sans s'assurer les moyens de dominer les esprits... Ils ont eu soin d'accepter avec eux des hommes plus désireux d'étendre le règne de Dieu qu'ils n'étaient eux-mêmes ambitieux de fortune... Ces prêtres du Christ se mettent à l'œuvre avec ardeur, poursuivent ces sauvages de leur charité évangélique, ouvrent à leurs yeux étonnés les horizons du royaume céleste promis aux déshérités et les rendent si doux sous le joug de l'Evangile qu'ils acceptent pour Maîtres ceux qui sont venus les déposséder.

De ces barbares sortis de leurs forêts, de ces brûleurs de plantations qui ne semblaient faits que pour détruire, le Christianisme en fit des auxiliaires laborieux, dociles, courbant la tête sous les peines, comme l'attestent les monuments restant de cette époque (XVIIe siècle).

C'est aux fils de S. Ignace et de S. Dominique que cette île est redevable d'avoir reçu l'annonce de « la Bonne Nouvelle ». Leur parole y a été féconde comme sur tous les champs où ils la sèment...

Des influences étrangères, des sociétés occultes viendront là, comme partout, semer l'ivraie et insinuer les germes d'une indépendance licencieuse et d'un progrès rétrograde... Mais qui peut s'en étonner ?... N'est-ce pas là l'histoire de tous les peuples où la marche vers le bien rencontre si souvent des arrêts ?... S'il n'y avait dans l'homme qu'un bon principe, le progrès n'en serait que le développement calme et régulier, mais il y a dans l'homme deux principes : l'un de perfection,

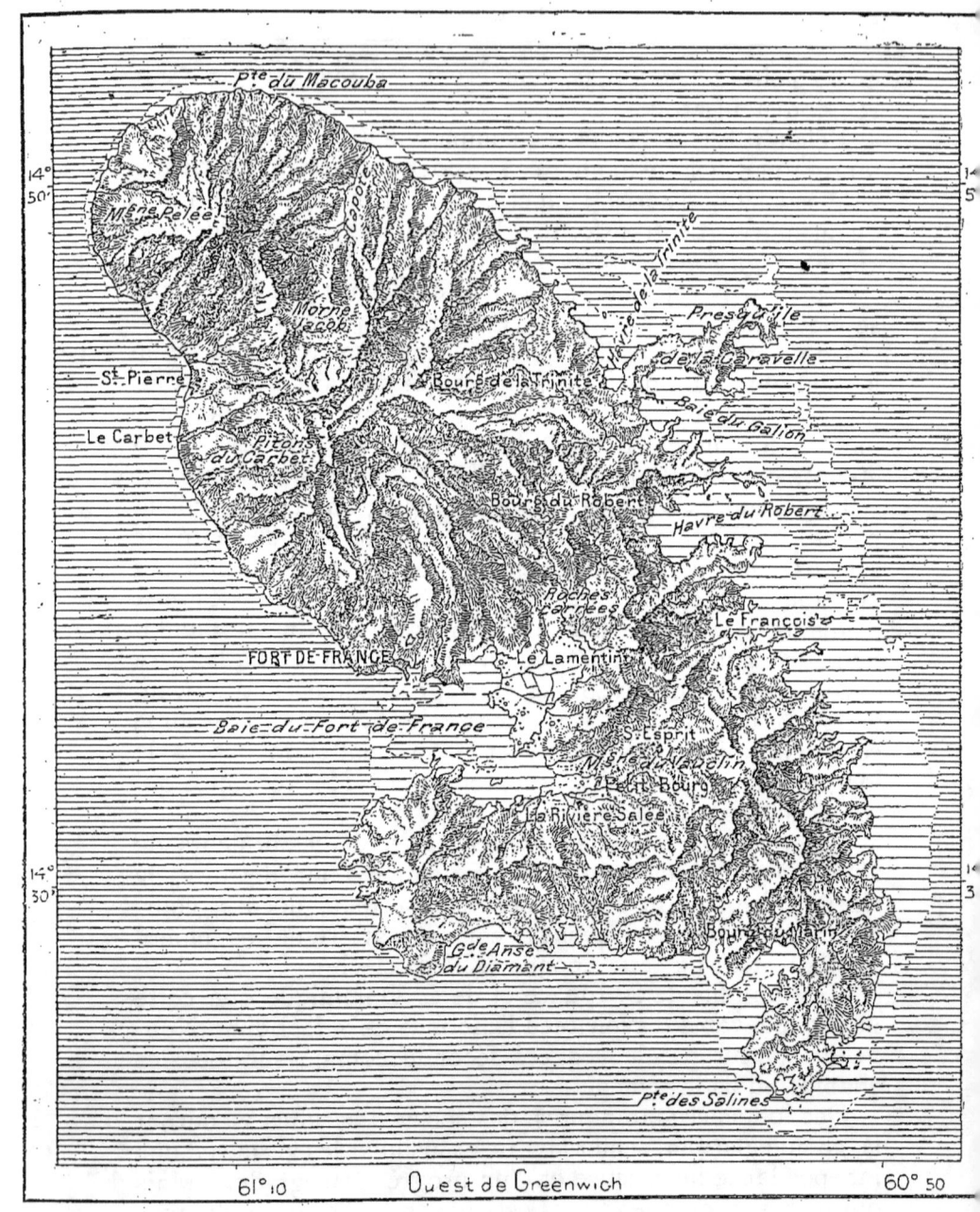

ÎLE DE LA MARTINIQUE. (P. 58.)

l'autre de corruption, comme dans les sociétés il y a deux puissances : la civilisation et la barbarie... Le progrès est donc une lutte avec des alternatives de défaite et de victoire... Mais les chutes, les écarts n'empêchent pas l'action de la Providence de poursuivre son cours, pas plus qu'une nuit d'orage et de pluie n'empêche le soleil de mûrir les fruits.

Après les Jésuites et les Dominicains dont le nom est immortalisé dans cette île : fleuves et monuments en font foi ([1]), vinrent les Pères du St-Esprit qui, par un zèle infatigable, des créations d'œuvres magnifiques, arrachèrent à la Franc-Maçonnerie — puisqu'il faut la nommer — cette influence qui, un moment, sembla prépondérante. Cette époque de renouvellement coïncide avec l'arrivée de Mgr Le Herpeur (1851), premier Evêque de la Martinique... et sous ses dignes successeurs... tous, à l'âme si vraiment apostolique. Un sentiment filial m'incite à nommer en passant Mgr Fava, dont nous avons été la modeste diocésaine à Grenoble, et qui garda en son cœur, jusqu'à sa dernière heure, une fibre bien vibrante pour sa chère Martinique, la fille aînée de son épiscopat... Que de récits intéressants n'avons-nous pas recueillis de sa bouche !!...

Ce fut alors une ère de progrès religieux dont le mouvement s'accentua jusqu'en 1880 où la laïcisation, la création des collèges de l'état, produisirent un peu les effets qu'elles ont eus dans la Mère-Patrie...

Depuis deux ans le socialisme était venu s'implanter dans St-Pierre et toute l'île; des meneurs, venus de France, cherchaient à corrompre le peuple par tous les moyens ; journaux, conférences dans lesquelles ils prêchaient la révolte contre les patrons et soufflaient l'esprit d'irréligion. Une de leurs feuilles publiques : *le Prolétaire*, vomissait chaque jour le blasphème contre la Ste Religion et ses mystères. La Ste Vierge même, tant aimée sur ce sol où partout rayonne son image, objet de la vénération universelle, était attaquée par les injures les plus horribles...

Les noirs, très faciles à tromper, prêtaient aisément l'oreille à ces discours fallacieux qui avaient déjà fait beaucoup de mal à un certain nombre d'entre eux.

Ajoutons qu'à l'exemple des ouvriers français, ceux de la Martinique s'étaient constitués en grève et réclamaient

---

1. Une des rivières s'appelle Rivière des Pères... le palais épiscopal de St-Pierre était l'ancien couvent des Dominicains.

l'augmentation de leur solde... mais depuis l'arrivée de
Mgr de Cormont, une heureuse réaction avait été tentée
pour ramener l'accord entre patrons et ouvriers... et la foi,
qui avait de si profondes racines, ne disparut jamais de la
masse de cette population si intéressante.

Les nègres sont toujours restés foncièrement bons ([1]),
chrétiens dans leurs croyances, respectant dans le prêtre et
le religieux le représentant de Dieu et n'étant pas retenus
par le respect humain ou le point d'honneur. On leur a re-
proché leur licence de mœurs... cela n'est que trop vrai...
mais il y a à tenir compte des conditions sociales dans lesquelles ce pauvre peuple a vécu si longtemps, de sa misère
et de son ignorance... Il a une foi très vive et la moindre
occasion suffit pour le ramener à la pratique des devoirs
religieux...

On le vit surtout aux premiers grondements du volcan !
Alors ils se précipitèrent dans les églises, demandant l'absolution, la régularisation de leur union et le baptême de
leurs enfants . . . .

. . . .

**
* *

LES CASES.

Les nègres, à la campagne, vivent dans des cases, autrefois en bambous, aujourd'hui la plupart en planches, couvertes de feuilles de bananiers et ayant pour plancher la
terre battue. Quelque étroite que soit cette misérable habitation, ils la séparent en deux parties par une mince cloison...
La première sert de cuisine, la deuxième de chambre à
coucher, cette dernière mesurant tout juste la dimension du
grabat. Ordinairement une petite fenêtre est percée dans la
cloison de la cuisine, afin de livrer passage à la fumée.

Il n'y a jamais de cheminée dans ces cases d'un primitif
irréprochable... les nègres font leur cuisine en plein air...
par un procédé des plus simples : ils disposent en triangle
trois grosses pierres qu'ils appellent : *fouiyer di fé* (foyer du
feu). Sur ce fourneau improvisé, ils placent le *canari*, sorte

---

1. Comme le dit le Révérend Père Maleret dont nous partageons si bien la
manière de voir : « En face de certains désastres, mieux vaut, après tout, pécher
par l'indulgence, que soutenir des exagérations capables d'enlever à cette infortunée Martinique la légitime sympathie à laquelle son malheur lui donne tant
de droits. »

de chaudière de terre qui sert à la cuisson du fruit à pain et des autres légumes. Des calebasses desséchées constituent à elles seules toute leur vaisselle et ustensiles de cuisine.

Malgré la pauvreté de ces misérables cabanes, on y constate beaucoup d'ordre et de propreté.

***

ÉLÉGANCE DES NÈGRES.

Les nègres aiment beaucoup la toilette et le dimanche on ne reconnaîtrait plus sous leurs beaux habits les malheureux qui, toute la semaine, travaillent à peine vêtus dans les usines et dans les champs. Pour eux, le superlatif de l'élégance consiste à porter des chaussures... aussi se mettent-ils à la torture, les dimanches et fêtes, pour enserrer dans des souliers leurs pieds grossis et durcis par la marche.

Leur vanité est si grande que si leur toilette ne leur paraît pas convenable, ils préfèrent manquer la messe. C'est là l'invariable motif qu'ils donnent à leur curé, quand il les excite à remplir leurs devoirs de chrétiens : *moi pas avoir chaussure !* Les enfants suivent l'exemple des grands : moi *avoir robe sale*, répondent-elles invariablement quand on s'enquiert pourquoi elles n'ont pas assisté au catéchisme ou à la messe. — *Maman n'a pas eu le temps de laver la robe de moi.*

Quant à leur ambition, elle se rapproche un peu de celle de leurs voisins les nègres de Haïti... « La passion des grades, des titres, des distinctions honorifiques de toutes sortes, atteint chez les Haïtiens, dit un auteur, la dernière limite du ridicule... C'est à Haïti que le mot des enfants est vrai : *Je veux m'engager dans les colonels !* Tout le monde ici naît général (¹)... »

Il est d'usage que tous les enfants qui fréquentent les écoles publiques soient chaussés. Beaucoup, par économie, ne chaussent qu'un pied... ce qui fait dire plaisamment qu'ils n'ont qu'un pied dans la civilisation.

***

PRÉJUGÉS DE RACES.

Nulle part plus qu'aux Antilles, surtout à la Martinique, les préjugés de races établissent une distance marquée, dit-

---

1. Verbrugghe.

LES CANNES A SUCRE. (P. 61.)

on, entre les blancs, les mulâtres et les nègres... Le blanc
ne fréquente pas et ne recevra jamais dans ses salons un
mulâtre ou un noir... quelle que soit sa dignité ou sa
fortune... et probablement à cause de cela... De là des frois-
sements de la part des indigènes et surtout des haines ..
Mais ceci n'est pas une généralité et, pour avoir la note juste
de ce qu'est le préjugé de races à la Martinique, je me per-
mets de citer ce passage de M. Jacques Debès dans ses
intéressants articles : *Récits Martiniquais* ([1]).

« Le préjugé de races est très vivace ou il n'existe pas,
c'est selon la manière dont on l'entend... Si vous mettez en
face des blancs les mulâtres qui écrivent dans les journaux,
qui se poussent dans les administrations, ou qui simplement
dégustent les ouvrages de Jean-Jacques Rousseau, cette
vieille perruque du XVIIIe siècle qui, chez vous autres
Européens, semble aujourd'hui passablement démodée, —
si, dis-je, vous vous bornez à ce monde-là, oui, le préjugé
de races est profond ; il est comme la lave d'un volcan toujours en ébullition, qui peut avoir, un moment ou l'autre,
les plus terribles explosions. Mais allez sur les habitations,
dans les intérieurs créoles, dans les vieilles familles martiniquaises ; voyez les maîtres et les domestiques, les descendants des anciens planteurs en face des descendants des
anciens esclaves ; vous trouverez partout la cordialité, la
sympathie, la vie de famille dans ce qu'elle a de plus
patriarcal. »

*

LES NÈGRES SONT MUSICIENS.

Les nègres sont grands amateurs de musique et souvent,
dans les plantations, il n'est pas rare de voir, au milieu du
groupe des travailleurs, un noir n'ayant pas d'autre rôle que
celui de jouer de la flûte ou du *tam-tam*, pour entraîner les
autres à l'ouvrage...

*

DISPUTE ENTRE NÈGRES PENDANT LA MESSE
POUR CHANTER LE SOLO.

« Pendant que j'accompagnais le *Kyrie*, un jour de fête,
raconte notre créole, devenue plus tard l'organiste de

---

1. *Lis de saint Joseph.* N° 162.

Notre-Dame de la Délivrande, j'entendis tout à coup à mes côtés une dispute entre deux chantres d'un pèlerinage de campagne. *Ma Sœur ! à moi la honneur de la Solo !* me cria l'un d'eux en repoussant son compagnon d'un vigoureux coup de poing. Victorieux, il se mit à chanter (d'une voix formidable à ébranler les voûtes) et aussi fausse qu'elle était forte. A la fin du *Gloria*, je dus lui intimer l'ordre de s'arrêter et fis poursuivre le chant par son rival... Humilié et fâché, mon soliste partit, navré de sa défaite... »

LE HUITIÈME TON MUSICAL !

« Un autre jour, me trouvant encore à l'orgue, je fus sollicitée par un nègre de l'accompagner : *Ma Sœur,* — me dit-il, avec une emphase comique, — *ma voix ne chante que dans le huitième ton... faut jouer ça à moi.* Je fis la sourde oreille et continuai à jouer le morceau commencé qu'il se mit à chanter, ravi, se croyant *dans le huitième ton...* Il avait une très jolie voix de basse !!! »

LES NÈGRES SAVENT QUE POUR BIEN CHANTER IL FAUT OUVRIR LA BOUCHE !

En vertu de ce principe, un nègre chantait, dans une grand'messe, en tirant de sa main droite sa grosse lèvre inférieure à chaque syllabe qui sortait de sa bouche ainsi tenue bien ouverte... C'était un gouffre béant qui donnait passage à une voix aigre de vieille crécelle... Il fallut ouvrir le grand jeu pour couvrir la voix affreuse de ce chantre entêté à persévérer dans son chant. »

AVEC LA CHATTE SOUS LA TABLE !

Les nègres riches tiennent à honneur de mettre leurs enfants dans les pensionnats, afin qu'ils y prennent de *bonnes manières* et surtout ne soient pas inférieurs en instruction aux enfants des blancs...

Un nègre enrichi et plein de prétention avait sa fillette en pension chez les Sœurs... Il alla un jour la voir et, demandant la Supérieure, lui dit avec emphase, convaincu de parler le français le plus correct : *Ma Mère, si Marie n'est*

*pas sage, battez-la, pincez-la, mordez-la, mettez elle à manger
avec la chatte sous la table, mais faites elle bonne élève.*

En une autre occasion, il disait à sa fille, à qui il faisait
donner des leçons de piano : *Allons, Marie, joue à nous un
petit morceau de piam-piam* (piano).

***

NÈGRES VOLEURS.

Les nègres sont instinctivement voleurs, surtout dans le
peuple, où la misère les pousse à s'emparer du bien d'autrui.
Mais d'ordinaire leurs larcins ne sont pas considérables, ce
qui leur fait dire : *Le blanc, lui, vole avec esprit et ne va pas
en prison ; mais le nègre est mis en prison pour chaque poule
que lui vole.*

Les nègres se volent surtout entre eux les poules et les
légumes... La veille des premières Communions de leurs
enfants, ils vont jusqu'à dérober *les poules du presbytère*
pour leur festin de fête !!...

***

DÉVOTION DES NÈGRES.

Les nègres ont une grande dévotion à la Sainte Vierge
et, tous les lundis, même les pauvres, apportent au Sanctuaire de Notre-Dame de la Délivrande une petite bougie
qu'ils font brûler aux pieds de la Madone.

Leur foi est grande, mais leur ignorance la dépasse parfois... et ils affirment souvent avec conviction les choses les
plus invraisemblables. C'est ainsi qu'un nègre dont l'enfant
venait de recevoir plusieurs scapulaires, assurait que son
fils *avait reçu tous les Sacrements* et qu'il ne lui manquait
plus rien !

Dans une autre circonstance, une pauvre négresse vint
demander *à une sœur de lui dire une messe.* C'est en vain
qu'elle se récusa !!... il fallut accepter l'offrande... qu'elle fit
passer au curé...

Ils sont très superstitieux et vont jusqu'à déterrer les
morts afin de composer les maléfices dont ils se servent
pour nuire à leurs ennemis...

Quand leurs enfants sont malades, ils consultent les som-
nambules, les magnétiseurs qui empochent leur argent et
leur font en échange les ordonnances les plus bizarres. Un

SAINT-PIERRE : LE PALAIS ÉPISCOPAL. (P. 48.)

UNE CASE DE NEGRES. (P. 51.)

66 bis

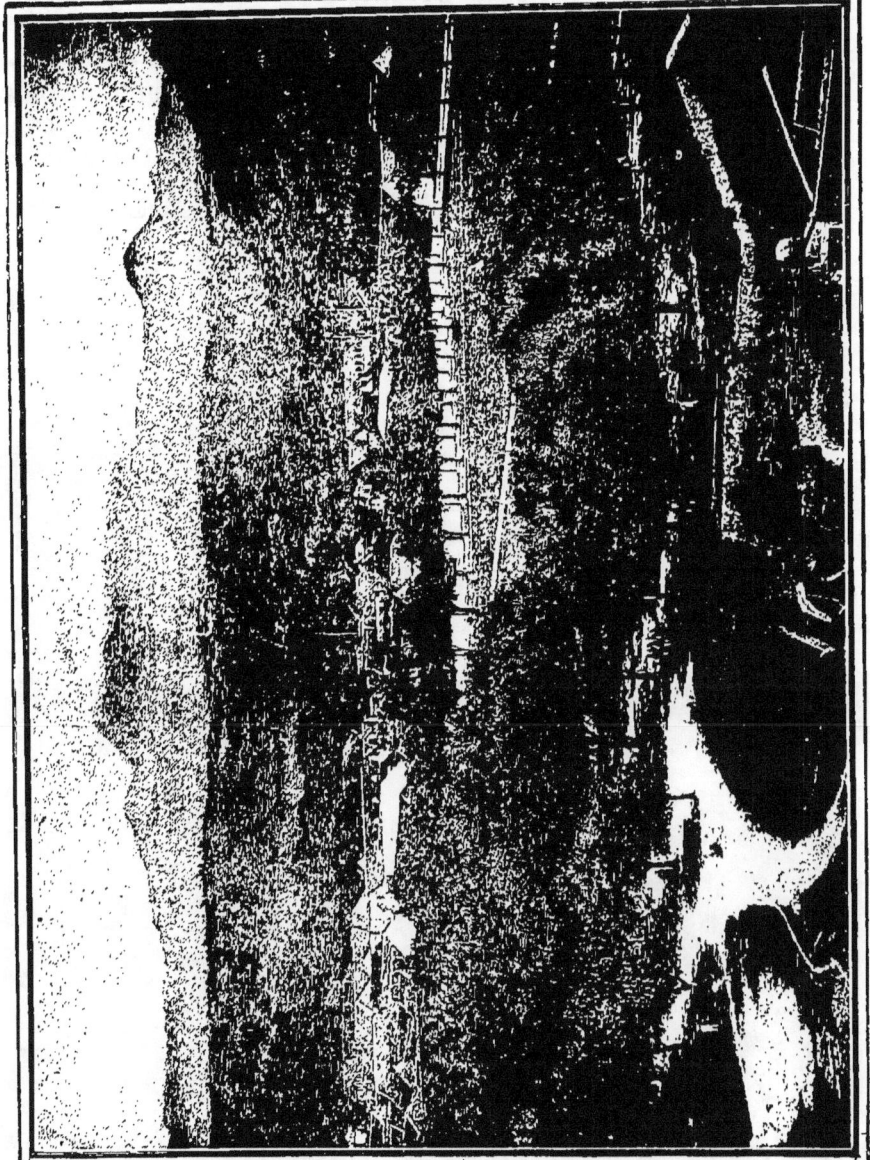

SAINT-PIERRE : LA SAVANE. (P. 59.)

pharmacien de nos amis nous citait souvent les fantastiques demandes de sa clientèle noire : *De l'esprit de vent — de l'essence de colibri* (oiseau-mouche) *— de la sueur de molocoille* (tortue de terre) *— de l'essence à charmer* ou *de la poudre de Volcan !* Hélas ! cette dernière a été donnée sans argent !!...

Le pharmacien prenait l'ordonnance et composait une potion inoffensive que les pauvres noirs recevaient avec confiance, *certains* qu'elle contenait ce qu'ils avaient demandé et qu'ils ne voulaient pas qu'on leur refusât...

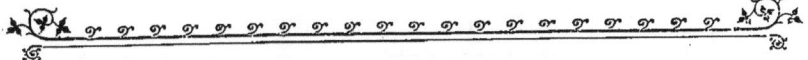

L'ILE DE LA MARTINIQUE.

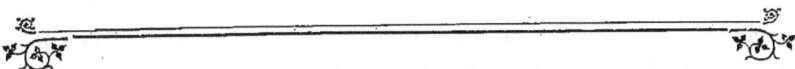

Vous avez visité la terre et vous l'avez enivrée :
Vous avez multiplié ses richesses.
Les lieux riants du désert seront engraissés ;
et les collines seront ceintes de beauté.

(*Ps.* LXIV.)

SI Saint-Pierre était la Reine de la Martinique, l'île tout entière était bien digne de former sa cour... Avant de revivre les souvenirs funèbres qui résument les agonies de la cité malheureuse et de ses alentours, jetons un dernier regard sur le panorama de verdure et de fleurs que fut la Martinique avant tous ces cataclysmes qui l'ont amoindrie, pres-que anéantie... (¹).

Loin de nous la prétention de faire ici une géographie de l'île ou un abrégé de ses productions ; des ouvrages charmants et aux détails mille fois plus intéressants que tout ce que nous pourrions en écrire, ont fait connaître et admirer les splendeurs de ses sites et les richesses de son sol. Qui de nous, dans sa petite enfance, ne connaissait déjà, et le café de la Martinique, et ses cannes à sucre, son cacao et sa vanille ?... Ce que nous transcrivons ici, c'est l'écho de quelques causeries scientifiques, avec des amis de la Martinique et quelques citations attrayantes pour les amis de l'île infortunée... Avant de voir couler la lave brûlante, ayons une dernière vision de ce paysage merveilleux sur lequel la terrible Pelée va étendre son voile de cendre et de feu.

La Martinique doit son nom à Christophe Colomb, qui, l'ayant découverte le jour de Saint-Martin, voulut la placer sous le haut patronage du Saint dont l'Église faisait la fête ce jour-là : 11 novembre 1495.

Le simple aspect de la contrée en raconte l'histoire géologique. « Un amiral anglais, voulant donner au roi Georges II une idée de la configuration tourmentée de la Martinique, prit une feuille de papier qu'il chiffonna brusquement, en la rejetant tout informe sur la table : « Sire,

---

1. La population de la Martinique, avant l'éruption du 8 mai 1902, était de deux cent sept mille habitants, dont vingt mille blancs.

dit-il, voilà la Martinique. » En effet, quelle image saisissante de l'aspect de cette île !

« Du nord au sud se dressent des monts, distribués en groupes rapprochés, mais indépendants, accusant une formation violente... Les uns culminent en pitons aigus dont l'altitude dépasse 1300 mètres, d'autres s'étalent en crêtes étroites, parfois tranchantes, inclinées en talus raides et d'un accès difficile. A mi-hauteur de ces sommets détachés, et comme leur faisant cortège, une multitude de mornes, restes de volcans secondaires, s'abaissent en coteaux moins abrupts, les uns ombragés de forêts ou cultivés, les autres stériles et nus. Après les volcans qui ont créé ces pics, ces cônes, ces pyramides, sont venus des tremblements qui les ont disloqués, ont déchiré la croûte du sol, haché les flancs des montagnes en crevasses et en précipices : obstacles dont souffrent à la fois les communications et les cultures.

» La nature est admirable dans cette île comme dans la plupart des régions tropicales. Les premiers habitants des Antilles attribuaient le charme de leur archipel aux filles de la mer, qui secouaient au-dessus des ondes leur chevelure parfumée pour attirer les pêcheurs au milieu des écueils où elles cachaient leurs palais enchanteurs et perfides. Comme d'ordinaire, la légende n'était ici que l'instinctive et poétique interprétation des phénomènes de la nature. Dans ces parages, sous le souffle régulier des vents alizés, la mer déroule avec une majesté sereine ses larges et paisibles vagues, le jour, transparentes à d'étonnantes profondeurs, la nuit, semées d'étincelles et de traînées phosphorescentes. Les savanes et les forêts exhalent des senteurs que la brise emporte au loin sur l'Océan comme l'encens de la terre. Au-dessus de ces rivages, le ciel déploie l'éclat incomparable de son azur, et fait succéder, par intervalles égaux, aux incendies d'un soleil presque vertical, les splendides illuminations des étoiles. La végétation ne connaît point le repos ; les arbres renouvellent sans fin leurs fleurs et leurs fruits et traduisent en tableaux réels ces réminiscences de paradis terrestre, ces rêves de printemps éternel dont nous avons tant de peine, en notre froide Europe, à nous faire une image. Le règne animal reflète ces merveilles dans l'oiseau-mouche, le colibri, éblouissants d'or et de pourpre, de saphir et d'émeraude. Que de curiosités éveillées, que de surprises et d'émotions pour le navigateur et le voyageur arrivant de

la zone tempérée ! Ce n'est pas qu'aux rayons de ces magnificences, il n'y ait quelques ombres. La saison des pluies,
bien qu'elle survienne au plus fort des chaleurs, se montre
presque aussi désagréable que notre hiver : trop souvent de
violents ras de marée bouleversent les rades, les grains de
mer tournent en de terribles ouragans, et les tremblements
de terre démolissent en un jour l'œuvre des siècles. Toutefois l'homme, par un heureux don de la Providence, oublie
vite les maux passés, et, ici comme ailleurs, les richesses
d'une terre féconde lui font supporter les inconvénients accidentels du climat.

L'ARBRE A PAIN. (P. 62.)

» Le littoral oriental est bordé de récifs madrépo-
riques, et peu abordables ; la côte de l'ouest est très dé-
coupée et possède des baies excellentes. Les pluies torrentielles entre-tiennent les ruisseaux et les torrents
également précieux pour l'irrigation des terres et la force motrice
des usines. On compte jusqu'à soixante-quinze cours d'eau,
variant de cinq à trente kilomètres.

» A en juger par le bruit qui s'est fait autour de son nom,
l'on ne soupçonnerait pas que cette île n'a guère que l'étendue d'un simple arrondissement de France : seize lieues de
long sur sept de large et quarante-cinq de circonférence, —
cent mille hectares environ de superficie. Son rôle historique
lui vient d'ailleurs de sa situation la plus avancée au vent de
toutes les îles, sauf la Barbade, ce qui en fait l'une des
premières escales pour les navigateurs arrivant de la pleine
mer (¹). »

_____

1. Jules Duval.

Au nord sont les montagnes élevées... Il ne faut pas y
chercher les glaciers... et les neiges éternelles n'y couron-
nent aucun sommet comme dans les Pyrénées et les Alpes,
mais les touristes, en face de ces sites grandioses et pittoresques, ont l'illusion des paysages suisses — moins toujours
ses glaciers... Un soleil tropical pénètre de sa chaleur ces
épais fourrés et leur communique une température d'une

L'ARBRE DES VOYAGEURS. (P. 62.)

douceur infinie... Cette partie du nord y est aussi la plus
productive... il y a une différence dans la végétation ; les
cannes à sucre y atteignent trois mètres, quand, dans le sud,
elles arrivent à peine à deux mètres.

Les arbres y sont extraordinaires par leur développement
et leur feuillage ombreux comme par l'étonnante célérité
avec laquelle ils croissent. La nature y est débordante de

vie : les pluies torrentielles, un soleil de feu, se succédant avec une rapidité électrique, y produisent des poussées de végétation, qui, en quelques jours, transforment un sentier en une haie inexpugnable. Cela peut arrêter le voyageur étranger, l'excursionniste d'occasion, mais le nègre, formé aux luttes contre la nature, marche toujours armé de son coutelas, s'ouvre un passage en abattant les fougères, les lianes, les branches d'arbres : aussi est-il l'éclaireur-né de toutes les excursions

Il semble que Dieu se soit plu à doter cette île de tout ce qui peut satisfaire ses habitants... Et à la vie facile qu'elle leur offre, à ses attraits enchanteurs, on comprend leur attachement à son sol, lors même qu'il ne renferme plus pour eux que des agents destructeurs et qu'il soit semblable à un pont couvert de fleurs, cachant le plus perfide des abîmes.

* *

L'ARBRE AUX EAUX JAILLISSANTES.

Si le voyageur, altéré par ses excursions au travers des forêts, des savanes ou des taillis, a le bonheur de rencontrer l'arbre aux « eaux jaillissantes », il peut étancher sa soif sans avoir besoin de se courber vers la rivière ou de descendre dans le lit du torrent. Une légère incision sur le tronc de l'arbre qui porte son nom *Arbre des Voyageurs*, lui donnera un jet d'une eau fraîche et limpide.

* *

ARBRE A PAIN.

Et pour l'alimentation, *l'arbre à pain*, semble être le compagnon inséparable de l'arbre des voyageurs. Il est de haute taille, au feuillage très découpé et porte dans ses flancs pas moins de deux cents fruits énormes de la grosseur d'un petit melon, lesquels, une fois bouillis, sont une nourriture excellente, substantielle que les nègres estiment beaucoup. Sa fleur, qui ressemble à une longue éponge, se confit et devient un dessert délicieux : tout est précieux dans *l'arbre à pain*. Les feuilles et le tronc suintent une espèce de lait employé comme glu pour prendre les oiseaux.

* *

COCOTIER

Dans la région des sables, plus au midi de l'île, on trouve

le *cocotier* à la forme bizarre : une longue colonne toute droite coiffée d'une touffe de verdure, puis des fleurs blanches mesurant un mètre de diamètre et s'étalant en éventail... Il n'y a pas à s'étonner si de tels générateurs surgissent des grappes contenant chacune vingt fruits : ce sont les noix de *coco* que les indigènes dégustent avec délices lorsque le fruit, à peine formé, donne sa chair à l'état de crème. Mais tout le contenu de cette vaste coquille ne peut être absorbé dans son printemps ; ce qui est mis en réserve est transformé en une sorte de nougat très recherché appelé dans le pays : « tablette de coco ». L'arbre abattu donne encore sa moelle en comestible.

* *

PALMIER.

Lorsque nous admirons le palmier, élevé avec grand soin dans nos serres du Nord de la France, nous ne nous doutons pas que ce petit arbuste est le fils d'un géant du désert ne s'élevant pas à moins de trente mètres de hauteur, sans rien perdre de son élégance et de son aspect aristocratique. Son tronc droit et lisse se termine par un bouquet de palmes gracieuses... Mais voici un phénomène dont les effets ne charment et n'attirent que les indigènes ou les Européens naturalisés... Lorsqu'on coupe ce palmier, il se forme aussitôt, sur la moelle, des fourmillères de gros vers blancs dont les créoles sont très friands ; les plus gourmets les mangent tout vivants. Plus généralement on les met en friture, ce qui constitue un régal trouvé exquis, mais rare ! car ce n'est pas tous les jours qu'on abat des palmiers pour en extraire la moelle !...

Le chou palmiste, aussi rare que recherché, trouve ici naturellement sa place. Le Docteur X*** écrivant dans une Revue belge, nous en fait une description parfaite qui nous prouve qu'au Congo, d'ou il écrit, le chou palmiste est tout autant apprécié. « Nous entrons dans une salle à manger écrit-il, où le plat royal occupe la place d'honneur sur la table. Chance extraordinaire, car ce mets devient de plus en plus rare. — Comment cela ? — Le chou palmiste est le bourgeon terminal d'une sorte de palmier ; on coupe celui-ci au moment où il étend ses jeunes feuilles comme chou-fleur, le chou alors est tendre comme du beurre, appétissant comme aucune confiture, nourrissant comme le meilleur pain de froment.

» Pour avoir ce chou, on doit couper le jeune arbre, en ouvrir la boule en haut, et en extraire le fruit précieux auprès duquel nos plus fines denrées alimentaires ne sont que des navets. C'est pourquoi l'État défend de les abattre, à moins que, pour le bien général, on ne soit obligé de le faire, ce qui avait été le cas ici. Les chenilles jaunes, qui m'inspirent une répugnance invincible, sont le mets favori des grands chefs indigènes. Ils en raffolent comme nous nous raffolons des huîtres et des champignons. Elles ont en général six centimètres de long et trois d'épaisseur, et parfois l'on doit chercher longtemps pour en trouver. Elles se tiennent au palmier, dont elles sucent la sève, et il faut absolument fendre l'arbre pour

LE COCOTIER. (P. 63.)

pouvoir les prendre, M. N. prétend qu'il n'y a rien de plus exquis, de plus succulent, je n'y touche que du bout des lèvres... »

* * *

BANANIER.

Parlons encore du bananier qui a quelque chose de touchant et de mélancolique dans sa modalité reproductive.

Chaque pied ou arbuste ne donne qu'un seul régime d'environ cent cinquante fruits. Cela fait, il meurt. Mais la Providence a songé à la conservation de son espèce; à peine la tige-mère a-t-elle disparu, qu'un ou deux rejetons la remplacent et portent encore le savoureux dessert appelé figue banane.

***

MANIOC.

C'est aussi un arbuste, le manioc, qui donne aux nègres la farine de ce nom, base de leur nourriture. La racine du manioc, râpée minutieusement, doit être pressée pour en extraire le jus, poison violent, puis on la fait cuire sur des tôles.

LE BANANIER. (P. 64.)

***

LE SAVON CROIT SUR LES ARBRES !

Il est bien vrai que la Providence a pourvu à tout, même aux besoins hygiéniques. Voici le savon végétal, fruit très précieux, de la grosseur d'une noix et dont l'écorce se dissout dans l'eau à la façon du savon et en a les propriétés ; de là son nom. L'intérieur est une grosse amande ou graine qui, percée, sert à fabriquer des chapelets de religieuses.

***

LE TORCHON CROIT DANS LES JARDINS.

Voici une production qui plaît aux ménagères !... et maintes cuisinières en réclameront peut-être la transplantation dans les plates-bandes qui bordent leurs maisons, si toutefois cette espèce de concombre pouvait s'acclimater

sous notre ciel... On l'appelle vulgairement le « Torchon »,
car son fruit, desséché et battu, se transforme en un tissu
fibreux employé en guise de torchon... Cette toile sert
aussi à confectionner de ravissants travaux de dames.

A côté du concombre fibreux, on pourrait placer le cale-
bassier, fournisseur de la vaisselle des nègres de la campagne... car son fruit, la calebasse, est le seul plat ou assiette
dont ils font usage.

Viennent encore le manguier, le gingembre, le sapotiller
produisant des fruits excellents, et l'arbuste portant la pomme
cannelle très sucrée, et toutes les plantes à fortes essences
qui réussissent fort bien sur ce sol fait de débris d'éruption
et fécondé par une intense humidité.

Mais voici quelques ombres parmi tant de lumière, de
fleurs et de parfums :

**

LE SERPENT TRIGONOCÉPHALE A LA MARTINIQUE.

« S'il est un pays où il serait enivrant d'admirer la nature,
de s'y enfoncer, de s'y perdre, de s'y abîmer, c'est bien la
Martinique : il ne faut pas y songer : promenades à pied autre
part que sur les routes, et encore les routes ne sont-elles pas
très sûres, courses dans les bois, repos sur l'herbe, flâneries
dehors, *farniente* de çà, de là, au hasard, tout cela est
impossible : le trigonocéphale fer-de-lance, reptile habitant
les îles Martinique et Sainte-Lucie et n'habitant que là
dans le monde entier, veille, toujours prêt à s'élancer sur
l'homme, et veille partout. On en rencontre souvent dans
les environs immédiats des habitations, des villages ; on en
a tué beaucoup dans les jardins de l'hôpital militaire qui
touche à Fort de France ; on en a tué jusque dans la maison
du gouverneur, située au beau milieu de la ville.

» Ce serpent est, d'après M. Rufs, le plus venimeux des
serpents connus. Il peut atteindre la longueur de deux à trois
mètres et la grosseur du poignet ; il est d'autant plus dangereux, qu'il ne se trahit par aucun signal. Le serpent à
sonnettes avertit de sa présence par son cliquetis, le serpent
corail peut être signalé facilement à cause de sa couleur ;
d'ailleurs ces serpents sont relativement petits, ils s'élancent
rarement et l'on peut avoir quelque chance de s'en préserver
à l'aide de fortes chaussures. Le trigonocéphale, au contraire,
sauf peut-être par son odeur, et encore faut-il en avoir une

grande habitude, ne s'annonce par rien ; il est noirâtre, sa teinte est semblable à celle de la terre ; il voyage peu, il se blottit le long des routes, dans les champs de cannes à sucre, se contourne en spirale dans une position où il est dit *lové*, et attend : sur le premier gibier qui passe fût-ce un rat, un manicou ou un homme, le serpent s'élance ; son effroyable tête peut atteindre plus d'un mètre au-dessus du sol. La victime, une fois mordue, s'affaisse immédiatement sur elle-même et perd connaissance, c'est au moins le cas le plus fréquent. De nouvelles morsures viennent hâter la mort, quand celle-ci n'a pas été amenée par la première infiltration du venin ([1]). »

**

LE SOMMEIL ÉTERNEL !

Oh ! le mancenillier !... qui n'a lu dans son enfance ces histoires de lointains voyages, quasi fantastiques, si attrayantes pour l'imagination, où il est dit que de pauvres voyageurs, exténués par la fatigue et les rayons brûlants du soleil des tropiques, apercevant le long du littoral des arbres aux feuillages touffus, s'y rendent avec bonheur, espérant y trouver, avec la fraîcheur, un peu de repos ! Ils sont à peine étendus, qu'un sommeil délicieux gagne leurs paupières... un repos bienfaisant pénètre leurs membres. — Oh ! oui, un doux repos, complet, éternel ! c'est celui de la mort !... Un suc délétère est sécrété par toutes les parties du mancenillier et ses effets sur les sens de l'homme sont des plus pernicieux. Un arrêt seulement de quelques instants sous son ombre détermine des plaques rouges à la surface de la peau.

C'est ainsi que Jules Duval a eu raison de dire que dans les réminiscences de ce Paradis terrestre « quelques ombres » se mêlent « aux rayons de ses magnificences », mais les charmes de ce pays enchanteur l'emportent sur des « inconvénients accidentels ». Aussi quel attachement, quelle affection ardente pour cette île malgré ses infortunes! Ce sentiment patriotique, si justifié du reste, explique ce cri parti du cœur d'une de ses enfants au moment où le sol tremble encore sous les menaces d'un feu souterrain : *Vive la Martinique malgré son Volcan !* ([2])

1. Victor Meignan.
2. M. B. (11 septembre 1902).

LE VOLCAN.

Je ferai paraître des prodiges dans le Ciel et sur
la terre, du sang et du feu, et une vapeur de fumée.
(*Joël*, II, 50.)

SIGNES EFFRAYANTS.

IL est temps d'aborder le sujet principal de notre
récit : *le Volcan...* Le récit détaillé et « vécu »
nous en est fourni par notre créole, Mlle Edith
Duchâteau-Roger, que nous retrouvons sous le
nom de *Sœur Marguerite-Marie*, non plus au sein
de sa famille, comme lors du cataclysme de 1891, mais parmi
les Religieuses *de la Délivrande*, où elle était allée se consa-
crer à Dieu dans la personne du cher prochain : colons ou
indigènes... et aussi en mettant son rare talent musical au
service du culte dans la célèbre église.

* * *

L'ÉPÉE DE FEU.

Dans le courant de l'année qui précéda la catastrophe
dont nous allons nous entretenir, il y eut au couvent de la
Délivrande, des présages sinistres, des signes effrayants,
des pressentiments, des intuitions douloureuses.

Neuf mois avant l'éruption de la terrible Pelée, deux
Sœurs habitant Saint-Pierre virent, le même jour, — bien
que ne se trouvant pas ensemble, — une épée de feu planer
sur la ville !... elle était suspendue sur la Reine des Antilles et
comme retenue par une main invisible !.. Saisies d'effroi, elles
se demandaient, chacune de son côté, ce que cela pouvait signi-
fier... Consternées l'une et l'autre, elles gardèrent leur
secret jusqu'à l'heure de la récréation. Alors l'une d'elles dit
à ses Sœurs réunies : « Oh ! j'ai vu quelque chose d'extraordinaire et d'effrayant ! » — La deuxième religieuse, témoin
du prodige, lui répondit : « Il est impossible, ma Sœur, que
vous ayez vu quelque chose de plus effrayant et de plus
extraordinaire que ce que j'ai aperçu moi-même. » Pressées
de s'expliquer par les Sœurs intriguées, elles firent la même
déclaration : vision très nette *d'une épée de feu* planant sur

la coquette cité des Antilles. Pauvre ville de Saint-Pierre !
alors tout entière à son activité industrielle, à ses passions
politiques, à ses plaisirs aussi, elle ne se doutait guère que
le signe de sa ruine semblait ainsi être suspendu au-dessus
de sa tête !... L'antiquité nous raconte que Denys de Syra-
cuse, voulant montrer à un de ses courtisans le néant des
grandeurs, le fit asseoir à sa place dans un festin, revêtu de
ses habits royaux, après avoir placé au-dessus du siège royal
une épée nue, retenue seulement par un léger crin... Le
tableau est saisissant ; et l'histoire nous l'a conservé comme
un de ces faits destinés à frapper les esprits pour les éclairer!..
Mais peut-il être comparé à celui que nous rapportons ici et
que nous tenons de témoins dignes de foi : Une épée de feu
se dessinant sur le bleu firmament... On en frémit au simple
récit et les événements qui suivirent ne justifièrent que trop
l'impression profonde produite par un tel prodige...

*
* *

PLUIE DE SANG !

Mais en voici un autre... il est personnel à Sœur Marguerite-Marie, et c'est elle qui nous le raconte : « Vers la
même époque, un fait extraordinaire se passa au Morne
Rouge dans la même Communauté. Pendant plusieurs jours
de suite, une de mes Sœurs et moi, nous trouvâmes les
rideaux de nos lits couverts de larges taches rouges... semblables à du sang... Les rideaux furent renouvelés à trois
reprises, et chaque fois le même phénomène se reproduisait :
ceux d'un lit surtout en étaient particulièrement constellés...
Nouvelle stupéfaction de toute la Communauté... « Que veut
dire ce fait étrange ?... se disaient les Religieuses entre
elles... peut-être que c'est une annonce du martyre... » Pour
ma part, pensant aux progrès croissants de la persécution
religieuse, j'y vis un présage de massacre et en conçus le
désir de donner ma vie pour la foi. »

Notre chère Sœur se trompait ; mais ne semble-t-il pas
que Dieu préparait son cœur à l'épreuve qui devait être si
douloureuse ? Et, comme une mère qui doit présenter son
enfant au couteau du chirurgien, redouble, avant l'opération,
de sollicitudes et de caresses, ainsi Dieu semblait vouloir,
par des pressentiments intimes, par des intuitions mysté-
rieuses, envelopper en quelque sorte cette âme, afin d'atté-
nuer des coups qu'Il devait frapper brusquement.

Néanmoins on reste impressionné à la vue de ces rideaux maculés de sang avec une persévérante ténacité. Si ce sang ne fut pas le présage du martyre, comme le pensa d'abord notre future Sœur, ce fut comme une annonce des larmes qu'elle devait verser, car, ainsi que le dit S. Augustin : « les larmes sont le *sang* de l'âme. »

* *

TRISTESSE MYSTÉRIEUSE.

« A peu près à cette époque, continue Sœur Marguerite-Marie, je fus envoyée à Saint-Pierre passer la nuit auprès d'une morte.., Je priais devant une statuette de Notre-Dame de Lourdes dont la physionomie souriante rayonnait de joie... Mais, tout à coup, elle s'assombrit et exprima une tristesse infinie... Ce prodige dura quelques minutes, après lesquelles la statue reprit son expression ordinaire de suavité.., Ce fait surnaturel m'angoissa de plus en plus, et j'eus le pressentiment intime d'un grand malheur. »

* *

JOURNAL DU NOVICIAT.

Voici un autre fait que consigne le *Journal du Noviciat* :
Nous disions souvent jadis que les fantômes n'existent que dans l'imagination des esprits faibles ou des vieilles femmes qui les inventent pour faire peur aux enfants ou les intéresser dans les longues soirées d'hiver... Notre nouvelle Sœur des Antilles nous a fort intéressées aujourd'hui à la récréation en nous racontant des histoires de revenants, qu'elle n'*invente pas,* car elle est si simple, si véridique et précise, qu'il ne vient pas même à la pensée de la taxer de la plus légère exagération... Oh ! nous avons été toutes saisies !... et cette nuit, dans notre grand dortoir tout sombre, on avait presque peur... Heureusement que nous y sommes en nombre !... Voici donc ce que nous dit notre chère Novice:
« Quelque temps avant l'éruption, deux mois environ, elle longeait un couloir, lorsqu'elle vit venir à elle un fantôme qui la poursuivait en courant... Épouvantée, éperdue, elle jetait des cris déchirants. Dieu merci, la vision s'évanouit, car elle serait tombée raide morte... Elle en resta très impressionnée et se demanda si ce n'était pas une annonce de

mort.,. Ce récit nous émut beaucoup... et, pensant à l'épée de feu et au fantôme, l'une de nous, sans oser faire de comparaison bien entendu, rappela avec beaucoup d'à-propos ce verset de Job : *Un glaive tiré et sortant de son fourreau étincellera dans son amertume ; d'horribles spectres iront et viendront sur lui...* ([1]).

⁎

SANGLOTS, SOUPIRS ET PRIÈRES.

Les récits suivants nous sont fournis encore par Sœur Marguerite-Marie.

Au couvent de la Délivrande du Morne Rouge, pendant les trois mois qui précédèrent le cataclysme, on entendait, la nuit, dans les grands corridors, des sanglots, des soupirs et des prières ; pendant les jours gras, ces faits mystérieux se produisirent même dans la journée, des bruits de sanglots se percevaient de plusieurs points du couvent. Le mardi gras, au moment où la Communauté faisait à l'église l'Amende honorable, la Révérende Mère Supérieure, retenue par la maladie dans la salle de communauté, entendit pleurer à la porte. Le bruit fut si fort qu'elle envoya la religieuse qui la soignait, voir s'il n'y avait pas quelqu'un dans le couloir... Cette dernière ne trouva personne.

⁎

LE BLANC FANTOME !

A plusieurs reprises, différents témoins virent, le soir, dans la chapelle du couvent, une forme blanche s'agenouiller et prier...

⁎

BRUIT ÉTRANGE.

Un soir, une religieuse faisait sa prière à la tribune, située au-dessus de l'office. Tout à coup, elle entendit un bruit épouvantable... on eût dit que quelqu'un mettait précipitamment un couvert et jetait brusquement chaque objet l'un après l'autre,.. puis, il lui sembla que la vaisselle tout entière se brisait et que la pièce s'effondrait. Elle alla voir dans l'office, tout fut trouvé intact.

Voici qui est tout particulier à notre chère Novice, c'est elle qui nous le raconte :

---

1. Job, XX, 25.

UNE LAMPE QUI TRESSAUTE.

« Deux mois avant le sinistre, j'allais un jour à l'église de Notre-Dame de la Délivrande m'exercer à l'orgue. Quel n'est pas mon étonnement, en voyant un des deux photophores (lampe) qui se trouvaient sur l'orgue, vaciller, tressauter, comme s'il allait tomber, tandis que l'autre était immobile. Je cherchais la cause de ce fait étrange, quand je me sentis étreindre le cœur par une douleur aiguë... Je ne puis rendre l'inexprimable angoisse qui me saisit... elle fut telle qu'il me semblait que l'annonce de la mort de ma Mère ne me causerait pas une douleur plus profonde... *J'eus le pressentiment d'un immense malheur*... Hélas ! il devait se réaliser... Deux mois après, j'apprenais la destruction de la presque totalité de ma nombreuse famille. »

NOTA. — Nous tenons à rappeler ici ce que nous avons dit au commencement de cet ouvrage, c'est-à-dire à protester de notre entière soumission à la sainte Eglise ; si nous exposons des faits qui pourraient être interprétés comme présentant un caractère miraculeux, nous n'entendons nullement exprimer sur les personnes et sur les choses un jugement qui est réservé à l'autorité ecclésiastique ni présumer en aucune manière des décisions qui lui appartiennent en propre ; — il en est de même des chapitres qui suivront.

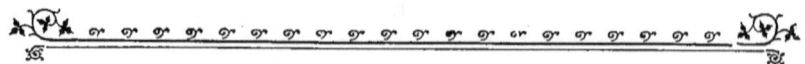

PRONOSTICS DE L'ÉRUPTION.

Qui expliquera la conduite des Cieux ?...
(Job, XXXVIII).

AUX signes qu'on peut appeler extraordinaires, se joignirent des phénomènes physiques, bien palpables et qui furent du domaine public. On peut les considérer comme les avant-coureurs de cette éruption spontanée, terrible, sans précédent, mais qui, cependant, ne s'est pas produite sans avoir, à l'avance, tiré, en quelque sorte, son canon d'alarme.

ODEUR DE SOUFRE !

Vers le 15 avril, on commença à sentir, à Saint-Pierre et au Morne Rouge, une forte odeur de soufre. Inquiets, les habitants regardèrent du côté du mont Pelé et ils virent un léger nuage de fumée se dégager du Volcan.

Vers le 25, deux ou trois Pères du Saint-Esprit, voulant se rendre compte du danger, partirent en excursion explorative, pour examiner la cause des phénomènes remarqués... car le Volcan semblait vouloir sortir de son long assoupissement...

MONTAGNE PELÉE.

C'est un massif qui occupe le nord-ouest de la Martinique et dont le point culminant, le Morne La Croix, avait, avant l'éruption, une altitude de 1350 mètres. Deux cratères y sommeillaient depuis des siècles : le gouffre de l'*Etang Sec*, au-dessous du Morne La Croix, et le lac des *Palmistes* sur le versant de l'Atlantique. Le premier de ces cratères avait donné en 1851 (5 août), quelques légers signes de vie : jet de fumée et de cendre dont l'évolution mesura à peine cent mètres. Les Pères du Saint-Esprit rapportèrent de leur excursion fatigante et dangereuse, — par suite des crevasses et des reptiles dont les sommets du massif sont couverts, — la constatation de gaz asphyxiants se dégageant du cratère de l'Etang Sec et d'une eau bouillonnante s'élevant des profondeurs du gouffre...

Les détonations et les grondements continuels effrayaient les habitants les plus proches de la Pelée et beaucoup émigraient vers la ville.

Déjà les animaux, guidés par leur instinct, avaient abandonné ces parages dès le 15 avril. Les serpents, originaires des fourrés de la montagne, s'étaient répandus dans les districts de la côte, les oiseaux avaient fui au loin, même ceux de mer, semblables aux hirondelles de nos pays, annonçant, avec tant de précision, par leur départ, le retour des frimas. Les pâtres qui, les premiers, avaient respiré les émanations délétères, ne pouvaient plus contenir leur bétail : les bœufs brisaient leurs entraves, les chevaux étaient surexcités et les chiens hurlaient la nuit et le jour. Tout semblait dans la nature inviter l'homme à la fuite... Mais quitter sa maison, ses affaires !... Chacun se laissait subjuguer par des considérations de famille ou des intérêts à sauvegarder...

A Saint-Pierre, cependant, les avis étaient partagés... les uns tremblaient... les autres se rassuraient un peu gaiement, et c'est avec un déchirement de cœur que l'on relit aujourd'hui les feuilles publiques de la cité où, d'une façon trop légère, presque ironique, étaient mentionnés les phénomènes volcaniques de la Montagne Pelée.

Voici un passage du journal *Les Antilles*, publié à Saint-Pierre le 30 avril 1902 :

« Oui, en vérité, mémorable sera notre avril 1902 ; sur-
» tout au point de vue de l'éruption physique ou volcanique,
» on en parlera comme on parle du 5 août 1851, date de la
» dernière. Quand nous entendions parler de celle-ci, *nous*
» *eussions voulu y être :* cela nous paraissait un phénomène
» extraordinaire et d'autant plus piquant que, croyant notre
» Pelée éteinte, *nous n'espérions jamais voir un événement de*
» *ce genre.* Aussi quelle n'a pas été notre surprise quand on
» vint nous dire que la Montagne Pelée fumait !... Nous
» prîmes tout d'abord la chose pour *un poisson d'avril*, et
» nous ne crûmes que lorsque nous eûmes vu. De grosses
» masses tantôt noirâtres, tantôt blanches de fumée sor-
» taient de terre et montaient rapidement et verticalement
» dans les airs en s'arrondissant. Ensuite une accalmie se
» produisait, puis le même manège recommençait. Nous vi-
» vrions encore cent ans que nous garderions intact ce sou-
» venir. Précisément, nous garderons aussi cette cendre
» mystérieuse sortie des entrailles enflammées de notre globe

» et vomie à des kilomètres de distance par la gueule de
» notre Volcan...

» Sans doute, c'est de la cendre comme une autre ; mais
» à moins d'être dépourvu de toute imagination, on avouera
» que cette cendre tient de la nature du phénomène quelque
» chose de particulièrement intéressant. Nous la garderons
» donc comme une relique ; elle est fine, légère, menue
» comme du ciment, mais un peu plus bleuâtre. *Cette cendre*
» *est pour nous un poème ;* il est déjà fait dans notre imagi-
» nation, et si nous l'écrivions, nous l'intitulerions : *La*
» *Cendre du Volcan. Et quelles flammes aussi nous ferions*
» *jaillir de cette cendre !...*

» La montagne Pelée, voyant que les bonnes coutumes
» s'en allaient, a voulu simplement nous faire manger un
» poisson d'avril. Aimable avril ! Aussi puisque tu vas te
» coucher, dors bien ! Et toi, mai, salut ! » . . . . . .

. . . .

Cette feuille, il est vrai, date du 30 avril... Avec les phénomènes inquiétants des jours suivants, les impressions
durent changer... Car mai ne rendit pas un salut aussi gracieux que celui avec lequel l'organe public avait accueilli son
aurore. . . . .

Cependant, malgré ces noirs présages, l'avenir restait
caché... et les calculs de la science devaient être déjoués...
N'est-ce pas le cas de redire les paroles du Seigneur mon
trant à Job la distance qu"il y a entre la créature et le Créa
teur : *Qui expliquera la conduite des Cieux ?*

NOTA. — Rappelons ici à nos lecteurs les plus célèbres éruptions qui surprirent tant de malheureuses victimes et dont le 8 mai
1902 devait si tristement faire revivre le souvenir.

L'éruption du Vésuve, considérée comme la plus importante,
sinon la plus ancienne enregistrée par l'Histoire, qui détruisit les
deux cités d'Herculanum et Pompéi en l'an 79 de notre ère.

En 1666, l'Etna, après huit siècles de repos, entrait en activité et
ensevelissait sous les laves quatorze bourgs et villages.

Les volcans de l'Hécla, du Kotlugaja et du Stapkar-Iokull en
Islande, qui pendant le cours du XVIIIe siècle, ont eu de formidables éruptions.

Puis, en 1741, l'éruption du Cotopaxi, qui détruisit six cents
maisons et, en 1815, celle de Timboso (Ile de Java) qui fit douze
mille victimes.

Enfin l'éruption du Krakatoa (Ile de l'Archipel de la Sonde), qui,
dans la nuit du 26 au 27 août 1883, détruisit les deux tiers de l'Ile
et anéantit vingt mille habitants.

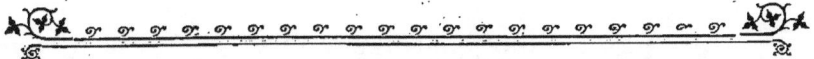

VRAIE PANIQUE CETTE FOIS !

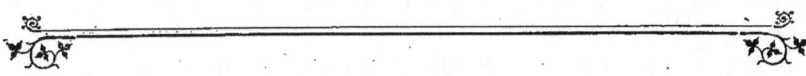

> J'ai peur... le ciel est noir et tout me parait sombre...
> On dirait que la mort étend partout son ombre :
> Mon Dieu !... veillez sur nous...
>
> *(Souvenirs...)*

NUIT DU 2 AU 3 MAI AU MORNE ROUGE.

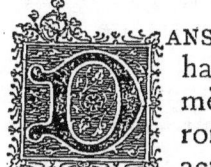ANS la nuit du 2 au 3 mai, le sommeil des habitants du Morne Rouge (village à trois kilomètres du Mont Pelée) fut brusquement interrompu. A onze heures, le volcan entra en pleine activité, et il y eut un tremblement de terre, accompagné de détonations formidables, ressemblant à des roulements de tonnerre et à de violents coups de canon, avec cette particularité singulière : un ronflement incessant semblable à une machine ou mieux au rugissement du lion.

Effrayés, les habitants du Morne se précipitent hors de chez eux. Un spectacle plein d'une sublime horreur s'offre à leurs yeux. Soudain le volcan s'est éveillé... Le sommet de la Pelée est illuminé par des centaines d'éclairs jaillissant de son cratère... Une forte odeur de soufre remplit l'atmosphère et une pluie étrange arrive jusqu'à eux... Ils s'aperçoivent bientôt que cette pluie est de la cendre projetée par le sinistre cratère...

Ce fut alors une panique générale. Fermant leurs maisons, tous se précipitent à l'église pour recevoir une dernière absolution... Quand les derniers nègres arrivèrent, le sanctuaire était comble et les confessionnaux assiégés par une foule atterrée.

C'étaient des disputes pour entrer le premier au confessionnal... *Je suis plus grand pécheur que vous !* criait un grand nègre en bousculant son voisin... *Sortiez d'ici, laissez-moi passer, vous n'avez rien à dire*, disait un autre à une pauvre femme qui entrait au confessionnal... et force lui fut de céder sa place... c'est le droit du plus fort... Ainsi se passa la nuit dans ce pieux tumulte. En leur foi ardente et leur âme angoissée, les pauvres noirs levaient les bras vers la Madone, poussaient des cris suppliants : *Bonne Mère, sauvez nous ; Bonne Mère, nous vous promettons que nous allons nous convertir*... et l'église retentissait de clameurs désolées et de prières confiantes !...

Dès les premières secousses du tremblement de terre, les Sœurs de la Délivrande se rendirent aussi à l'église paroissiale, avec les enfants du pensionnat, afin de recevoir une dernière absolution.

Tous les confessionnaux étaient gardés et pris d'assaut par une foule qui n'entendait pas céder son tour. Le Père Mary, voyant l'impossibilité de satisfaire tout son monde, seul avec le Père Leininger, permit à un prêtre de Saint-Pierre, momentanément au Morne Rouge, d'entendre les confessions... Il n'y avait plus de confessionnaux. On se rendit avec les élèves à la sacristie où devait confesser le charitable prêtre... Il était très dur d'oreille... Ce fut presque une confession publique... Beaucoup de dames, pressées aussi de tranquilliser leur conscience, avaient suivi les religieuses...

Jusqu'au matin, la foule resta au pied de l'autel, continuant ses prières ardentes et attendant la mort...

Mais ce n'étaient encore que les préliminaires du drame horrible... et à peine commencé... Dès l'aube, tout le monde se précipita hors de l'église. Le spectacle, quoique changé, n'était pas moins sinistre que celui de la nuit... La Montagne Pelée disparaissait sous un voile épais de fumée et de cendre... les ténèbres étaient compactes... impossible de distinguer aucun des points de l'horizon si connu : ni Saint-Pierre, ni la mer, ni les montagnes... La cendre tombait toujours et courbait sous son poids les branches des arbres et les gouttières des maisons... A partir de ce jour, ce genre de pluie ne cessa plus... et, quand le vent s'élevait, il faisait tourbillonner les monceaux déjà formés, ce qui constituait une poussière aveuglante, dont on ne pouvait se défendre... elle s'insinuait partout : dans les maisons, dans l'eau, dans le pain, etc., on la respirait... on la mangeait...

Oh ! cette cendre !... Comment le rédacteur du journal *des Antilles*, M. Sully Léon, eût-il pu y puiser l'inspiration d'un poème joyeux !... et quelle étincelle en eût-il fait jaillir ?... -

Ignorant encore qu'elle était un linceul, projeté à l'avance par le volcan pour ensevelir ses victimes, on eût pu penser à celle que l'Église dépose sur le front de ses enfants avec ces paroles lumineuses d'enseignements profonds : *O homme, souviens-toi que tu es poussière et qu'un jour tu retourneras en poussière : Pulvis es et in pulverem reverteris* ([1]). C'était bien le cas.

Les habitants du Morne étaient aussi très effrayés par des roulements souterrains, semblables au fracas qu'auraient fait des roches passant les unes sur les autres et se brisant avec un bruit formidable. Malgré leur terreur, ils retournèrent à leurs affaires... dans la journée, ils revenaient souvent aux pieds de la Madone miraculeuse, la suppliant de les garder du danger qui planait sur leurs têtes...

***

A SAINT-PIERRE. NUIT DU 2 AU 3 MAI.

Cette nuit fut moins terrible à Saint-Pierre qu'au Morne Rouge et dans les localités du littoral... Entre onze heures et minuit, il y eut une forte commotion du sol. Les habitants, qui ne dormaient pas, se précipitèrent hors de chez eux et entendirent, du côté de la Montagne Pelée, des détonations pareilles à celles d'une grosse pièce d'artillerie... Le ciel était sillonné de fulgurations aveuglantes, s'échappant du cratère.

A cette même heure, les villages de Sainte-Philomène et du Prêcheur, situés au nord de la cité, sur la mer, étaient littéralement ensevelis sous une pluie de cendre... Les habitants, éveillés en sursaut par les détonations que leur proximité du Mont Pelé rendait plus intenses, se crurent perdus. Ils se précipitèrent hors de leurs cases (car ils appartenaient en totalité à la race nègre) et se dirigèrent du côté de la ville. Le matin, on les vit arriver à Saint-Pierre, chargés de paquets, les cheveux et les sourcils tout blancs de cendre, et traînant à leur suite des groupes d'enfants. Ils faisaient pitié à voir ! Le Maire de la ville les fit loger à la caserne.

Par une coïncidence fortuite, Mme Duchâteau-Roger, dont le séjour ordinaire était Sainte-Lucie, se trouvait à Saint-Pierre lors de ces jours d'épouvante. Sa fille nous fait le récit des jours qu'elle passa auprès de cette mère chérie :

***

LA NEIGE A SAINT-PIERRE.

« Ma Mère étant venue de Sainte-Lucie (île voisine)

---

1. Genèse, III, 19.

pour régler à Saint-Pierre des affaires de famille, avait obtenu de ma Révérende Supérieure la permission que j'aille passer avec elle les journées des 2 et 3 mai.

» J'emmenai avec moi ma petite nièce, âgée de huit ans, pensionnaire au couvent de la Délivrande, afin que la chère enfant puisse embrasser sa grand'mère, son frère et sa grand'tante. Nous arrivâmes vendredi matin chez les religieuses du Fort. La journée fut calme, et nous pûmes faire nos visites chez les notaires et autres hommes d'affaires...

» Très fatiguée par une nuit sans sommeil, je me disposais à prolonger un peu mon repos, lorsque une religieuse accourut précipitamment à cinq heures, me disant de monter au galetas. Surprise de cette injonction matinale, je voulus avoir des explications... « Mettez vos souliers et suivez-» moi », me répondit-elle d'un ton étrange. — Je me hâtai de la suivre, de plus en plus intriguée, me demandant de quel phénomène nouveau j'allais être témoin, car je me rappelais aussitôt que cette même religieuse avait vu, quelques mois auparavant, une épée de feu menaçant la ville de Saint-Pierre...

» Arrivées au galetas, Sœur Anne-Marie me montra du geste les toits de la ville étagés les uns au-dessus des autres... Je regardai, croyant être le jouet d'un rêve : la cité avait l'aspect d'une ville du nord... tout était blanc, semblable à de la neige... c'était de la cendre !...

» — Qu'est-il arrivé ? m'écriai-je stupéfaite. Avec une émotion inexprimable, la religieuse me répondit : « Regar-» dez la montagne... le volcan est en pleine éruption. » — Terrifiée, je tournai les yeux du côté du Mont Pelé qui disparaissait sous une masse d'épaisse fumée... A de courts intervalles, des centaines de serpents de feu, déchirant les ténèbres, s'élançaient vers le ciel. — *Nous sommes perdus*, m'écriai-je... *c'est aujourd'hui notre dernière journée !*

» En toute hâte, je me rendis auprès des autres religieuses, leur faisant le récit du tableau que nous venions de contempler. La consternation fut générale, et l'on s'expliqua l'origine de cette poussière blanche qui, pendant la nuit, avait fait invasion dans toutes les parties de la maison...

» Achevant ma toilette, je me rendis à la chapelle pour entendre la messe. Pensant que c'était la dernière fois que nous assistions au Saint Sacrifice, nous voulûmes le solenniser en chantant nos plus beaux cantiques, ceux surtout

qui parlaient des désirs du ciel. A ce moment (six heures) il
y eut une telle recrudescence de cendre, que nous étions
suffoquées... le prêtre ne nous apparaissait plus qu'à travers
un nuage... A la communion, nous offrîmes à Dieu le sacrifice de notre vie pour le triomphe de l'Eglise et le salut de
la France.

» Un courrier français devant partir le jour même, Sœur
Anne-Marie s'empressa d'écrire à sa famille pour lui faire
ses adieux. Cette religieuse, originaire du midi de la France,
était depuis dix années à la Martinique. Poursuivie par le
désir de revoir sa patrie, dont le souvenir était toujours
vivant dans son cœur, elle avait supplié sa supérieure de lui
laisser reprendre le chemin de la France. Cette permission
venait de lui être concédée... mais c'était vers la Patrie céleste
qu'elle devait faire voile sous peu !...

» Après la messe, je me rendis auprès de ma mère et de
ma tante pour les rassurer un peu. Très effrayée par cette
pluie de cendre et redoutant une catastrophe, ma mère
voulut prendre ses précautions et me dit qu'elle allait se confesser. Les enfants, entendant parler du danger, déclarèrent
aussitôt qu'ils voulaient en faire autant.

» Mon retour au Morne Rouge était décidé pour le soir
même ; ma famille mit tout en œuvre pour me retenir : C'est
aller à la mort, me répétait-on sans cesse. En effet, le
Morne Rouge, étant plus rapproché du volcan, semblait le
plus menacé... De son côté tout était ténèbres ainsi que
Sainte-Philomène, le Prêcheur et Fond-Coré. Ayant promis
à ma supérieure de rentrer ce jour-là, je fus inexorable.
Cependant, par condescendance pour ma pauvre mère, je
consentis à demander par téléphone ce que je devais faire,
étant donné les circonstances. Ne recevant pas de réponse,
par suite de rupture dans les fils conducteurs, je me décidai
à faire mes adieux à ma famille, afin de prendre la voiture
qui partait de Saint-Pierre à quatre heures...

» En quittant ma mère, je l'engageai fortement à retourner à Sainte-Lucie si elle voyait le danger augmenter.
Accompagnée de ma tante et de mes petits neveux, je me
rendis à la communauté du Fort, demander l'avis de la
supérieure. Celle-ci, voyant le Morne Rouge si menacé, ne
savait que me conseiller, hésitant surtout à cause de l'ordre
reçu. De nouveau, je résolus d'obéir, dût-il m'en coûter la
vie, car j'étais persuadée que je marchais à une mort cer-

SAINT-PIERRE DE LA MARTINIQUE. — VUE PRISE DE LA M

LA MER. (La Montagne Pelée est au fond du paysage.) (P. 73.)

SAINT-PIERRE : LA ROXELLANE. (P. 100)

taine. N'ayant pas retenu ma place à la voiture, je ne pus
y monter, elle était comble, j'attendis la deuxième à quatre
heures et demie, me disant que la volonté de Dieu se mani-
festerait par les événements...

» A ce moment, regardant du côté du Fort, je vis une
épaisse colonne de cendre qui s'abattait sur les maisons. Ma
tante était morte de frayeur, je l'engageai à se confesser, ce
qu'elle me promit de faire aussitôt-après mon départ...

*
* *

LA VOLONTÉ DE DIEU.

» Nous attendions ainsi le véhicule public quand Monsieur l'Administrateur du diocèse passa avec sa voiture...
Accompagné d'un vicaire, il allait au Morne Rouge se
rendre compte de l'état des esprits. Me voyant arrêtée, il
s'enquit si je voulais aller au Morne. Sur ma réponse affir-
mative, il m'offrit charitablement une place dans sa voiture.
J'acceptai et fis mes adieux à ma tante *sans penser que je ne
la reverrais plus...*

» Jamais je n'oublierai les impressions de ce voyage au
travers de cette nature métamorphosée... Les arbres, les
cannes à sucre, pliaient sous la couche de cendre qui les
écrasait... plus de chant d'oiseaux... un silence de mort...
sauf le craquement des roues sur cette cendre sinistre...
Pendant le trajet, M. l'abbé Parel me raconta qu'il avait
voulu aller jusqu'au Prêcheur, mais qu'arrivé à Sainte-
Philomène, les chevaux avaient refusé d'avancer... la cendre
s'élevait à un mètre, l'air était asphyxiant.

» Enfin nous arrivâmes au Morne Rouge sous une pluie
de sable... La population, de plus en plus affolée, se précipitait dans l'église ou, massée, devant la porte, contemplait le
Volcan de plus en plus actif. M. l'abbé Parel prodigua ses
encouragements et exhorta surtout ce pauvre peuple à se
réconcilier avec le Bon Dieu. Deux heures après, il reprit la
route de Saint-Pierre. »

*
* *

LE 3 MAI A FORT DE FRANCE.

Dans la nuit du 2 au 3 mai, Fort de France, malgré la
grande distance qui la sépare du terrible volcan, reçut
cependant une légère pluie de cendre, ainsi que nous l'apprit une de nos amies dont nous citons la carte postale.

Une histoire vécue.   6

« 3 mai 1902.

« Nous attendons de vos nouvelles et nous nous recommandons à vos prières, chère Révérende Mère, et à celles de toute la Communauté. Notre *volcan* cherche à nous jouer quelque vilain tour. Dieu veuille nous préserver d'un tremblement de terre ! Nous avons eu cette nuit à Fort de France une pluie de cendre. »

*
* *

LA RÉSIGNATION DES VICTIMES.

Sous ce titre nous trouvons dans un journal de France ces lignes qui nous dépeignent l'état des esprits à Saint-Pierre quelques jours avant la terrible éruption :

« On s'est fréquemment demandé pourquoi, en raison des signes d'activité donnés par la montagne Pelée, les habitants de Saint-Pierre n'ont pas cherché leur salut dans la fuite.

» Il ressort clairement de lettres écrites alors par les malheureuses victimes du désastre qu'un sentiment d'extraordinaire résignation régnait à Saint-Pierre. Puis, se référant à ce qui se passa autrefois, les habitants de cette ville ne tenaient guère à aller chercher un refuge à Fort de France; en 1839, en effet, un tremblement de terre détruisit la capitale de la Martinique et Saint-Pierre eut peu à souffrir.

» N'était-on pas fondé à penser que cette fois encore Saint-Pierre serait épargné ?...

» Un de nos confrères donne des détails intéressants sur les journées qui ont précédé la catastrophe.

» Un journaliste martiniquais, M. Sully, dont on n'a pas de nouvelles et qui, sans doute, est parmi les nombreuses victimes, avait tenu à aller, le 27 avril, constater l'état de la montagne Pelée.

» Muni d'un appareil photographique, il s'en fut prendre une vue du nouveau cratère qui s'était formé, non au sommet, mais sur un des flancs de la montagne à six cents mètres.

» M. Sully put établir comment il se faisait que l'étang situé à quarante mètres du sommet de la montagne se vidait peu à peu. Ses eaux filtraient à travers la terre et venaient tomber en une colonne d'un mètre de diamètre six cents mètres plus bas. A cet endroit se formait le nouveau cratère qui avait profité pour s'ouvrir de la fissure causée par la chute continuelle de l'énorme trombe d'eau.

» L'eau à deux cent quarante-trois mètres d'altitude avait, lors de cette ascension de M. Sully, vingt-neuf degrés de chaleur.

» Enfin la rivière blanche était devenue rouge et débordait alimentée par le filtrage incessant de l'étang ; la rivière du Prêcheur, dont les eaux sont de couleur ordinaire, habituellement, roulait des ondes ayant la blancheur du lait([1]). »

* * *

DIMANCHE, 4 MAI. — SERMON DU PÈRE MARY.

La journée fut relativement calme. Les ténèbres qui enveloppaient la Montagne Pelée se dissipèrent, et la bouche du cratère, voilée jusque-là, apparut vomissant par intervalle des colonnes de fumée d'une densité extraordinaire et s'irisant des teintes les plus variées.

» A neuf heures, eut lieu la grand'messe, et, dans un magnifique sermon, le Père Mary, exhortant ses paroissiens à la pénitence, s'écria : *Le feu et la lave sont là, mes frères, le feu et la lave sont là...... Dieu les tient suspendus au-dessus de vos têtes, prêt à les déverser sur vous, si vous ne vous convertissez et ne faites pénitence !*

» Dévoré du zèle des âmes, ce saint prêtre s'efforçait, par tous les moyens, de ramener à Dieu les brebis égarées de son troupeau. Son exhortation eut tout le succès qu'il en attendait... Il ne put suffire le reste du jour à entendre les confessions et à baptiser les enfants qu'on lui amenait... Il en fut ainsi jusqu'à la catastrophe. » Comment résister aux paroles de charité et de feu sorties de la bouche de cet apôtre du Seigneur ?

Le soir de cette journée, déjà si remplie d'émotions, Sœur Marguerite-Marie reçut des lettres des deux charmants petits neveux qu'elle avait quittés deux jours auparavant. Son affection pour ces orphelins était maternelle ; elle remplaçait auprès d'eux leur jeune mère, sa sœur, morte depuis plusieurs années. Sa petite nièce était le plus souvent avec elle, sa famille l'ayant placée au pensionnat de Notre-Dame de la Délivrande du Morne Rouge. Nous savons par quelles circonstances malheureuses elle l'avait conduite elle-même à la mort, pour lui procurer la satisfaction de revoir sa grand'mère et son frère, venus de l'Ile de Sainte-Lucie à

---

1. Journal *La Croix*, 21 mai 1902. N° 5860.

Saint-Pierre pour des affaires d'intérêt. Voici les dernières pensées des deux petites victimes marquées pour la grande hécatombe de famille !... Sœur Marguerite-Marie, en les lisant, ne se doutait pas qu'elles étaient écrites des bords d'une tombe déjà béante !... et sur laquelle les fleurs ne s'épanouiraient jamais.

***

DERNIÈRES LETTRES :

« MA TANTE CHÉRIE,

» J'ai bien pleuré quand je t'ai vue partir pour le Morne
» Rouge, toute seule, et j'avais le cœur bien gros de te
» quitter. Après ton départ, j'ai été me confesser avec bonne-
» maman et tante Lydie. J'envoie un grand bonjour à Mère
» Anselme et à toutes mes petites compagnes ; dis-leur que
» je ne les oublie pas.

» Jeudi prochain, j'irai te rejoindre au Morne. En atten-
» dant, je t'embrasse bien fort.

» Ta petite nièce qui t'aime de tout son cœur

» ANNE-MARIE. »

« MA CHÈRE TANTE,

» J'ai été bien méchant ce matin pour bonne-maman,
» mais je ne le ferai plus maintenant. J'ai été me confesser
» après, parce que je veux me convertir et pour que le Bon
» Dieu m'en donne la force, j'ai été à l'église mettre deux
» sous dans le tronc de *Maman Marie !* J'ai demandé aussi
» à bonne-maman de m'emmener en pèlerinage à l'église
» du Sacré-Cœur, afin d'obtenir ma conversion. Elle m'a
» dit *oui*, et nous irons bientôt. Quand je reviendrai, tu verras
» que je serai tout à fait sage.

» Il me tarde de te voir et en attendant je t'embrasse de
» toutes mes forces.

» Ton petit neveu qui t'aime beaucoup,

» ÉDOUARD. »

***

LUNDI, 5 MAI. — CONSTERNATION.

Le lundi, la fureur du volcan augmente prodigieusement. Le cratère paraît s'élargir, d'autres bouches commencent à s'ouvrir, et tout le versant occidental de la montagne,

regardant la mer, est recouvert d'une prodigieuse quantité
de lave ; tous les cours d'eau, depuis le Céron jusqu'à la
Rivière Sèche, débordent et charrient des boues épaisses.
Le bourg maritime du Prêcheur se trouve subitement cerné
par deux torrents de lave et privé de communication avec le
reste de l'île.

» A tout instant, dit Sœur Marguerite-Marie, nous recevions de Saint-Pierre des téléphones de plus en plus alar-

SAINT-PIERRE : RUINES DE L'HOTEL DE VILLE. (P. 94.)
(L'horloge est arrêtée à 7 h. 50.)

mants : « La panique est générale, nous disait-on. — Fond-
Coré a disparu... l'usine Guérin est anéantie... »

» Une dépêche du gouverneur de l'île vint, dans l'après-
midi, jeter la consternation au Morne Rouge. Le détache-
ment de soldats qui était *au Camp* et qu'on ne devait rappeler
que si le danger était inévitable, recevait l'ordre de partir
immédiatement pour Fort de France. Cette mesure augmenta
la terreur des habitants du Morne ; plusieurs personnes
partirent pour Saint-Pierre, pensant y être plus en sûreté. La
ville, plus éloignée du volcan (sept kilomètres) et protégée par

l'énorme rempart du Morne Abel, semblait un lieu de refuge.

» Dans la journée, j'envoyai un télégramme pressant à ma mère, afin de la décider à s'éloigner promptement de la ville menacée : *Prends premier courrier en partance pour Sainte-Lucie, emmène petite nièce... envoie vêtements par messagère. Suis calme et abandonnée à divine Providence.*

» Le soir je recevais de ma tante la lettre suivante :

« MA BIEN CHÈRE NIÈCE,

» Comment te dépeindre la terrible émotion que ta mère
» et moi avons ressentie aujourd'hui à la suite des tristes
» événements qui se sont accomplis à Saint-Pierre ? Un peu
» avant dîner, nous étions descendues au Mouillage pour
» affaires et nous venions d'entrer dans un magasin, lorsque
» tout à coup des cris épouvantables sont venus jeter l'émoi
» dans le quartier.

» Fond-Coré a disparu, disait-on, l'usine Guérin s'est
» effondrée sous une masse de roches et de laves... tous les
» employés ont été ensevelis... la mer a envahi le Fort...
» elle entre au Mouillage, le marché est déjà inondé... *C'est*
» *fini... dans une heure la ville entière aura disparu !*

» En entendant ces terribles nouvelles, tous les habitants
» se réfugièrent, soit dans les églises, soit chez eux. En un
» clin d'œil, le magasin fut déserté. Les demoiselles qui
» servaient s'enfuirent précipitamment, en toilette d'intérieur,
» nu-tête. Quant à nous, ne sachant où aller, nous entrâmes
» chez une amie, Madame L*** pensant nous y remettre de –
» la violente émotion que nous venions de ressentir. Nous
» nous trompions, hélas ! car toute la maison retentissait de
» clameurs désolées... l'effroi était à son comble. Les esprits
» étaient tellement frappés, que ta pauvre maman, subissant
» le contre-coup de telles émotions prit une faiblesse au
» cœur. Cette crise, qui me jeta dans une angoisse que tu
» devines, ne put être calmée qu'au bout d'une heure.

» Je t'en conjure, hâte-toi de nous rejoindre, car tu es
» encore plus en danger que nous, au Morne Rouge. De-
» mande à la Supérieure la permission de venir consoler ta
» chère maman qui te réclame et elle ne pourra pas nous
» refuser cette consolation si légitime, car ta présence auprès
» de nous en ces heures de mortelles angoisses nous est
» absolument nécessaire.

» Voici ce que nous apprîmes, quelques heures après, au

» sujet des désastres dont je viens de te parler. Vers midi,
» une monstrueuse avalanche de boue brûlante et de roches
» sortit tout à coup de la bouche du cratère et, se jetant dans
» la Rivière Blanche (limite entre Saint-Pierre et le Prêcheur)
» qu'elle fit déborder, s'abattit sur l'usine Guérin qu'elle
» ensevelit sous sa masse avant que le personnel ait eu le
» temps de prendre la fuite. La famille Guérin et leurs
» nombreux employés ont trouvé la mort sous cette trombe
» géante, qui en se précipitant dans la mer, occasionna de
» nouveaux accidents([1]). La force de cette masse fut telle que
» la mer se retira brusquement de cette partie de la plage,
» mais en même temps, envahit Fond-Coré et divers quar-
» tiers de Saint-Pierre, entre autres : le Fort et le Mouillage.

» Le danger est imminent, nous devons nous attendre à
» périr par l'eau ou par le feu si nous restons davantage.
» Aussi allons-nous prendre le premier courrier en partance
» pour Sainte-Lucie. Nous emmènerons avec nous ta chère
» petite Anne-Marie, car nous serions inconsolables s'il lui
» arrivait un malheur.

» Adieu, ma chère nièce, je t'embrasse avec une vive
» affection et te transmets les tendres baisers de ta chère
» maman en te suppliant une dernière fois de venir nous
» rejoindre,

> » Ta tante qui te chérit,
> » Lydie. »

Ces *tendres baisers* étaient les derniers de cette mère qui
aimait sa fille religieuse au delà de toute expression... et ils
ne lui arrivaient que par intermédiaire.

***

LETTRE D'UNE JEUNE FILLE.

D'une lettre écrite par une jeune fille à ses parents de
France, nous citons ce passage qui montre l'état de la
population avant le sinistre :

« Le service du tramway ne peut plus se faire au Fond-
» Coré (faubourg de Saint-Pierre), la cendre étouffe les
» voyageurs. Les habitants du Prêcheur continuent à fuir,

---

1. On nous a écrit depuis que le Docteur Guérin avait seul échappé à la terrible avalanche qu'il vit s'abattre sur sa belle rhumerie et qui emporta en un instant sous ses yeux son fils, sa belle-fille, son contremaître, de nombreux ouvriers et serviteurs.

» les enfants étouffent là... Le gouverneur vient d'arriver
» avec son aide-de-camp.

» On dit que le quartier du Prêcheur n'est pas habitable.
» On parle déjà de mortalité, mais il faut tenir compte
» de l'exagération et de la peur surtout, qui grossit tout.

» Je suis d'un calme qui m'étonne, j'attends tranquille-
» ment les événements, ennuyée seulement par cette pous-
» sière qui pénètre partout, quoique tout soit fermé. Bien
» des gens sont affolés ; autour de nous on est assez calme ;
» maman pas inquiète du tout. Édith seule se préoccupe
» jusqu'à présent. Si la mort nous attend, nous filerons tous
» en nombreuse compagnie. Sera-ce par le feu ou par l'as-
» phyxie ? il en sera ce que Dieu voudra. Vous aurez notre
» dernière pensée.

» Les dernières nouvelles étaient meilleures. Je ne crois
» pas que Sainte-Marie ait reçu de la cendre, la Basse
» Pointe n'a rien eu. Le Lamentin et même Sainte-Marie
» et Sainte-Anne en ont été couverts, cela tient sans doute
» à la direction des vents.

» Donne de nos nouvelles à Robert (son frère), dis-lui que
» nous sommes encore de ce monde : cela ne sera peut-être
» plus exact quand ma lettre t'arrivera. »

. . . .

Avant le départ la lettre fut ouverte et le post-criptum
suivant fut ajouté :

« Le volcan fume de plus en plus ; à cette minute on
» m'appelle de la rue pour voir la fumée qui « approche ».

Et la jeune correspondante, aujourd'hui parmi les victimes, avait fait tomber dans l'enveloppe et entre les pages
de sa lettre un peu de cette cendre qui avait recouvert la
table sur laquelle elle écrivait. »

*
* *

SUITE DU RÉCIT DE SŒUR MARGUERITE-MARIE.

« Dès le matin de cette journée 6 mai, les parents des
élèves du pensionnat, alarmés par les terribles menaces du
volcan, prévinrent la Mère Supérieure par téléphone que
des voitures viendraient ce jour-là prendre leurs enfants.
Lorsque arriva au couvent la nouvelle des désastres de
Saint-Pierre et du littoral, l'effroi n'eut plus de borne parmi
nos chères enfants... elles étaient affolées... J'étais à la chapelle lorsque, tout à coup, j'entends des cris de terreur et je

vois une bande d'enfants se précipiter vers moi en s'écriant :
« Ma Sœur, la mer est entrée à Saint-Pierre, c'est fini, nous
allons mourir. » Se jetant à genoux, les pauvres petites
supplièrent le divin Maître de les sauver.

« Elles habitaient différentes localités du nord de l'île.
Toutes échappèrent à la catastrophe du 8, moins une qui
était descendue à Saint-Pierre. »

* *
*

MERCREDI, 7 MAI.

Les progrès du volcan, augmentés sensiblement dans la
journée précédente, s'accentuèrent de la façon la plus alarmante dès le matin du mercredi. Une colonne de fumée
compacte s'élevait dans les airs à une hauteur prodigieuse.
de temps en temps, des flammes en forme de croissant
jaillissaient et semblaient couper l'épaisse colonne. Deux
cratères rouges, vomissant le feu comme des hauts-fourneaux
géants, se découvrent pendant une demi-heure. Les grondements souterrains redoublent, jetant l'effroi dans toute la
population qui se demande si le Morne Rouge n'allait pas
être anéanti par un tremblement de terre... Des versions
différentes circulaient... Saint-Pierre, disait-on, était l'asile
le plus sûr, car, bâtie sur le roc, elle n'avait rien à craindre
ne ces terribles secousses, tandis que Fort de France, élevée
sur pilotis, courait un danger sérieux... Alors où fuir ?...

Plusieurs messieurs, en présence de l'imminence du danger,
frêtèrent le bateau *Girard* et emmenèrent à Sainte-Lucie
leurs femmes, leurs enfants qu'ils pensaient aller rejoindre
dans quelques jours. Hélas ! la cité vers laquelle ils revinrent
fut leur tombeau... Leurs femmes infortunées ne les revirent
plus... La catastrophe du 8 consomma leur veuvage et leur
ruine... elles restèrent dans la dernière détresse.

A deux heures de l'après-midi, tout à coup de formidables
détonations, semblables à de violents coups de canon, vinrent
jeter l'effroi dans la population tout entière. Tout d'abord on
pensa que des vaisseaux de guerre bombardaient Fort de
France... mais bientôt il n'y eut plus de doute sur la cause
de ces bruits effrayants... Les téléphones de Fort de France
demandaient à Saint-Pierre la raison de ces détonations et
Saint-Pierre téléphonait au Morne Rouge, pour savoir ce
qui s'y passait... Les avertissements du volcan se multiplient... Cette fois la panique gagne les rangs... les plus

braves hésitent et tremblent... Cependant, à trois heures,
M. le Maire fait publier à son de grosse caisse une procla-
mation où il dit : « Ne cédez pas à des paniques sans fondement... reprenez vos occupations habituelles. » Et les
journaux reproduisent une consultation de M. Landes,
professeur au Lycée, membre de la Commission scientifique,
affirmant que « Saint-Pierre n'a pas plus à redouter de la
montagne Pelée que Naples du Vésuve ». Six ou sept
kilomètres en effet séparent la ville des cratères et les vallées
profondes canaliseraient dans d'autres directions les coulées
de lave...

Malgré les assertions du premier magistrat de la ville et
celles de la science, l'effroi gagnait les pauvres habitants de
la cité bouleversée. M. Fouché décline, dans un téléphone
au gouverneur, son insuffisance à calmer les esprits et
empêcher un exode général. M. Mouttet lui répondit :
«·Annoncez que j'arrive. » Il amenait avec lui Mme Mouttet, le
colonel Gerbault, président de la Commission scientifique et
Mme Gerbault. Ils débarquèrent à Saint-Pierre vers six
heures.

La Commission scientifique, réunie le soir à l'intendance,
rédigeait une consultation très rassurante. « Les laves,
répétait-elle, suivront le même chemin que le 5 mai, elles se
déverseront dans la mer par le lit de la Rivière Blanche qui
prend naissance au-dessous de l'Étang Sec. »

Hélas ! il ne devait pas en être ainsi, et le lendemain se
nommera le dernier jour de tous les habitants de Saint-
Pierre. . . . .
. . . .

Oh ! quelle vigile d'Ascension ! On serait tenté de l'appeler
la *vigile des Morts*, si on ne la regardait à la lumière de la
foi qui change tout, embellit tout !... Oh ! oui, pour beaucoup,
nous voulons le penser, cette veille fut celle d'un beau jour,
de leur ascension vers les demeures éternelles, le passage de
la terre au ciel... à la suite du « Premier-Né d'entre les
morts... ([1]) ». Mais que fut cette dernière nuit ? On se le
demande !... La dernière nuit de ces chefs d'administration,
de ces riches industriels, de ces ardents politiques, de ces
femmes chrétiennes, de ces adolescents souriant à la vie, de
ces innocents endormis dans leur berceau ou sur le cœur de
leurs mères !...

---

1. S. Ambroise, *De fide Resurrectionis.*

Les grondements redoublés du volcan ne nous permettent pas de nous arrêter devant ces intéressantes figures... elles passent, du reste, devant nous avec une telle rapidité qu'elles nous font l'effet d'une ronde de fantômes et on semble entendre le refrain de la ballade allemande : « Les morts vont vite !... les morts vont vite !... » Trente-cinq mille en une minute !:..

* *
*

CETTE VIGILE AU MORNE ROUGE.

« Vers le 7 au soir, raconte Sœur Marguerite-Marie, ma bonne Supérieure, voyant le danger s'accentuer de plus en plus, me proposa d'aller rejoindre ma mère à Saint-Pierre et de partir avec elle pour Sainte-Lucie. Préférant partager les mêmes périls que ma Communauté, je la remerciai : « Ma » Mère, lui dis-je, *je reste avec vous*, la Sainte Vierge nous » sauvera. »

» Plusieurs personnes du Morne, amies intimes de notre maison, vinrent supplier la Mère Supérieure de leur donner asile dans les dortoirs des enfants, déserts depuis l'avant-veille, afin que si le danger augmentait, elles pussent se réfugier à la chapelle. La Supérieure ne pouvait refuser cette hospitalité, rendue urgente par les circonstances.

» Vers onze heures, la pluie commença à tomber avec une violence inouïe, redoublant d'instant en instant. A minuit, une secousse, vrai tremblement de terre, ébranle toute la maison, le tonnerre gronde avec des bruits terribles, des éclairs zigzaguent sur un ciel noir, comme mille foudres aveuglantes, tandis que du cratère jaillissent par intervalle des flammes ardentes. Le volcan semblait une chaudière en ébullition prête à éclater par la force de la vapeur...

» En un clin d'œil, tout le monde s'était rendu à la chapelle... On y priait les bras en croix... on récitait le Rosaire en attendant la mort... Elle était là *nous environnant*,... elle planait au-dessus de nos têtes... elle grondait sous nos pieds ; la foudre menaçait, le sol tremblait... Oh ! quels moments !... Comment peut-on survivre à de telles émotions !...

» M'apercevant de l'absence d'une religieuse, j'allai à sa recherche... Fatiguée d'une nuit d'insomnie, elle venait juste de s'endormir au moment où nous nous rendions à la chapelle : « Venez vite, lui dis-je, nous sommes toutes en prière, » en attendant la mort. » — Elle me regarda en souriant et me répondit : « *Nous serons sauvés*, car je viens de voir

» Notre-Seigneur qui, me montrant son Cœur Sacré, m'a
» dit : Toutes les maisons marquées de mon Sacré-Cœur
» seront épargnées ! »

» Ces paroles me remplirent d'étonnement et de joie...
car je savais de source certaine que la plus grande partie
des maisons du Morne Rouge avaient depuis quelques mois,
sur leur porte d'entrée, une plaque représentant le Sacré-
Cœur. Dans son dernier voyage en France, le Père Mary
avait rapporté de Montmartre une quantité considérable de
plaques à l'effigie du Sacré-Cœur et il avait multiplié ses
instances auprès de ses chers paroissiens pour les déterminer
à orner leurs demeures de ce signe divin, les assurant qu'il
leur attirerait d'extraordinaires bénédictions. Ce saint prêtre
avait une dévotion très grande au Cœur de Jésus et, dans
son zèle d'apôtre, il cherchait à répandre autour de lui
l'amour et la confiance envers le Cœur du divin Maître... Il
y avait deux semaines à peine, qu'à la tête d'un pèlerinage
il s'était rendu à la chapelle votive du Sacré-Cœur, située
au village de Trois-Ponts...

» Je courus auprès de la Mère Supérieure et lui racontai
es étonnantes paroles de Sœur X***, ce qui la remplit de
confiance...

» Les personnes qui se trouvaient avec nous à la chapelle,
voyant le danger s'accentuer, réclamèrent en grâce un prêtre
pour recevoir une dernière absolution... L'atmosphère se
chargeait de plus en plus de fluides électriques... nos vêtements en étaient imprégnés, des étincelles jaillissaient de
nos robes lorsque nous nous rencontrions dans les couloirs...

» Nous nous offrîmes, une de mes Sœurs et moi, pour
aller chercher un prêtre au presbytère. Avec des difficultés
inouïes, sous une pluie diluvienne, nous y arrivâmes enfin...
Il fallut frapper longtemps, car les roulements du tonnerre,
les grondements du volcan, couvraient nos appels réitérés...
Enfin, un Père vint nous ouvrir et voulut bien se rendre à
nos instances. Après avoir confessé les personnes qui le dési-
raient, il donna la Sainte Communion aux Religieuses qui
tombaient de fatigue et de faiblesse... Il était alors quatre
heures du matin.

» Le calme se faisait dans la nature, et le soleil se levait
radieux : tout semblait annoncer une journée splendide. »

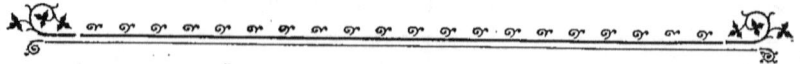

LA DERNIÈRE MINUTE DE LA REINE DES ANTILLES.

Où vivent-ils ? Quel astre à leur paupière
Répand un jour plus durable et plus doux ?
Vont-ils peupler ces îles de lumière,
Ou planent-ils entre le ciel et nous ?

(Lamartine).

JEUDI, 8 MAI 1902.

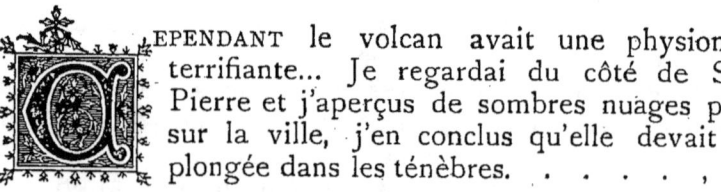

EPENDANT le volcan avait une physionomie terrifiante... Je regardai du côté de Saint-Pierre et j'aperçus de sombres nuages planer sur la ville, j'en conclus qu'elle devait être plongée dans les ténèbres. . . . .

. . . .

« Vers huit heures moins dix, pendant que nous étions réunies dans la salle de Communauté, tout à coup, nous sentons la maison ébranlée par un violent tremblement de terre et, au même moment, un bruit formidable, ressemblant à celui de plusieurs sirènes de navires, vint nous glacer d'effroi !... Nous nous jetâmes à genoux, terrifiées, tandis qu'une des Sœurs se précipitait au dehors pour se rendre compte de ce qui arrivait... A peine avait-elle franchi le seuil que, épouvantée de ce qu'elle voyait, elle s'écria : « Mes Sœurs, » venez vite, venez vite ! » D'un bond nous étions sous la galerie... et alors nous assistâmes à un spectacle qui ne peut se dépeindre. La fin du monde sera-t-elle plus terrible ! ! !...

» L'immense colonne de fumée, compacte, qui depuis deux jours restait immobile au-dessus du volcan, s'ébranla subitement, projetée dans le ciel par un jet puissant, sortant du cratère et lançant à des hauteurs prodigieuses des flammes, des matières en fusion, des roches ignées... Ces projectiles montaient en tourbillonnant et s'étendaient comme une voûte sombre au-dessus de Saint-Pierre. Au contact de l'air froid, ces corps incandescents se brisaient et retombaient en pluie meurtrière dans toute la région comprise entre le Carbet et le Prêcheur... D'autres jets descendaient les flancs de la montagne et, — loin de suivre leur lit naturel tracé par les rivières, — roulaient sur eux-mêmes avec une rapidité vertigineuse, en se précipitant droit sur Saint-Pierre... Quelle avalanche !...

» Au même instant, une colonne formidable, d'un aspect terrible, s'élança du volcan. Dans cette colonne enflammée, nous vîmes se former comme trois boules électriques. Pendant une seconde, cet immense serpent de feu déroula ses anneaux au-dessus de la malheureuse cité, puis avec une précision, qui semblait dirigée par une main sûre visant un but, s'y abattit avec un bruit terrible... *Ce fut la minute suprême !*... L'horloge marquait sept heures cinquante... »

La brillante cité des Antilles, comptant bientôt trois siècles d'existence, avait vécu.. elle n'était plus qu'un immense brasier fumant... Le volcan, qui venait de creuser son tombeau, par le feu et la flamme, voulut encore tisser son suaire... Semblant pressé de voiler sa victime aux yeux des humains... il vomit aussitôt de son cratère une cendre brûlante, semblable à de la limaille en fusion, qui acheva de consumer les corps avant de les ensevelir...

Cette hécatombe comptait trente mille âmes renfermées dans Saint-Pierre et dix mille pour les localités environnantes, comprises dans le cercle d'anéantissement... en tout quarante mille !... Quel contingent fourni à la loi de destruction universelle en deux minutes et demie !... L'ange de la mort avait terriblement fauché !... . . . .

. . . .

« Le volcan en fureur continuait de vomir ses laves enflammées... Les ténèbres devenaient de plus en plus épaisses... la mort planait sur nous. Nous sentant menacées du même sort que Saint-Pierre, nous nous précipitâmes à la chapelle, afin de mourir au pied du saint Autel et de joindre notre sacrifice à celui de la Grande Victime du Calvaire... Nous nous embrassâmes dans un sentiment d'affection fraternelle, en nous demandant pardon de nos mutuelles offenses, puis, les bras en croix, nous implorâmes la clémence de Dieu... en faveur de ces milliers d'âmes qui venaient de paraître à son Tribunal... Nous chargions les Anges du Sanctuaire de recueillir le sang qui à cette heure coulait sur tant d'autels, de le répandre comme une rosée sur nos chers trépassés, afin que, lavés de toutes souillures, et recouverts des mérites de notre Rédempteur, ils soient admis sans retard dans l'éternelle béatitude : « O Jésus ! qui êtes le Juge des vivants et des morts, écoutez cette double prière, la prière des morts d'Israël et la prière de leurs enfants.

Domine omnipotens Deus Israel, audi nunc orationem mortuorum Israel et filiorum ipsorum (¹). » — « Exaucez notre » prière, que toute chair vienne vers vous. *Exaudi orationem meam, ad te omnis caro veniet* (²). »

» Toutes les portes de la chapelle étaient fermées... Malgré cela une épouvantable odeur de soufre nous suffoquait, un nuage d'épaisse fumée nous cachait la voûte du sanctuaire. L'aspiration de ce soufre nous brûlait la gorge et la poitrine... la langue était entièrement desséchée et il nous semblait que nous allions mourir asphyxiées et ensevelies sous les roches qui tombaient avec un fracas affreux... L'obscurité devint si complète que nous dûmes allumer un cierge... *Demandons un miracle,* — dit alors la supérieure. — *Ma mère, il ne faut plus espérer, la mort est inévitable,* répondit une religieuse — *Faisons des promesses !* continua la Révérende mère; »

* *
*

VOCATION POUR LE CLOITRE.

« Cet instant fut pour moi solennel !... Que pouvais-je promettre ?... J'avais échangé mon existence si libre et si douce de créole pour la vie de dépendance et de dévouement des Sœurs de la Délivrande... Mes désirs refoulés d'une vocation plus austère, plus claustrale, se présentèrent à mon esprit et, avec eux, les impossibilités majeures à leur réalisation... J'entendis alors distinctement une voix intérieure me dire : *Tous les obstacles à tes desseins sont tombés.* Ne doutant pas que cette voix ne fût celle de Dieu, je m'écriai : *Seigneur, je suis à vous !!... si j'échappe à la mort, je serai Clarisse* (³), »

1. Baruch, III, 4.
2. Ps. LXIV, 2.
3. Quelque temps auparavant j'avais tenté une démarche pour être admise dans la Communauté des Clarisses du Monastère de l' «Ave-Maria » de Bordeaux exilée à Mons. J'avais appris à connaître ces Religieuses par la lecture de *Sœur Marie Céline de la Présentation* qui avait vécu parmi elles et était morte en odeur de sainteté. La lecture de cette vie admirable avait encore accru mon attrait pour la vie monastique. »

(*Notes de Sœur Marguerite-Marie.*)

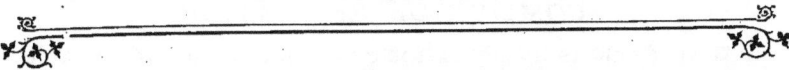

TERRIBLE ANGOISSE !

> Mon cœur a été troublé au dedans de moi, et la frayeur de la mort est tombée sur moi.
>
> Une crainte et un tremblement sont venus sur moi, et des ténèbres m'ont couvert.
>
> (*Ps.* LIV).

U'ÉTAIT devenue ma famille au milieu de cette épouvantable catastrophe ?... Mon cœur, serré par une indicible angoisse, se le demandait avec une anxiété croissante... Cependant, j'espérais encore contre toute espérance, que ma mère, ma tante et mes neveux avaient pu s'embarquer par le dernier paquebot en partance pour Sainte-Lucie, où les attendait mon père.

« Le souvenir de ma dépêche pressante les engageant à s'éloigner au plus tôt de la ville menacée, venait pendant quelques instants calmer mes mortelles désespérances... mais bientôt elles renaissaient plus déchirantes encore.. La plus grande partie de la famille de maman habitait Saint-Pierre. A son sujet, je ne pouvais avoir d'illusion.... C'était plus de quarante personnes chéries ravies à mon affection qui venaient de subir la plus affreuse des morts... La prière pour leurs âmes était ma seule consolation... Bien que mon cœur désolé gardât encore une lueur d'espérance, c'était bien l'affreuse réalité : Ma mère, ma tante et mes neveux chéris dormaient, avec tout un groupe familial, dans l'immense Nécropole qui fut Saint-Pierre !.. Le nombre des membres de notre famille, disparus dans cette journée, s'élevait à *quarante-sept !* . . . .

. . . .

Oh ! laissez-moi prier pour les âmes que j'aime ;
Seule à seul avec Dieu, Consolateur suprême,
    Je rêve au Paradis !

Les chagrins sont moins lourds quand on fait sa prière
Et qu'on souhaite aux Morts paix, repos et lumière
    Dans un *De profundis* (¹) !

. . . .

---

1. *Une Pauvre Clarisse.* Souvenirs...

***

COMMUNION EN VIATIQUE.

« Après nous avoir exhortées à demander un miracle, la Supérieure entonna le *Magnificat*, que nous chantâmes toutes, les bras en croix, pour obtenir notre délivrance de notre Mère du Ciel... Nous finissions à peine, lorsque des coups redoublés furent frappés à la chapelle. C'était Sœur Marie de l'Enfant Jésus qui, se trouvant à l'église de la paroisse pendant l'éruption, n'avait pu encore venir nous rejoindre. Profitant d'une accalmie, elle venait nous avertir que le Père Mary allait donner à tous *la Communion en Viatique*...

» La pluie de pierres avait cessé, mais la boue continuait à tomber et la pauvre Sœur en était couverte n'ayant pas de parapluie pour s'en préserver.

» *Venez vite, mes Sœurs*, nous dit-elle, haletante, *on donne la Communion en Viatique... le Père permet de se présenter une seconde fois, bien qu'on ait communié ce matin !* Nous nous empressâmes de suivre notre chère Sœur, emportant avec nous la statue de l'Enfant Jésus de Prague, car nous ne pensions plus revoir notre pauvre couvent. Nous plaçâmes cette statuette sur un des piliers de la porte d'entrée de la cour qui précédait l'église en tournant le divin Enfant du côté du volcan, lui demandant d'en arrêter les progrès.

» L'église était plus que comble... toute la population était là, pressée, entassée, c'est à peine si on pouvait se tenir debout tant on était nombreux. C'était un tumulte de cris, de prières, de supplications ardentes à la Madone, de réconciliations émouvantes aussi... Les personnes séparées par des haines invétérées s'embrassèrent, avouant publiquement leurs torts !...

» Avec des peines infinies, nous parvînmes jusqu'aux marches de l'autel, où le Père Mary distribuait la Sainte Hostie à tous ses paroissiens. A chaque table de communion, le Père donnait l'absolution générale. Il fit aussi faire la première Communion à quelques petits enfants. Nous nous réfugiâmes à la sacristie pour faire notre action de grâces... Peu à peu les ténèbres se dissipèrent, l'air devint plus respirable, le danger imminent parut écarté...

» On ouvrit alors les portes de l'église et toute l'assistance sortit pour se rendre compte des désastres !... Quelle vi-

Une histoire vécue.   7

sion !... Une immense nappe de fumée s'étendait sur la florissante cité de Saint-Pierre ! » . . . .

. . . .

* *
*

LE SACRÉ-CŒUR DANS L'HOSTIE !

Le Père Mary invita alors ses paroissiens à rentrer à l'église, où une messe basse allait être célébrée à la place de la grand'messe. « Mes frères, dit-il, le Saint-Sacrement y sera exposé, en action de grâces du péril auquel nous venons d'échapper ! »

« Le Père Bruno qui, depuis la veille au soir, appelé par le Père Mary, était monté au Morne, en compagnie du frère Gérard, devait dire cette messe basse. On raconte que les Pères Démaërel et Durny les avaient accompagnés et, en les quittant, leur avaient laissé pour adieu ces mots dits joyeusement et qui devaient si terriblement se réaliser le lendemain : *Au revoir dans l'Éternité !*

» Après l'exposition du Saint-Sacrement, le Père Bruno commença sa messe, pendant laquelle le Père Mary monta en chaire pour exhorter ses paroissiens à la pénitence et à la reconnaissance envers le Sacré-Cœur de Jésus, qui, disait-il, venait de les sauver d'une mort certaine, car, plus proche du volcan et plus exposé que Saint-Pierre et les localités détruites, le Morne-Rouge aurait dû être anéanti sans une étonnante protection du Ciel...

» A peine le sermon était-il terminé, qu'un cri retentit dans l'église ! *Le Sacré-Cœur dans l'Hostie !* Aussitôt, un frémissement parcourt l'assistance et les bras se lèvent suppliants vers l'ostensoir où Jésus apparaît, montrant son divin Cœur couronné d'épines. Un grand nombre de personnes furent témoins de ce prodige qui se diversifia pour plusieurs, Notre-Seigneur se montrant tout entier à quelques-unes et à d'autres ne laissant voir que son Cœur. Beaucoup virent dans la Sainte Hostie la représentation exacte des plaques rapportées de Montmartre par le Père Mary...

» J'étais à côté de la Mère-Supérieure lorsque se produisit ce miracle eucharistique. Ne voyant rien encore, je me penchai vers elle en lui disant : « Ma mère, que voyez-vous ?
» — *Je vois Jésus*, me répondit-elle, *Il est adorablement beau,*
» *mais ses traits expriment une immense tristesse.* »

« Une de mes Sœurs sanglotait à côté de moi : « Pourquoi

» pleurez-vous ? lui demandai-je. Que voyez-vous donc ? »
Sanglotant toujours, elle me répondit : « *Je vois le sang qui*
» *coule à flots de la blessure du Cœur de Jésus Notre-*
» *Seigneur...* ([1]) »

« Le Père Mary était occupé, dans le bas de l'église, à
consoler les groupes désolés, au commencement du prodige
dont plusieurs personnes étaient déjà témoins. Une religieuse
alla l'en avertir. Il s'approche du Saint-Sacrement, fixe un
instant la Sainte Hostie, puis, se prosternant dans une ado-
ration profonde, il entonne le : *Cor Jesu* que l'assistance
entière continue... Le miracle persista tout le temps de la
messe et de la bénédiction, environ trois quarts d'heure et
ne cessa que lorsque la Sainte Hostie fut rentrée dans le
tabernacle... Nous avons entendu dire que le Père Mary,
interrogé sur le prodige, *déclara en avoir été témoin...*

» La religieuse qui, la veille, avait eu la vision dont nous
avons parlé précédemment, compta dans les privilégiés de
cette inoubliable matinée... Quelque temps auparavant, se
trouvant à la tribune de l'église pendant que le Saint-Sacrement était exposé, elle vit très bien Notre-Seigneur, dans
l'Hostie, montrant son Cœur sacré. La vision se détachait
si nettement qu'il lui aurait été facile de compter les épines
de la couronne qui enlaçait le Cœur divin ! »

A côté du récit de Sœur Marguerite-Marie, nous mettons
celui d'une autre religieuse de la Délivrande, Sœur Marie de
l'Enfant Jésus.

Les lignes qui suivent, sont empruntées aux *Annales de
Notre-Dame de la Salette :*

« Cependant la Sœur Marie de l'Enfant Jésus se sent
tirée par son voile. Une jeune fille, du nom de Juanita,
lui dit en tremblant : « *Ma Sœur, regardez donc, regardez
donc !* »

» A cette invitation, la bonne religieuse répond avec une
simplicité héroïque : « *Comment, petite sotte, tu vas mourir*
» *avec nous, et c'est à ce moment que tu parles dans l'église*
» *devant le Saint-Sacrement ?* » Mais l'enfant ne se décourage
pas, elle insiste, et la Sœur regarde. Craignant d'être dupe
d'une illusion ou d'un reflet formant sur les verres de ses lunet-
tes une combinaison fortuite de lignes et de couleurs, elle

---

1. « Plusieurs de nos Sœurs et autres personnes certifient avoir vu l'image
du Sacré-Cœur de Jésus se détacher sur le fond de l'ostensoir, durant le Saint
Sacrifice. » (*Bulletin de Notre-Dame de la Délivrande,* juin 1902).

enlève celles-ci et regarde encore, mais la vision persiste plus nette que jamais.

» A la fin de la cérémonie, elle trouve le moyen de s'approcher de l'Hostie consacrée, retirée de l'ostensoir : c'est encore, c'est toujours le même prodige. Plus tard, elle interrogera l'assistance, et notamment celui qui a entonné les supplications au Cœur de Jésus : les témoignages concorderont avec le propre témoignage de ses sens. C'est bien Jésus-Christ qui aura substitué un moment l'image de sa Personne sacrée et de son Cœur aux frêles apparences eucharistiques (1). »

***

QUELQUES VICTIMES DE LA CATASTROPHE.

« Nous ignorions encore l'étendue du désastre... Nos yeux nous affirmaient la destruction de Saint-Pierre... mais nous pensions que certains quartiers, au moins, quelques maisons, avaient échappé à la fureur du monstre de feu... Des nègres dévoués s'offrirent pour aller en éclaireurs et nous renseigner sur l'état des choses...

» Ils descendirent jusqu'à la limite entre le Morne Rouge et Saint-Pierre, à l'endroit même où se trouvait « la Croix du Jubilé... ». Arrivés là, ils ne purent plus avancer : l'air était irrespirable et le sol leur brûlait les pieds... Plus d'illusion possible... maisons, arbres, tout était rasé... une vapeur blanchâtre, s'élevant de matières en combustion, était la seule vision que l'œil contemplait de cet emplacement comme des hauteurs du Morne.

» Au pied de la Croix, gisait le cadavre d'un Père du Saint-Esprit, qu'un jeune homme du collège crut reconnaître pour celui du Père Durny. Un peu plus bas, quelques cadavres, méconnaissables, entièrement carbonisés, gardaient encore dans la mort une attitude de terreur et de souffrance inexprimables.

***

DEUX SURVIVANTS DE SAINT-PIERRE. — SAUVÉ PAR SAINT ANTOINE.

« A peu de distance de la Croix, sur le territoire du Morne Rouge, deux messieurs de Saint-Pierre, horriblement brûlés, se tordaient dans d'atroces souffrances. Leur cocher

---

1. *Annales de la Salette,* novembre 1902.

agonisait, le cheval gisait sans vie et leur voiture achevait de se consumer. Messieurs Lasserre et Simonet attribuent leur conservation à la capote de leur voiture qui les protégea contre la pluie de feu.

» Transportés tous les deux dans la villa de plaisance de M. Lasserre, dont la famille était restée à Saint-Pierre, les infortunés reçurent les premiers soins des Sœurs de la Délivrande.

» Grâce à notre petite pharmacie, nous pûmes alléger un peu les souffrances de ces pauvres victimes... et nous eûmes une idée de ce qu'avaient dû souffrir ceux qui ne moururent pas asphyxiés......

» L'aspect de ces *brûlés* était des plus horribles. Leurs visages étaient complètement défigurés ; des pieds à la tête ce n'étaient que plaies affreuses. Ces plaies empêchaient tout mouvement des pieds et des mains. L'enflure du corps, par suite de la présence des gaz délétères, exhalés pendant l'éruption, était considérable, la tête surtout atteignait des proportions prodigieuses, Les pansements duraient trois heures ; les pauvres patients les supportaient avec un courage héroïque... L'un d'eux, M. Simonet, disait au milieu de ses souffrances : « C'est à saint Antoine de Padoue, dont je » porte la statue sur moi, que je dois mon salut. »

» Au bout de trois jours, on les transporta à l'Hôpital de la Trinité... Leur état était si lamentable, qu'il parut désespéré ; pour l'un d'eux, l'amputation des jambes semblait inévitable. Leurs souffrances étaient telles qu'ils disaient préférer la mort à de nouveaux pansements... A force de soins, longs et minutieux, ils se remirent enfin. Leur guérison fut tenue pour extraordinaire. »

Voici, au point de vue scientifique, comment se produisit le phénomène volcanique dont l'histoire gardera à jamais le souvenir, en plaçant le nom de Saint-Pierre-Martinique à la suite des célèbres cités d'Herculanum et Pompéi.

« Le cratère en travail depuis le 25 avril n'avait projeté jusque-là que des colonnes de fumée. Dans la matinée du 8 mai, sous la pression d'une énorme masse de gaz, une fente se fit sur la lèvre du cratère, dans l'exacte direction de Saint-Pierre. Un angle de quelques degrés, à droite ou à gauche, eût suffi pour sauver la ville. Il y eut un jet de vapeurs lourdes et brûlantes qui se déploya en éventail avec une incroyable intensité. Rien de ce qui se trouvait dans le vaste secteur ne resta debout : les êtres vivants furent asphyxiés sur place par une température qu'on évalue à 1800 degrés et qui arrêtait toutes les respirations. En outre, la quantité d'oxyde de carbone, dont ce jet de vapeurs et de gaz était chargé, eût suffi à provoquer la mort de la plupart.

» Tous ceux qui étaient dans l'intérieur de Saint-Pierre ont été électrocutés, sidérés sur place avec une instantanéité foudroyante. On ne peut, hélas ! en dire autant des infortunés qui se trouvaient, à la minute de l'éruption, aux confins traversés par la trombe volcanique.

» Là, les gens furent vraiment des incendiés et ne succombèrent en un temps plus ou moins long, qu'après les plus atroces souffrances. Sur la partie nord du Parnasse, — une des hauteurs qui dominent Saint-Pierre, — on les voyait, dans l'excitation nerveuse provoquée par les brûlures, tournoyer en hurlant, comme des épileptiques, vomir du sang noir et s'abattre morts ([1]). »

* *
*

FUYANT L'ÉRUPTION !

Parmi les personnes qui avaient passé la nuit au couvent de la Délivrande se trouvait une jeune fille de Saint-Pierre, ancienne élève de la Maison. Effrayée de la nuit accidentée qu'elle venait de passer au Morne Rouge, elle pensa que ce lieu était plus menacé par le volcan et prit le parti de descendre à Saint-Pierre où elle serait, disait-elle, plus en sûreté. Le matin donc de cette sinistre journée du 8, elle prit la voiture publique faisant le service de la ville... A peine a-t-elle dépassé le bourg que la catastrophe éclate... Affolée, elle saute hors du véhicule et rebrousse chemin. Dans sa fuite, sous cette pluie de laves brûlantes et de soufre, perdant ses forces, elle conjure un nègre qui fuyait aussi vers le Morne Rouge de la porter à prix d'argent jusqu'à l'église. Le noir ne se laissa pas gagner par ses propositions généreuses, il songea à mettre sa vie en sûreté et laissa la pauvre jeune fille se débattre comme elle le put...

Elle parvint à l'église dans un état pitoyable et fut, la première, témoin du prodige eucharistique.

* *
*

----

1 *Revue universelle.*

FAMILLE SURPRISE PAR L'ÉRUPTION.

Le docteur de la communauté, M. Artières, cédant aux instances de sa femme, avait quitté Saint-Pierre la veille au soir pour venir au Morne-Rouge. Il avait passé la nuit au couvent de la Délivrande avec ses deux enfants. Le matin, il redescendit à Saint-Pierre avec sa famille, voulant fuir au plus tôt le Morne, si tourmenté. Il l'avait à peine quitté, que les flancs du volcan s'ouvrirent pour livrer passage à la formidable colonne de feu qui anéantit Saint-Pierre...

Aussitôt le docteur lance sa voiture à fond de train dans la direction du Parnasse ; mais bientôt la voiture se brise, et la malheureuse famille dut fuir à pied dans les bois... Ce ne fut qu'après quatre jours de marche à travers les forêts qu'elle put atteindre Fort de France. Les deux enfants, une fillette de huit ans et un garçonnet de quatre ans, étaient à bout de force, leurs vêtements étaient en lambeaux, et plus de trace de chaussures... De plus les infortunés étaient complètement ruinés par le sinistre dans lequel une partie de leur famille avait trouvé la mort.

**
* *

LE CATACLYSME EN MER.

Le ciel se replia comme un livre roulé, et toutes les montagnes et les îles furent ébranlées de leurs places.
(*Apoc.*, VI.)

Un seul des navires en rade au moment du cataclysme, le *Roddam*, avait pu échapper au désastre. Voici le récit qu'en fit un des passagers.

« Lorsque la colonne de feu et de laves s'abattit sur la cité, une immense clameur s'éleva ; cris de désespoir et d'angoisse, cris qui semblaient être la plainte suprême de l'agonie d'un peuple. Cette lugubre et déchirante clameur fut telle, qu'elle surpassa en puissance le mugissement des flots et les grondements du volcan. Elle fut perçue par tout l'équipage, saisi d'effroi et atteint lui-même par les vapeurs brûlantes qui jetaient la mort dans la brillante cité...

» Nous vîmes, raconta le même témoin, une foule nombreuse se précipiter vers le rivage. Mais les malheureux ne couraient pas longtemps dans ce feu qui les enveloppait. Ils tombaient comme des mouches et ceux qui arrivèrent jusque sur les bords de la mer où ils pensaient trouver le salut, furent tout à coup engloutis par une immense lame qui les entraîna. De plus les flots étaient devenus bouillants et les pauvres victimes furent brûlées avant même d'être noyées. »

M. Plissonneau, consul anglais, demeurant à Saint-Pierre, se rendait le 8 mai au matin en compagnie de M. Testar à bord du *Roddam*, qui avait mouillé au large. Il montait l'escalier du pont à la minute même où se produisait l'effrayante éruption... Malgré la distance, le *Roddam* fut couvert de cendre et de laves incandescentes. Plusieurs matelots tombèrent morts, et le capitaine du *Roddam* fut horriblement brûlé par cette pluie brûlante qu'il comparait *à de la limaille de fer rougie au feu.*

M. Testar fut tué au pied de l'échelle qu'il s'apprêtait à gravir et tomba à l'eau. Quant à M. Plissonneau, a demi carbonisé, il n'eut que la force d'arriver sur le pont où il s'affaissa dans d'horribles souffrances.

LE « RODDAM », LE SEUL VAISSEAU ÉCHAPPÉ DU
PORT DE SAINT-PIERRE. (P. 103.)

Le steamer arriva à Sainte-Lucie dans l'état le plus lamentable, avec son mât brûlé et son pont tout couvert de cendre dans laquelle gisaient des morts et des mourants...

M. Plissonneau, transporté chez son beau-père, où sa jeune femme et ses quatre petits enfants se trouvaient depuis quelques jours, succomba à ses atroces brûlures. La catastrophe avait anéanti les richesses de cette opulente famille déjà si éprouvée par la mort douloureuse de son chef. Mme Plissonneau, venue à Castries pour assister à un brillant mariage, n'avait emporté que très peu de vêtements ; elle se trouvait, ainsi que ses jeunes enfants, dans la situation la plus critique. Son père heureusement lui vint en aide.

*
* *

GENDARMES SAUVÉS MALGRÉ EUX.

Un vaisseau italien qui se trouvait en rade le 7 mai, entendant les grondements du Volcan et voyant fumer son cratère, comprit le danger que courait Saint-Pierre ; il se disposa à lever l'ancre sans déposer son chargement... Ceux qui l'attendaient reclamèrent en vain ; le capitaine répondit qu'habitué à voir le Vésuve il se rendait parfaitement compte de l'imminence d'une catastrophe et qu'il s'empressait de fuir une ville qui ne serait plus le lendemain...

Pour le contraindre à livrer les marchandises, on lui envoya deux gendarmes... Sans changer d'avis le capitaine répondit : « Je ne livrerai rien, car la mort plane sur ces parages. Si vous voulez me faire prisonnier, vous n'avez qu'à me suivre en France, car pour moi, je lève l'ancre à l'heure même. Si nous restons un jour de plus, ni vous ni moi n'échapperons à la catastrophe qui se prépare ! » Les gendarmes, effrayés de cette terrible prédiction, se laissèrent emmener... C'est ainsi qu'ils échappèrent, comme malgré eux, au sort commun de leurs infortunés compatriotes...

*
* *

LE PRISONNIER DE SAINT-PIERRE.

Parmi les prisonniers de Saint-Pierre il y en avait un qui, deux jours avant l'éruption, s'étant disputé et battu avec un de ses compagnons de prison, fut séparé et enfermé dans un cachot souterrain.

Des personnes qui s'étaient rendues à Saint-Pierre pour inhumer les cadavres, entendirent des cris étouffés du côté de la prison écroulée et détruite comme les autres monuments de la ville. S'étant approchées, elles reconnurent que les cris sortaient d'un cachot souterrain recouvert de décombres. Aussitôt elles se mirent à déblayer et arrivèrent jusqu'au cachot où gisait un malheureux nègre à demi carbonisé et qui se tordait dans d'affreuses souffrances. Il était horriblement gonflé et poussait des cris lamentables. On le transporta au Morne Rouge, où le Père Mary lui prodigua secours spirituels et soins dévoués.

Le pauvre nègre fut hospitalisé dans une des petites villas appartenant aux Sœurs de la Délivrande et où les quatre religieuses qui restaient encore dans leur couvent désert, lui donnèrent tous les soins que réclamait son état désespéré.

Voici le récit qu'il fit en créole de la catastrophe :

« Le 8 mai, raconte-t-il, au moment du cataclysme, j'entendis un bruit formidable qui semblait être produit par une énorme masse de rochers s'abattant sur la ville, accompagné des grondements de la foudre. Des milliers de cris déchirants se mêlèrent en cette minute suprême à cet effroyable bouleversement qui me glaça de terreur. Puis un silence de mort se fit et je n'entendis plus rien.

» Je roulai dans mon cachot qui semblait être devenu un brasier... C'était comme une pluie de feu qui me pénétrait. Je pensais mourir abandonné et, dans mon désespoir, je poussais sans cesse des cris de détresse, afin que, s'il se trouvait encore dans la ville quelque être vivant, il pût venir à mon secours.

» Le Bon Dieu a eu enfin pitié de moi et je suis heureux, maintenant, que mon âme est devenue toute blanche par la confession... »

**

CETTE JOURNÉE AU MORNE ROUGE.

Pendant tout le reste de cette lugubre journée, les habitants du Morne Rouge restèrent à l'église attendant la mort d'un instant à l'autre.

Les têtes, surexcitées par les émotions, la fatigue, ne raisonnaient plus. Tout semblait danger... le moindre incident causait une panique.

Une femme venait de perdre sa fille à Saint-Pierre, où elle était descendue le matin même... Tout à coup, pensant à son malheur, elle se met à pousser des cris déchirants. Le peuple, croyant à une nouvelle éruption, fut pris d'épouvante et ce fut un concert de lamentations suivis d'un remous ; tout le monde voulant gagner la statue miraculeuse pour mourir à ses pieds.

Une jeune fille, apercevant une clarté projetée par la lampe du Père Mary, croit que c'est la flamme du volcan. Elle se met à crier : *Au feu !*... A sa suite, les cris et les clameurs recommencent... Cette fois encore on en fut quitte pour la peur !...

AUX PIEDS DE LA MADONE.

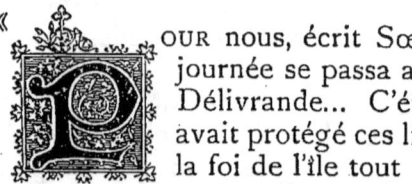

*Sub tuum præsidium confugimus, Sancta Deï
Genitrix...*

« Pour nous, écrit Sœur Marguerite-Marie, cette journée se passa au pied de la Madone de la Délivrande... C'était si visiblement qu'elle avait protégé ces lieux, centre de pèlerinage où la foi de l'île tout entière était venue si souvent s'exprimer en prières ardentes et en chants d'amour... Nous la remerciions de nous avoir gardées et nous l'invoquions pour les morts... Il nous semblait que du fond de l'abîme creusé par le feu, les âmes des trépassés montaient vers nous suppliantes, nous redisant ces belles paroles que l'Église leur prête dans sa touchante liturgie : *Miseremini mei, miseremini mei saltem vos amici mei quia manus Domini tetigit me: Ayez pitié de moi, vous au moins qui êtes mes amis, car la main de Dieu m'a frappé...*

» Et alors nous redisions ces versets du *De profundis :* « *Seigneur, que vos oreilles soient attentives à la voix de nos* » *prières... Si vous exigez un compte sévère de nos iniquités,* » *qui pourra subsister devant vous ? Seigneur, souvenez-vous* » *que vous êtes plein de miséricorde et qu'on trouve en vous* » *une abondante rédemption !* » . . . .

. . . .

Le Père Mary avait laissé la porte du tabernacle ouverte, afin que la Sainte Hostie restât présente à tous les yeux ; nous avions tant besoin que Dieu « dirige sur nous la lumière de sa face ». Nous nous sentions sur une mer de feu, et comme les apôtres, nous redisions dans d'ardentes supplications : *Salva nos, perimus.* Nous récitions à haute voix le rosaire, les litanies de la Sainte Vierge, celles du Sacré-Cœur, le *Salve Regina* auxquels l'assistance répondait avec ferveur. Les chants du *Parce* et du *Cor Jesu* alternaient avec ces supplications que la nuit n'interrompit pas.

Les trois Pères passèrent tout ce temps au confessionnal.

Tous ceux que le respect humain avait retenus jusque-là, se rendaient enfin, et c'était de véritables disputes pour entrer le premier au confessionnal. Le nombre des hommes était tel que les pauvres femmes ne pouvaient approcher. Pour mettre un peu de calme, le Père Mary exigea qu'on eût des billets numérotés et que pour entrer au saint Tribunal de la Pénitence on suivît l'ordre numérique. Malgré cela, un grand nègre, très pressé de mettre sa conscience en paix, saisit une femme qui venait d'entrer au confessionnal, l'enleva comme une plume et, la déposant sur les dalles, il se hâte d'accaparer sa place !....

* * *

MULTIPLICATION MERVEILLEUSE DES IMAGES DU SACRÉ-CŒUR.

Sœur Marie de l'Enfant-Jésus avait reçu du Directeur des images du Sacré-Cœur pour les jeunes filles du Patronage dont elle était chargée. Pensant qu'elles ne pouvaient être mieux employées qu'en ce moment suprême, elle en prit un paquet d'environ cent cinquante, qu'elle se mit à distribuer aux hommes massés sous le porche de l'église. Toutes les mains se tendaient vers elle pour recevoir l'image sainte et chacun se la fixait sur la poitrine comme le plus précieux des talismans. Quand la distribution fut achevée, la Sœur constata avec stupéfaction que le paquet n'avait pas diminué. Elle rentra dans l'église et vint raconter à la Supérieure ce prodige étrange : « Continuez, dit la Révérende Mère, à distribuer ces insignes sacrés, jusqu'à ce qu'ils soient épuisés.»

Comme nous l'avons dit, le sanctuaire était comble, toute la population était là, pressée, entassée, dans cette immense église. La religieuse continua sa distribution et quand le dernier fidèle eut reçu le souvenir pieux, elle s'aperçut que ses mains étaient vides.

On devine son émotion à la vue du prodige... Dans leur fuite, les paroissiens de Notre-Dame de la Délivrande emportèrent toujours, fixée sur leur poitrine, l'image du Sacré-Cœur, si bien qu'à ce signe on reconnaissait, même dans les îles voisines, les habitants du Morne Rouge.

* *

TERREUR DU PAQUETBOT ANGLAIS.

Le paquebot anglais, qui fait le service entre les différentes îles des Antilles, arriva en vue de Saint-Pierre le soir de cette funèbre journée ; il était neuf heures environ. Capitaine et équipage sont saisis d'effroi !... Ils n'aper-

çoivent que des lueurs d'incendie à l'endroit de cette
cité jadis si ravissante dans
son paysage de nuit, avec
ses centaines de réver-
bères entourant d'une ligne
de lumière le profil de ses
maisons, de ses monu-
ments, de ses jardins... Au
lieu des senteurs exotiques,
une insupportable odeur de
chairs calcinées arrivait
jusqu'à eux... Un silence
de mort régnait dans cette
rade autrefois si animée,
où couraient jadis çà et là,
comme de petits feux fol-
lets, ces canots légers, mis
au service des grands na-
vires, dont les hauts mâts
se réverbéraient sur cette
mer aux ondes transparen-
tes...

Le capitaine signale sa
présence par des siffle-
ments réitérés... c'est en
vain... Le silence seul répond à ses appels... Dans
le lointain se détache sur
un ciel sombre, une mon-
tagne surmontée d'un pa-
nache de flammes brillan-
tes, qui gronde sourde-
ment.

Après une attente inu-
tile, le Capitaine lance
une chaloupe... pour es-
sayer d'une reconnaissan-
ce... Mais c'est vainement
qu'ils veulent aborder cette terre de feu... l'air qui
s'en échappe leur brûle les

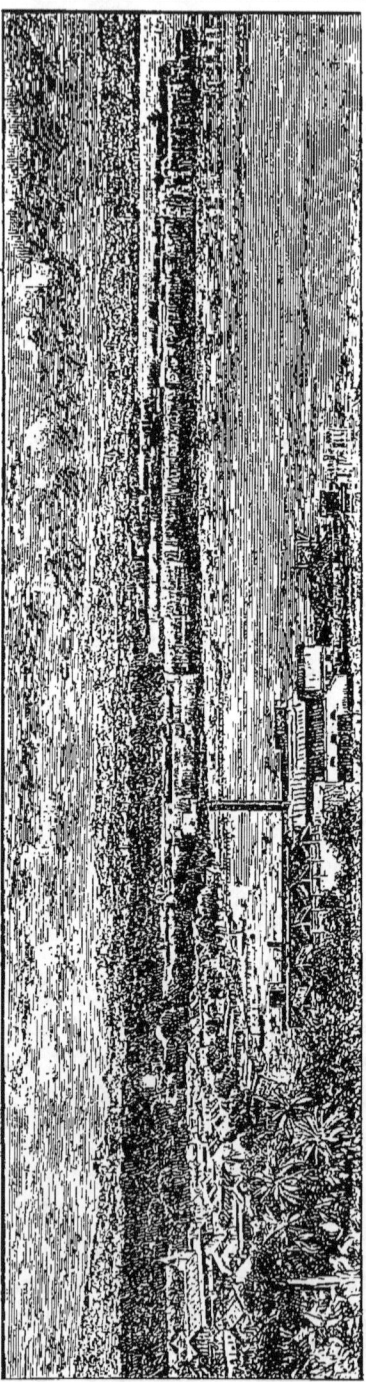

LA MARTINIQUE. — VUE DE FORT DE FRANCE. (P. 111.)

yeux, tarit le souffle dans les poitrines... et en même temps se précise devant eux l'épouvantable décor aperçu à distance ! Terrorisés ils reviennent sur leurs pas... apportant la constatation du décès de la Reine des Antilles...

Ils s'éloignent au plus vite de ces parages de mort, laissant le bourreau et la victime en face l'un de l'autre. . .

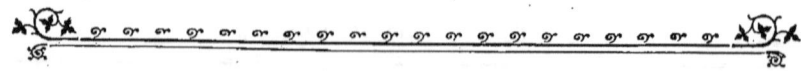
*Une voix a été entendue sur une hauteur : voix
de lamentation, de deuil et de pleur...*

(*Jérémie.* XXXI, 15.)

ANS la matinée du jour terrible que se passa-t-il
à Fort de France ?... Nous nous permettons de
donner ici quelques passages de l'admirable
Rapport de M. le chanoine Parel, Administrateur du Diocèse de la Martinique, adressé à
Mgr de Cormont, alors absent de Saint-Pierre. Ce sera un
complément de ce que nous avons pu dire. Encore un
panorama de la Nécropole fumante vue d'un autre côté.

***

JEUDI, 8 MAI, FÊTE DE L'ASCENSION.

« A Fort de France, vers quatre heures du matin, un
» violent orage, avec éclairs et tonnerre, avait versé des
» torrents de pluie. Vers huit heures, l'horizon, vers le volcan,
» était noir comme de l'encre, les nuages galopaient dans la
» direction du nord-ouest. Le ciel devenait de plus en plus
» sombre. Tout à coup, j'entends comme une grêle qui tombe
» sur les toits, sur les feuilles des arbres; une immense rumeur
» s'élève dans la ville. A l'église, ou la Messe de huit heures
» était commencée, une panique épouvantable ! Le prêtre
» resta seul. En même temps, dans la nuit qui s'étend sur
» nous, le tonnerre roule, roule d'une manière continue,
» effrayante ; la mer se retire par trois fois à plusieurs cen-
» taines de mètres. Le bateau qui partait pour Saint-Pierre
» retourne effrayé. Étant sorti sur mon balcon pour me ren-
» dre compte de ce qui se passait, je le vois se couvrir d'une
» grêle de pierres et de cendres encore chaudes. Dans les
» rues, les gens restaient pétrifiés sur leurs portes ou cou-
» raient éperdus de tous côtés ; cela dura ainsi environ un
» quart d'heure, un quart d'heure de terreur !...

» Mais que se passait-il à Saint-Pierre ? Personne n'osait
» répondre... les communications par téléphone avaient été
» interrompues brusquement au milieu d'un mot. Quelques-
» uns affirmaient avoir aperçu, par-dessus les montagnes qui
» nous en séparent, une colonne de feu monter dans le ciel,

» puis se répandre partout. L'angoisse la plus terrible étrei-
» gnait tous les cœurs. A onze heures, le bateau le *Marin*
» se hasarda à aller faire une reconnaissance et fut témoin
» du spectacle le plus terrifiant qui se puisse imaginer :
» Saint-Pierre n'était plus qu'un épouvantable brasier !!!
» Cette nouvelle, jetée vers une heure dans notre ville
» comme le glas funèbre de la Martinique, y provoqua une
» stupeur inénarrable ! Je n'essayerai pas de peindre pareils
» tableaux ; il faudrait la plume du Dante et les accents de
» Jérémie.

» On annonce qu'un bateau va partir pour recueillir les
» blessés. J'ai le bonheur d'y obtenir une place avec un de
» mes vicaires. La police et les gendarmes ne peuvent con-
» tenir la foule qui voudrait s'embarquer ; l'expédition se
» compose du procureur de la République, d'un officier et
» d'un peloton d'infanterie de marine. On ne peut croire à
» la réalité d'un désastre si terrible ; on se raccroche à toutes
» les hypothèses qui permettent d'espérer encore. Du moins,
» pensons-nous, la population, en grande partie, aura pu
» fuir ! Lorsque nous avons doublé la dernière pointe qui
» nous sépare du magnifique panorama que fut Saint-Pierre,
» vers quatre heures de l'après-midi, nous apercevons, tout
» d'abord, à l'extrémité opposée de la rade, la Rivière-
» Blanche avec son panache de fumée, se précipitant, comme
» la veille, avec furie dans la mer. Puis, un peu au large, un
» grand paquebot qui brûle. On nous dit que c'est un paque-
» bot américain arrivé le matin juste à temps pour être
» enveloppé dans la catastrophe ; puis, un peu plus près du
» rivage, deux autres vapeurs qui achèvent de se consumer.
» La rade est toute couverte d'épaves, de quilles de navires
» renversés. Des trente ou quarante navires qui s'y alignaient
» la veille, c'est tout ce qui en reste. Le long des quais, sur
» une étendue de deux cents mètres, les approvisionnements
» de bois de constructions forment un feu très vif. . . .

» L'équipe de soldats envoyés pour le sauvetage n'avait
» rien à faire ; nous revînmes donc atterrir au Carbet. Là
» nous attendaient de nouvelles émotions, des scènes indes-
» criptibles. Ici, dans une seule maison s'entassent quinze
» cadavres ; là des mourants, horriblement brûlés ; des
» femmes, des jeunes filles aux chairs tuméfiées, tombant en
» lambeaux, sans presque de vêtements, qu'on embarque

SAINT-PIERRE: RUINES DE LA CATHÉDRALE. (P. 115.)

SAINT-PIERRE: PLACE DE LA CATHÉDRALE APRÈS LA CATASTROPHE. (P. 115.)

SAINT-PIERRE : PLACE BERTIN AVANT LA CATASTROPHE. (P. 114.)

» péniblement, qui meurent en arrivant à bord ! Des pères
» pleurent leurs enfants ; des femmes leurs maris ; ceux-ci
» arrivent de leur campagne ignorant encore l'affreuse vérité.
» On voudrait la leur cacher, mais ils la devinent. Ce sont
» des cris à fendre l'âme ; plusieurs ont perdu la raison.
» Pendant quatre heures on embarque toujours. Le *Suchet*,
» le *Pouyer-Quertier* viennent à notre secours. Nous ren-
» trons à Fort de France à dix heures du soir.   .   .   .   .

VENDREDI, 9 MAI.

» Dieu ne voulait pas, Monseigneur, que l'évêque du
» diocèse fût la première victime ; et qui d'entre nous n'a
» remercié la Providence de votre départ vraiment provi-
» dentiel !...

» Dans cette hécatombe effrayante, ai-je besoin de vous
» nommer le chef de la colonie, M. Mouttet, et sa digne
» compagne ; le colonel Gerbault et Mme Gerbault ; vingt-
» quatre prêtres dont vous connaissez déjà les noms ; onze
» du clergé séculier ; treize Révérends Pères du Saint-
» Esprit ; ai-je besoin de signaler à votre pitié ces chers
» MM. Le Breton, Bertot, Anquetil ; les RR. PP. le Gallo,
» Demarel, Fuzier, Ackermann ; toute cette pléiade de jeu-
» nes vicaires, de jeunes professeurs si distingués ; et cette
» phalange sainte de soixante et onze religieuses : Sœurs
» de Saint - Paul de Chartres, Sœurs de Saint - Joseph et
» Sœurs de la Délivrande !

» Combien d'autres ! Des nombreux professeurs du lycée,
» il reste cinq survivants ; du pensionnat colonial il ne reste
» que la directrice. Tous ceux qui ont échappé à la mort se
» trouvaient, bien entendu, hors de Saint-Pierre.   .   .   .

SAMEDI 10 MAI.

» Grâce à l'obligeance de M. le gouverneur provisoire,
» nous obtenons un passage sur le *Suchet* qui va à Saint-
» Pierre avec une mission pour visiter les caveaux de la
» Banque. Monsieur le commandant et les officiers du *Suchet*
» nous accueillent très courtoisement.

» Sur la rade de Saint-Pierre brûle encore la carcasse du
» paquebot américain d'où s'échappe une forte odeur de
» chair en putréfaction. Armés de désinfectants, nous débar-
» quons sur *cette place Bertin*, jadis si vivante, en marchant
» sur des épaves. Elle n'est plus qu'un amas de décombres
» dans un pêle-mêle indescriptible. Çà et là des cadavres
» aux chairs tuméfiées horriblement méconnaissables présen-
» tent les signes d'une agonie terrible à voir leurs membres
» contractés et tordus. Entre les branches brûlées d'un
» tamarinier qui n'avait pu le protéger, gît le corps d'un
» malheureux couché sur le dos, la tête renversée, les bras
» levés vers le ciel dans l'attitude de supplication, les
» entrailles à nu, les jambes écartées et crispées... Ce tableau
» navrant console par cette attitude suppliante. Dieu lui a fait
» miséricorde, qu'il repose en paix ! Sur mon invitation, un
» photographe le couche sur son cliché.

» Ne pouvant reconnaître les rues, nous avons peine à
» arriver à la cathédrale. Dans l'intérieur des maisons, dont
» quelques murs restent encore, ce sont des brasiers qui
» flambent ou qui fument. Les décombres de pierres, de fer,
» de chaux, de cendres, de matériaux de toute sorte nous
» brûlent les pieds. Il est imprudent de toucher les pans de
» murs calcinés qui s'écroulent au moindre choc.

» De la cathédrale, il reste une tour carrée, portant encore
» ses quatre cloches, mais toute lézardée et dont on ne peut
» approcher ; la tour de gauche gît à terre avec le bourdon
» qu'elle portait. La Vierge de la façade me paraît intacte
» dans les débris devant la façade. Les murs de l'église
» n'existent plus, si ce n'est quelques pans de l'abside. Nous
» y pénétrons par la rue du Collège et apercevons quelques
» cadavres émargeant des décombres. Ici comme partout, la
» plupart des victimes sont ensevelies sous les entassements
» des décombres.

» Nous ne pouvons avancer jusqu'à l'autel dont le tom-
» beau seul demeure enseveli sous un fracas de pierres et
» de cendres. Je regrette que le chef de la mission n'ait pu
» me prêter les deux hommes que je lui avais demandés
» pour m'aider à faire quelques fouilles. Mais qui songeait
» alors que des hommes, pires que des chacals, sortis on ne
» sait d'où, s'abattraient sur la malheureuse cité en bandes
» pillardes pour achever ce que le feu avait épargné ?......

» Bilan de nos pertes : *votre évêché*, votre cathédrale,
» toutes les églises de la ville, celles de Sainte-Philomène
» et des Trois-Ponts ; les presbytères, toutes les caisses des
» Fabriques et de l'évêché, la caisse des retraites ecclésias-
» tiques, etc.

» Après avoir sauvé le trésor de la Banque, le *Suchet*
» avait encore pour mission de continuer d'aider à l'évacua-
» tion du Prêcheur. Sous une pluie de cendres intense du
» volcan, on a embarqué deux cents habitants, au milieu
» d'émotions constantes. Deux canots chargés de femmes et
» d'enfants ont chaviré au pied du navire. Les matelots du
» *Suchet* ont fait preuve d'un beau dévouement et ont réussi
» à sauver tout le monde. »

De telles lignes se passent de commentaires... mais ce
que ces pages émouvantes ne nous disent pas, ce sont les
prodiges de dévouement, de bonté, de charité accomplis
par M. l'Administrateur lui-même en ces jours de larmes
et de désolation ; nous nous permettons de dire ici qu'ils
furent au-dessus de tout éloge et lui ont valu l'admiration
et la reconnaissance de tous !

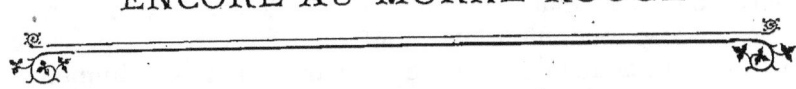

ENCORE AU MORNE ROUGE

 AIS revenons au Morne Rouge où nous avons laissé Sœur Marguerite-Marie et voyons par elle comment se termina cette inénarrable journée du 8 mai 1902. . . . . . .

. . . .

« La nuit ne fit point évacuer l'église de Notre-Dame de la Délivrande. Les appréhensions douloureuses ne perdaient rien de leur intensité... Ce n'était qu'aux pieds de la Madone que les affres de la mort semblaient se calmer... On continua les prières sans discontinuer... les petits enfants dormaient, étendus sur les marches de l'autel et sur les tapis... parfois, s'éveillant en sursaut, ils criaient : *J'ai faim*... Dans cette malheureuse journée, on avait tout oublié, même de se sustenter. *Il semblait qu'il n'y avait plus rien à faire*... sinon à contempler les agissements du monstre de feu paraissant encore disposé à dévorer ses victimes... Le Père Mary, soutenu par son extraordinaire énergie, ne quitta pas le confessionnal. Son exemple fortifiait le courage de la foule apeurée. On fit un chemin de croix public, on chanta des cantiques, on pria les bras en croix... Cependant les émotions, la fatigue, la privation de nourriture commencèrent leur réaction... il y eut quelques évanouissements. »

* *

ASPECT DE SAINT-PIERRE.

Vers minuit notre chère Sœur sortit sur la place de l'église avec quelques personnes pour se rendre compte de l'état du volcan... Oh ! qui dira alors ce qui se passa dans son âme angoissée ? Ne pouvait-elle pas répéter cette parole de David : *Ma douleur est toujours devant mes yeux !* Le monstre vomissait sans cesse... lançant d'immenses gerbes de feu...

On pense malgré soi aux artifices sans nombre inventés par la science pour donner à l'homme un spectacle qui n'approche en rien de la grandiose beauté qu'on pouvait alors contempler en tremblant... car chaque fusée était une menace de mort... Du côté de Saint-Pierre, une immense clarté phos-

phorescente dessinait les contours de ce vaste cimetière...
Le cœur saigne douloureusement en pensant aux pauvres
victimes qui achevaient de se consumer dans cet immence
brasier... le matin elles étaient pleines de vie, de jeunesse...
d'espérances... et ce soir... toutes dormaient de leur dernier
sommeil... Oh ! quelle nuit... en face de cette Nécropole de
fumée lumineuse...

Que de fois notre communauté en deuil s'est transportée

RUINES DE SAINT-PIERRE : UN CADAVRE CARBONISÉ, PLACE BERTIN. (P. 114.)

par la pensée sur ce vaste champ des morts où nous comp-
tions tant d'amis et de bienfaiteurs parmi les victimes..!

O vous qui nous avez tant de fois secourues de Martinique
en Aquitaine et jusque sur le sol de l'exil, bienfaiteurs
généreux, amis dévoués, et vous, jeunes vierges, qui appar-
teniez déjà de cœur et de désir à notre noviciat, blanches
mortes, douces trépassées, nous ne vous avons point
oubliés... Vous vivez dans notre souvenir reconnaissant
et dans nos prières de la nuit et du jour...!

« *Vivez avec vos morts* », a écrit le pieux Mgr Lazaire.

« Le soir des grandes batailles, Jeanne d'Arc allait, à la

clarté des étoiles, vivre quelques instants avec ceux qui n'étaient plus. Elle parcourait les rangs, reconnaissant les siens ; pour chacun elle avait une larme et, tombant à genoux, elle suppliait le Seigneur de faire descendre le pardon sur ces fils de la douce France ([1]). »

Ainsi nous donnons un spécial souvenir à ceux que nous avons connus et aimés... mais pour tous nous prions... et sur ce champ de bataille terrible, où la Pelée coucha en un instant tant de milliers de victimes, nos âmes silencieuses reviennent souvent redire un chapelet, réciter un office des Morts, murmurer un *De profundis...*

« Il est d'usage dans les cimetières d'Italie d'allumer tous les soirs des lampes sur la tombe des trépassés. Ces lumières, entretenues par des mains pieuses et amies, sont le symbole de l'âme et de ses saints désirs. Pendant la nuit, l'immense plaine ressemble à un parterre dont les fleurs seraient de feu. Les lumières scintillent, et l'on dirait que les morts veillent encore pour la prière et le service de Dieu ([2])... A tous nos lecteurs nous permettra-t-on de demander ici une prière ardente pour les pauvres victimes du terrible volcan ?... Chaque suffrage, chaque verset de *De profundis* sera comme une lampe mystique allumée par la charité chrétienne sur le sombre rivage où dorment ces milliers de morts...

O vous tous, qui dormez sous la couche de cendre,
    Éternels endormis,
Dans vos tombes de lave, oh ! laissez-nous descendre,
    Nous sommes vos amis...

A chacun nous voulons donner une prière,
    La fleur du souvenir !
Anges blancs des tombeaux, vous qui gardez Saint-Pierre,
    Laissez-nous y venir...

Dans ce champ de douleurs qu'illuminent encore
    De longs serpents de feu,
Ou que la cendre voile, hélas ! à mainte aurore.
    Oh ! prions le Bon Dieu ! !...

---

1. Mgr Lazaile, *Les Œuvres spirituelles et corporelles de miséricorde.*
2. *Ibid.*

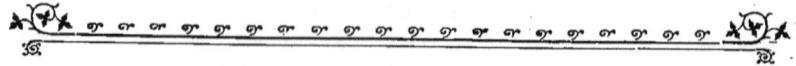

LA FUITE.

Le vent qui s'engouffre au travers
De la ruine qui surplombe,
Se lamente, voix d'outre-tombe...
Un frisson noir glace mes chairs.

J'ai peur et je fuis comme une ombre
Je tremble au sein de la nuit sombre...

(Le P. Jean Vaudon. *Pluie et soleil.*)

 « **E**T maintenant, qu'allons-nous devenir ? Dieu » seul le sait ! Le volcan continue son œuvre » de dévastation... » Ainsi s'exprimait une religieuse de la Délivrande dans une lettre écrite en ces jours de deuil et de désolation, et elle ajoutait :

« Continuez à prier pour nous, car nous courons un danger » permanent. On n'est en sûreté nulle part. Pour moi, j'envie » le sort des pauvres victimes : Dieu, j'en suis sûre, leur » aura fait grâce ; elles sont plus heureuses que nous qui » courons à l'aventure sans savoir où nous fixer. Néanmoins » je suis parfaitement résignée à tout ce que la divine Pro- » vidence voudra de moi. J'accepte d'avance tout ce qui lui » plaira de m'envoyer.

» Excusez le décousu de ma lettre ; je suis encore si bou- » leversée, que j'ai peine à réunir mes idées. J'ai la tête vide » par suite du manque de nourriture et de veilles continuelles.

» Priez pour nous afin que le bon Dieu ne nous aban- » donne pas ([1]). »

Ces quelques lignes semblent résumer les impressions angoissées des malheureux survivants. Chacun se posait cette question troublante : « Qu'allons-nous devenir ?... » La confiance en Dieu, la prière, l'abandon à la divine Pro- vidence étaient l'unique consolation.

**

VENDREDI, 9 MAI.

Le lendemain de la catastrophe, les habitants du Morne Rouge assistèrent en grand nombre à une Messe matinale dite par le Révérend Père Mary... Le volcan continuait

---

1. Mère St-Ed.

de lancer vers le ciel ses épais nuages de fumée... il semblait que la prudence demandait qu'on s'éloignât de ces lieux menacés... Et puis, Saint-Pierre n'existait plus... Pour beaucoup c'était la désorientation de l'existence, la perte de leur situation... la ruine enfin... Aussi on parla de fuir... mais où aller ?... Fort de France devint naturellement l'objectif visé... l'unique centre désormais. Mais comment s'y rendre ? Les routes du midi de l'île s'étaient effondrées sous l'éruption ou étaient encombrées de projectiles... il n'y avait plus que le chemin par l'*Ajoupa-Bouillon* dans le nord... voyage excessivement long, exténuant et périlleux...

Saisissant à la hâte leurs misérables paquets, les nègres partent en foule avec leurs nombreux enfants, tandis que les blancs s'efforcent de trouver, pour faire ce parcours à travers bois, des *cabrouas*, sorte de charrettes très lourdes et sans ressorts, traînés par des mulets.

* *

PREMIER DÉPART DES RELIGIEUSES. — RÉCIT DE SŒUR MARGUERITE-MARIE.

« A la vue de l'exode général, la Supérieure des Religieuses de la Délivrande décida que toute la Communauté partirait à l'exception des Sœurs trop faibles pour faire la route à pied... C'était d'avance nous diviser en deux groupes dont l'un partirait incessamment et l'autre attendrait qu'on eût trouvé des moyens de locomotion pour entreprendre un pareil voyage... Le désir de la bonne mère eût été de ne se mettre en route qu'après toutes ses filles, mais nous, connaissant la délicatesse de sa complexion que venait récemment encore d'ébranler une douloureuse maladie, et plus encore la mort tragique de ses filles de Saint-Pierre, la conjurâmes de prendre les devants en acceptant une place qui lui était offerte dans un cabroua.

» Quant aux Religieuses désignées pour la première expédition, elles partirent à pied et ayant à faire en une journée un trajet de quarante à quarante-cinq kilomètres... Elles pensaient s'arrêter à l'Ajoupa-Bouillon pour y prendre un peu de repos, mais, quand elles y arrivèrent, le village était désert, les habitants, épouvantés, avaient déjà pris la fuite ; force leur fut donc de continuer leur route jusqu'à la jonction de la Basse Pointe et de la Grand'Anse... Là encore l'émigration générale ne leur permit pas de s'arrêter... Les populations de ces divers villages émigraient accompagnées de leurs curés qui faisaient sonner le tocsin pour donner le signal du départ...

» Ce fut à Sainte-Marie que les religieuses firent leur première halte ; elles y trouvèrent l'hospitalité chez la parenté de l'une d'entre elles... »

***

DÉPART DES PÈRES DU SAINT-ESPRIT.

« En face de l'imminence du danger, le Père Mary conjura ses confrères les Pères Bruno et Leininger de s'éloigner... Pour lui, il ne voulut pas quitter son poste de dévouement, un certain nombre de ses paroissiens s'obstinant à ne point abandonner leurs cases, il resta avec eux... Deux des Pères partirent à pied n'emportant ni linge, ni vêtement, ne possédant pour fortune que leur soutane qui avait reçu la pluie de boue. Le Frère Gérard, n'ayant pu trouver sa place dans une charrette, monta sur un des mulets qui la traînaient ; il évita ainsi les immenses fatigues d'un voyage à pied... »

***

LA FRAYEUR TUE.

« Les Sœurs de la Délivrande, restées pour attendre une charrette promise, étaient au nombre de quinze... Parmi elles, Sœur Gabrielle des Anges déjà fort souffrante, fut tellement frappée par tous ces événements terribles qu'on la crut aux portes du tombeau.

» A une heure de l'après-midi, je me trouvais avec elle à la sacristie ; elle était étendue sur un tapis, un oreiller sous la tête. La voyant très affaiblie, je songeai à lui procurer quelques réconfortants et sortis dans ce but... « Ne m'abandonnez pas, » s'écria-t-elle... Je la rassurai et m'éloignai quelques instants... Quand je revins, un quart d'heure après, ma cher Sœur agonisait !... ses yeux étaient fermés, et le râle oppressait sa poitrine... Épouvantée, je fus chercher le Père Mary qui lui donna l'Extrême Onction...

» Un léger mieux se produisit ensuite... la moribonde ouvrit les yeux : « Ah ! vous vous amusez à faire la morte, dit le Père Mary avec sa bonne humeur ordinaire, mais ce n'est pas le moment, nous avons bien autre chose à penser ! »... Notre malade sourit et se laissa distraire un instant par les récits toujours intéressants du bon Père.

» Le soir arrivé, ce mieux disparut... et notre chère Sœur entra dans une nouvelle agonie... Se sentant mourir, elle nous supplia de la transporter à l'église, au pied de la Madone miraculeuse... ce que nous nous empressâmes de faire... Toute la nuit se passa dans d'inexprimables angoisses. Agenouillées auprès de son fauteuil, nous récitions les prières des agonisants. Vers minuit, Le Père Mary vint lui donner la sainte Communion en Viatique... une parcelle seulement de la Sainte Hostie, car notre pauvre Sœur ne pouvait plus avaler. A deux heures, la fin nous parut proche... les spasmes se succédaient... les symptômes de la mort se manifestaient. On appela en hâte le Père, qui vint lui donner une dernière absolution...

» Vers cinq heures, la malade nous sembla mieux... la parole lui revint... mais c'était du délire dans lequel les scènes de ces derniers jours passaient devant son esprit frappé... « *Vous n'entendez pas les pierres qui tombent ?* » disait-elle avec épouvante... Nous la rassurions, lui répondant qu'il n'y avait d'autre bruit que celui des personnes marchant dans l'église. « *Le feu*, s'écriait-elle, encore... *le feu du volcan qui tombe !...* »

» La Sœur Assistante la calma en lui disant qu'elle la ferait transporter en hamac ainsi qu'une autre religieuse également malade. Cette assurance ramena la vie chez la pauvre mourante, car la frayeur seule la mettait en cette extrémité......

» Je fus envoyée à la recherche de nègres pour porter les deux hamacs des malades et m'enquérir d'une charrette pour nous transporter, car, épuisées comme nous l'étions, nous ne pouvions songer à faire la route à pied... Notre projet était de passer par Fond-Saint-Denis et de marcher droit sur Fort de France en coupant à travers bois. Ce chemin était en réalité le plus difficile, mais il était le plus direct, et nous étions toutes d'avis de l'entreprendre.

» Après de nombreuses recherches et d'interminables pourparlers, je finis par trouver le nombre de nègres voulu pour le transport de nos deux malades et des bagages. Étant donné la distance, les périlleux chemins, il ne fallait pas moins de quatre porteurs par hamac et deux pour les bagages... Ces bonnes gens exploitèrent la situation et nous demandèrent des prix exorbitants. Il fallut en passer par là... le cas était urgent. Comme charrette, je n'avais trouvé qu'un vieux véhicule, hors d'usage... mais sans mulets, ni chevaux...

Il fallut donc se résigner à faire la route sans autre moyen de locomotion que nos misérables jambes exténuées.

» Je revins à l'église apportant le résultat de ma mission... Nos malades étaient satisfaites, cela nous suffit... En entendant parler de prochain voyage, la mourante de la nuit ouvrit les yeux et se prit à sourire. Elle eût voulu se lever sur-le-champ, l'espoir lui rendait la vie ; nous l'obligeâmes à attendre en repos l'instant du départ.

» Pendant que les religieuses se rendaient au couvent pour procéder aux préparatifs, bien sommaires, hélas ! de notre traversée : provisions de bouche, quelques vêtements — on vint m'avertir que plusieurs nègres demandaient à me parler... C'étaient mes porteurs qui se désistaient ! « La route, disaient-ils, est impraticable » et ils ne voulaient pas s'engager à tenter une aussi périlleuse expédition... En effet, deux nègres, arrivés du côté de Fond-Saint-Denis, déclaraient que ce village était en feu et que des éboulements se produisaient dans cette région rendant impossible toute communication avec Fort-de-France par le sud de l'île...

» Je me demandais comment annoncer ce fâcheux contretemps à la communauté toute à l'espérance d'un prochain départ. Quand j'y arrivai, je trouvai les préparatifs achevés... Ma stupéfaction fut dépassée en apercevant notre agonisante debout, semblable à un cadavre qui se meut, il est vrai, mais ressuscitée à la vie par l'espoir de sa délivrance... Il fallut néanmoins faire connaître ma déception... Ce fut une consternation générale d'abord... puis, s'abandonnant à la volonté de Dieu, toutes se résignèrent à attendre l'heure de sa Providence, comptant sur un secours inespéré...

» Les paquets furent mis de côté, les religieuses valides allèrent à l'église, tandis que Sœur*** et moi, nous nous rendîmes auprès de MM. Simonet et Lasserre pour renouveler leurs pansements... Ce travail ne dura pas moins de trois heures... nous revînmes épuisées... Je tombai anéantie sur un matelas qui se trouvait à terre et y restai sans force, ni mouvement jusqu'à ce qu'un bruit confus de voix vint m'arracher à ma torpeur. »

**

DÉPART DE LA DEUXIÈME CARAVANE.

« Il était environ deux heures lorsqu'une charrette s'arrêta à notre porte ; elle était envoyée par un de nos amis de Sainte-Marie : M. Bernus. La veille, nos vaillantes Sœurs parties en avant-coureurs, passant par le village de Sainte-Marie, avaient exposé notre triste situation à la si excellente famille Bernus, et notre bonne Mère Supérieure lui avait demandé de nous venir en aide. M. Bernus fils avait eu la gracieuse obligeance d'accompagner lui-même ses nègres afin de nous rassurer et de nous protéger.

» Soulagée par un cordial et soutenue par la grâce puissante de Dieu que j'invoquais dans ma faiblesse, je retrouvai assez de force pour surgir du grabat sur lequel je gisais sans vie... Prenant à la hâte mes paquets, j'enfermai le tout dans un grand panier carré et je fus prête à m'embarquer.

» Quand j'arrivai, le cabroüa était déjà comble par les bagages des religieuses ; il n'y avait plus de place pour aucune. Voyant cela, M. Bernus fit descendre les colis, promettant de les faire prendre le lendemain — ce qu'il ne put faire. Nous pûmes alors nous installer, ou mieux, nous entasser, réservant pour nos deux malades les places du fond où elles s'assirent chacune sur un paquet. Le véhicule était pour l'usage de six personnes !... Arrivée la dernière, je ne trouvai pas de place, je me résignai à rester, mais les instances de mes Sœurs qui s'efforçaient de s'empiler encore, me décidèrent à monter ; je me logeai comme je le pus sur mon panier servant déjà de siège à une de mes compagnes. Quatre religieuses voulurent absolument rester au Morne Rouge. Deux étaient vraiment trop infirmes pour supporter une telle expédition. Les deux autres, chargées de la sacristie et de l'église, ne voulurent point abandonner leur poste ; elles s'engagèrent à se dévouer pour leurs Sœurs malades...

» En ce moment arriva un groupe de nègres.,. Nous voyant disposées à partir ils se répandirent en plaintes et gémissements, nous suppliant de ne pas les quitter. C'était navrant et touchant aussi de voir l'affection de ces braves gens... nous nous efforçâmes de les consoler. Le Père Mary vint à son tour ; il était ému et nous bénit une dernière fois. Ce fut un moment solennel et déchirant... nous eûmes besoin de faire un acte d'abandon en la divine Providence et de résignation à tous ses décrets. Intérieurement nos cœurs répétaient les paroles du Christ à son Père, au moment de quitter la vie : « *In manus tuas, Domine, commendo spiritum meum...* » Et n'était-ce pas notre vie que nous remettions entre ses mains ?...

» Enfin le cabroua s'ébranla, ce fut l'adieu au Morne Rouge. Il était trois heures... Nous emportions avec nous une statuette de Notre-Dame de la Délivrande, afin qu'elle fût notre étoile et notre consolation dans ce douloureux voyage... Nous ne cessâmes de réciter le Rosaire ; la prière seule soutenait nos âmes et nos corps défaillants, nullement à l'aise dans cette mêlée de tous nos membres... L'on ne pouvait faire le plus léger mouvement sans écraser sa voisine. »

***

VOYAGE A TRAVERS BOIS.

« Jusqu'à l'Ajoupa-Bouillon, nous côtoyâmes la Montagne Pelée, ayant sans cesse devant les yeux le terrible engin destructeur. L'aspect de ces bois, jadis si ravissants, glaçait les cœurs. Tous les arbres étaient mutilés, courbés, déracinés, et recouverts d'une épaisse couche de cendre. Pas un bruit d'être animé... rien de vivant dans cette nature en deuil... en deuil de sa Reine.

» Arrivés à l'Ajoupa-Bouillon nous fîmes halte quelques instants. La nuit commençait à tomber. Les noirs allèrent se rafraîchir et acheter des torches pour éclairer le chemin... Quant aux voyageuses, elles restèrent à leurs places. Ce fut sagesse ! Si elles étaient descendues, elles n'auraient pu retrouver le moyen de se caser. Une pauvre Sœur aveugle avait la jambe endolorie ; pour la ranimer, elle essaya de la remuer, mais à chaque mouvement, trois ou quatre religieuses poussaient des exclamations de douleur. On alluma les torches et le convoi se remit en marche. La nuit nous gagnait de plus en plus, et le vent nous apportait des étincelles qui, tombant sur nous, jetaient la frayeur dans nos rangs pressés...

» Une des religieuses malades, plus épouvantée que les autres, s'agitait et, dans son effarement, donnait des ordres au conducteur qui, avec son flegme de nègre, lui répondait : « *Ma Sœur, pas peur ! n'arrivera rien à vous !* » Mais rien ne rassurait la religieuse effrayée... il faut avouer que l'instant était critique. Les torches s'étaient éteintes, et les mulets, qui montaient une côte très raide, refusaient d'avancer. Cette fois la malade n'y tint plus : « Arrêtez, dit-elle au » nègre... nous allons descendre, cela soulagera vos bêtes. » — *Ma Sœur, pas descendre vous, casserez le cou de vous !* »

Et le malheureux frappait à coups redoublés sa monture
exténuée et toute suante. De temps en temps, on demandait
à M. Bernus si le voyage n'était pas près de finir. M. Bernus,
assis sur un brancard, répondait invariablement : *Dans cinq
minutes* nous serons rendus ! »

« Cette réponse « de bienveillance » nous aidait un peu
à supporter les atroces souffrances que nous endurions.
Chacune était torturée à sa façon et réduite à l'immobilité...
J'avais glissé de mon siège improvisé et, serrée de toutes
parts, je ne pouvais plus faire un mouvement, tout le poids
de mon corps portait sur l'épine dorsale ; à tout instant, il
me semblait que la souffrance allait me faire évanouir.
Chaque choc du véhicule redoublait mes douleurs. Près de
moi la pauvre Sœur mourante pouvait à peine se soutenir,
malgré les soins dont nous l'entourions. Quel voyage !... Et
au-dedans de soi l'angoisse... l'appréhension, l'incertitude,
une crainte continuelle pour ceux qu'on avait laissés si près
du sinistre... » N'était-ce pas le cas de dire : « Ayez pitié de
nous... les tribulations se sont multipliées autour de nous...
délivrez-nous des maux qui nous assiègent... En vous,
Seigneur, nous avons espéré... et nous ne serons pas con-
fondus (¹). »

*
**

ARRIVÉE A LA GRAND'ANSE. — HOSPITALITÉ
DES SŒURS DE SAINT-PAUL DE CHARTRES. —
UN MULET ESTROPIÉ.

« Il était neuf heures lorsque nous arrivâmes à la
Grand'Anse. M. Bernus nous conduisit directement à l'hospice, tenu par les Sœurs de Saint-Paul de Chartres, qui ne
nous attendaient pas, mais où l'accueil n'en fut pas moins
cordial et fraternel. Il fallut décharger le lourd cabroua.
Ce ne fut pas une petite affaire !... Nos membres étaient anky-
losés... impossible de leur demander service. M. Bernus et ses
nègres durent nous déposer à terre les unes après les autres.

» Pendant que nous entrions à l'hospice, un accident jeta
le désarroi parmi les nègres nos conducteurs. Un véhicule
venait de heurter notre cabroua et de passer sur le pied
d'un de nos malheureux mulets. La pauvre bête était dans
un piteux état. Très contrarié de ce triste accident, M. Bernus fit un pansement au mulet et décida de partir seul avec

1. Ps. XXIV.

le blessé pendant que le cabroua retournerait directement à son domicile. En partant, il promit de nous envoyer dès le lendemain un autre véhicule.

» Les excellentes Sœurs de Saint-Paul mirent à notre disposition leur salle à manger transformée en dortoir. Nous tombions de fatigue... aussi ce fut sans retard que nous nous étendîmes sur les bienfaisants matelas où nos forces devaient se refaire. C'est sans effort surtout que sortit de notre cœur un expressif : *Dieu soit loué !*... Il devrait être le cri de l'âme dans la mauvaise comme dans la bonne fortune ! Mais qu'il est bien plus facile de le dire dans ce dernier cas... Et cependant un seul : « Dieu soit loué ! » dans l'adversité vaut mieux que mille « Je vous remercie » dans le temps de la prospérité, disent les Saints... ([1]) »

*
* *

LE VILLAGE DE LA GRAND'ANSE.

Le village de la *Grand'Anse*, appelé aussi Le Lorrain, d'une importance à peu près égale à celle du Morne Rouge, est délicieusement situé dans une vallée sur les bords de l'Océan Atlantique... Appuyé sur les derniers contreforts de la Montagne Pelée, s'élevant majestueusement au Sud, ce village jouit de la double magnificence des montagnes et de la mer dont les vagues majestueuses viennent se briser sur les rochers qui bordent le rivage... Sa population appartient presque exclusivement à la race noire qui se livre tout ensemble à la culture et à la pêche. Une gracieuse église de style roman, un hospice tenu par les Sœurs de Saint-Paul de Chartres, sont les seuls monuments remarquables dans ce bourg que la nature s'est plu à parer de tous ses charmes.

Respecté par l'éruption du 8, qui s'était contentée de le couvrir de cendre et de pierres, Le Lorrain était devenu l'asile des populations voisines moins épargnées et notamment de celles de la Basse-Pointe. Ce bourg, voisin du Lorrain, était également situé sur le littoral. De grandes et importantes usines et rhumeries y avaient attiré un grand nombre de blancs qui s'y livraient à une exploitation florissante... L'éruption du 8 vint jeter la panique parmi les habitants, qui désertèrent leurs demeures et se réfugièrent

---

1. S. Jean d'Avila.

soit au Lorrain, soit à Sainte-Marie. — Peu respectueux du bien d'autrui, une bande de nègres profitèrent de la circonstance pour se livrer au pillage... Ils enfoncèrent les portes des maisons et firent main-basse sur tout ce qu'elles contenaient... S'emparant des charrettes et des bestiaux laissés dans les écuries, ces pillards sans humanité s'enfuirent chargés de leur butin... Après avoir dépouillé les morts, ils dépossédaient les vivants !

M. l'abbé Montout, curé du Lorrain, offrait à nombre de malheureux transfuges une généreuse hospitalité dans son presbytère... Le cataclysme du 8 était venu le briser dans ses affections les plus chères. Sa vénérable mère et une partie de sa famille comptèrent parmi les victimes de Saint-Pierre.

**

DIMANCHE, 11 MAI. UN BRUSQUE RÉVEIL.

« Après une nuit de repos dont nous avions un extrême besoin, notre sommeil fut brusquement interrompu par une scène inattendue. Une jeune fille, devenue folle par la frayeur, et qui, depuis deux jours, avait trouvé asile à l'hospice des Sœurs de Saint-Paul, fit tout à coup irruption dans notre dortoir !... Soudain je sentis dans le dos un violent coup de poing qui m'arracha un cri d'effroi... Je me levai promptement et j'aperçus la pauvre folle... Quel réveil-matin !!... En un clin d'œil, toutes les voyageuses furent sur pied... Ce fut un prompt lever !!... Mais le baromètre était à l'orage... dans notre milieu. Une des religieuses malades, entendant les vagues de l'Océan déferler avec impétuosité contre les rochers de la côte, ne se rendant pas compte d'où venait ce bruit, crut à une éruption du volcan. Elle s'écria en défaillant : « *La lave qui tombe !* » Son cri trouva écho chez toutes les autres religieuses, qui, ne connaissant que le calme silencieux de la mer des Antilles, prenaient les fureurs de l'Océan pour les grondements du monstre... La panique fut vive... heureusement il fut facile de s'expliquer l'origine de ce bruit... nullement épouvantable...

» Ce qui était *épouvantable*, c'était l'état de nos toilettes. Nos costumes jadis d'un blanc de neige, avaient tourné au gris... couleur de la cendre, foulée par les pieds des passants. Oh ! cette cendre, elle était partout... partout on la retrou-

UNE RUE DE SAINT-PIERRE AVANT LE DÉSASTRE. (P. 79.)

SAINT-PIERRE : RUINES DE LA RUE VICTOR HUGO. (P. 94.)

LE VILLAGE DE BARROUALLIE, PRÈS DE LA
SOUFRIÈRE. (P. 159.)

UN VILLAGE CARAÏBE AU PIED DE LA *Soufrière.* (P. 159.)

vait...elle nous devançait... elle nous suivait... elle saturait toutes choses... à l'extérieur comme à l'intérieur... Nos esprits semblaient comme enveloppés dans une atmosphère aux teintes grisailles...

» Ainsi vêtues *de gris,* nous nous rendîmes à l'église pour entendre la messe; c'était dimanche !... Après la messe, Sœur Saint-E***, qui remplaçait la Supérieure, alla présenter son respect à M. l'abbé Montout. Le charitable curé lui remit une offrande pour subvenir aux indispensables dépenses de ce long voyage et la pressa d'accepter l'hospitalité dans son presbytère. Sa maison était déjà le refuge de plusieurs familles françaises expulsées par le Tyran de l'Ile... Devant les instances réitérées de cet excellent prêtre, Sœur E *** ne crut pas devoir refuser... Craignant d'autre part de gêner les bonnes Sœurs de Saint-Paul dont toute la maison était envahie, elle promit de venir avec sa caravane prendre ses quartiers dans le presbytère du bon curé, dès le lendemain en attendant l'arrivée du nouveau cabroua.

» L'affluence des émigrés au Lorrain était si nombreuse que les vivres manquaient... la disette se faisait sentir... Il fallut se rationner en attendant l'arrivée du bateau qui était allé faire provision de vivres et de farine à Fort-de-France. Les boulangers ne pouvaient suffire à tant de clients.. et aux souffrances morales, aux angoisses d'une situation iné-narrable vinrent se joindre pour beaucoup les tortures de la faim...

» A chaque instant nous craignions de voir notre Sœur Gabrielle des Anges, succomber à l'excès de la fatigue et des privations. Elle pouvait à peine se soutenir, et c'est avec crainte que nous envisagions le long trajet qu'il nous restait à faire avec les lenteurs et les cahots d'une lourde charrette. Heureusement la Providence, qui veillait sur nous, nous vint encore en aide. Nous expérimentions à chaque instant la vérité de cette parole du prophète : *Abandonne au Seigneur ta sollicitude, et lui-même te nourrira; il ne lais-sera pas toujours le juste dans l'agitation !*

» Une personne charitable se rendant à Sainte-Marie dans une voiture fort légère et confortable vint nous offrir une place; nous y installâmes notre mourante qui partit le lendemain matin pour aller nous attendre chez M. Bernus. Ce qui aggravait encore l'état physique de la pauvre Sœur, c'était l'angoisse où elle se trouvait au sujet de son frère le docteur Artières, de sa belle-sœur et de ses neveux qui avaient quitté le Morne Rouge pour se rendre à Saint-Pierre un quart d'heure avant l'éruption. Elle ignorait leur volte-face pour Fort de France et les croyait englobés dans le sinistre général.

» La deuxième religieuse malade, incapable de poursuivre sa route, fut hospitalisée chez une dame amie habitant le bourg...

» Vers midi, une nouvelle alerte vint jeter la terreur parmi la population. Le ciel s'assombrit soudain, tandis que du côté du volcan des lueurs d'incendie, accompagnées de lointaines détonations, semblaient faire présager une nouvelle éruption. Heureusement elle ne se produisit pas. »

***

LUNDI, 12 MAI. — HOSPITALITÉ DU PRESBYTÈRE. ARRIVÉE DU CABROUA. —DÉPART POUR SAINTE-MARIE.

« Le lundi matin, prenant congé des bonnes religieuses de Saint-Paul de Chartres, nous nous rendîmes au presbytère où M. le curé nous fit le plus charitable accueil. Avec une bonté touchante, il s'empressa de mettre une chambre à la disposition de Sœur E***, qui, déjà souffrante la veille, se trouvait ce jour-là beaucoup plus fatiguée et incapable de poursuivre son voyage. Elle accepta avec reconnaissance l'offre généreuse de M. l'abbé Montout, lequel, après avoir donné toutes les pièces de sa maison, avait déjà fait transporter son lit au galetas et se refusait à tout remerciement pour une si délicate et si parfaite hospitalité (¹). C'était l'Evangile en action. *Vous aimerez votre prochain comme vous-même* et la réalisation de cette parole de saint Paul : *Il a distribué, il a donné son bien aux pauvres.*

» A une heure et demie de l'après-midi arriva le cabroua. Nous eûmes une petite déception en voyant un attelage de bœufs... ce qui nous fut un présage d'un long et pénible trajet. Sœur E***, de plus en plus souffrante, resta dans l'hospitalière maison qui l'avait reçue, en compagnie d'une autre religieuse. Après une dernière visite au Dieu du Tabernacle et une bénédiction de l'inoubliable M. le curé du Lorrain, nous nous mîmes en route. Les chemins étaient

---

1.On nous écrivit de la Martinique en ces jours de désolation : *Notre clergé a été admirable de dévouement !*

encombrés de longues files de cabrouas remplis de malheureux fuyant ces parages de mort. »

***

ARRIVÉE AU MARIGOT. — ESPOIR ET DÉCEPTION. YACHT MANQUÉ

« A peine avions-nous quitté le bourg qu'un employé du gouvernement, ayant appris que nous nous dirigions par terre vers Fort de France, | vint nous proposer de nous transporter toutes gratuitement dans le yacht qui avait apporté les vivres... Seulement, la mer étant fort mauvaise en cet endroit, il nous engagea à nous rendre au Marigot, bourg voisin du Lorrain. Nous remerciâmes l'employé de cette offre obligeante; mais n'osant prendre sur nous une décision, deux de nos Sœurs retournèrent au presbytère consulter Sœur E***. Celle-ci fut d'avis d'accepter ce mode de locomotion et nous poursuivîmes notre voyage jusqu'au Marigot. Mais réfléchissant que nous étions attendues au « François, » nous pensâmes nous diviser en deux groupes : l'un prendrait la mer, l'autre la terre...

» Nous arrivâmes au Marigot avant le yacht... Mais apprenant qu'il n'atterrirait à Fort de France qu'à deux heures du matin, personne ne voulut s'exposer aux dangers d'un voyage en mer pendant toute une nuit, d'autant plus que cette expédition était extrêmement périlleuse, car il fallait contourner l'île dans presque toute son étendue.

» Remontant donc en cabroua, nous nous résignâmes à un voyage plus long et plus pénible, mais plus sûr... Les pierres qui encombraient la route causaient à notre véhicule des secousses incessantes qui mettaient à la torture notre pauvre caravane... A chaque instant je croyais que mon cerveau allait éclater, je me sentais mourir. Au passage d'un pont, une roue du cabroua vint à s'embarrasser dans des barres de fer... Impossible d'avancer ni de reculer... il fallut descendre, afin que le conducteur dégageât sa charrette de ce mauvais pas...

» Enfin, après bien des péripéties, on entra sur le territoire de Sainte-Marie... nous n'étions pas encore au terme cependant... Une des religieuses ne pouvant plus supporter les commotions de ce lourd chariot, voulut à tout prix achever la route à pied, malgré les représentations des nègres qui l'assuraient qu'elle serait piquée par les serpents.

Heureusement il n'en fut rien... Munie d'un des deux photophores prêtés par M. le curé de Marigot, elle partit en éclaireur et arriva la première au domaine du *Pain de sucre*, où la famille Bernus qui attendait avec impatience et anxiété la petite caravane, lui fit le plus aimable accueil.

» Sœur X*** évita ainsi la plus forte secousse du voyage car, en traversant un large fossé qui limitait le domaine, le véhicule faillit nous verser... Nous nous en tirâmes encore cette fois par un écrasement mutuel, conséquence du soubresaut de notre équipage. »

***

ARRIVÉE A SAINTE-MARIE.

« Enfin nous étions à la deuxième étape de notre voyage au long cours; elle avait duré cinq heures et demie. Nous avions marché, escortées d'un certain nombre de nègres fuyant comme nous et qui avaient répondu avec une piété touchante aux prières que nous faisions...

» L'aimable famille qui nous ouvrait un abri hospitalier avait déjà offert asile à de nombreux parents et amis, de sorte qu'une trentaine de personnes se trouvaient réunies sous ce toit de parfaite charité.

***

MARDI, 13 MAI. — DÉPART DE LA SŒUR MOURANTE.

« M. de Lucy, beau-frère de la Sœur qui avait été administrée avant de quitter le Morne Rouge, lui envoya une voiture afin qu'elle pût se rendre au « François ». Elle partit le mardi matin accompagnée d'une autre religieuse et se rendit directement dans le petit couvent des Sœurs de la Délivrande, où elle passa quelques jours après lesquels M. l'abbé Bouyer, curé du « François », connaissant l'exiguïté du local des Sœurs de la Délivrande et son grand nombre d'hôtes, trop grand déjà, vint proposer à notre chère malade de l'installer au presbytère où se trouvaient quatre religieuses. Cette offre si charitablement faite fut acceptée, et Sœur Gabrielle des Anges vint habiter près de cette église bénie au-dessus de laquelle, quelques années auparavant, la Sainte Vierge était venue lui sourire. Elle s'éteignit deux mois après, d'une congestion cérébrale, causée par les fortes et multiples émotions qu'elle avait éprouvées...

*\
* *

PETITE ÉRUPTION. — ARRIVÉE DE SŒUR E*** 14 MAI.

« Le 14 au matin, le temps était affreux... Le monstre infernal lança de nouveaux engins de mort... Heureusement ils se répandirent sur la zone où la vie n'existait plus. Ce fut simplement une ruine plus complète ajoutée à la première.

» Le Lorrain disparut dans les ténèbres et reçut une forte pluie de cendre... Nous étions dans l'angoisse à la pensée de nos deux Sœurs restées au presbytère.

» Grâce à une voiture qui nous fut prêtée, nous leur fûmes dire de venir au plus tôt nous rejoindre. Bien que très souffrante encore, Sœur E***, pour ne pas nous inquiéter davantage, prit congé du charitable curé du Lorrain et partit instantanément dans la voiture que nous lui avions envoyée... Mais dans quel costume !...

» Alitée depuis deux jours, elle en avait profité pour donner à laver sa robe devenue cendrée.... celle-ci était encore toute ruisselante quand arriva la voiture... impossible de s'en revêtir... le temps pressait... Sœur E*** enfile une longue robe de nuit, met un gilet de flanelle en guise de pèlerine et recouvre le tout de sa guimpe, de son voile et de son scapulaire bleu. C'est dans ce bizarre accoutrement qu'elle arriva chez les Bernus, où nous l'accueillîmes avec une joie proportionnée aux inquiétudes récentes que nous avions eues à son sujet. »

*\
* *

JEUDI, 15 MAI.

Mais il fallait poursuivre notre route afin d'arriver au but... Au matin de ce jour, nos Sœurs firent leurs adieux à la famille Bernus et, dans un cabroua traîné par des mulets, appareillèrent vers le « François ». Il faisait une chaleur torride et le véhicule n'ayant pas de capote, les voyageuses eurent cruellement à souffrir des ardeurs d'un soleil de feu.

» Incapable encore de reprendre sa marche, Sœur E*** resta à Sainte-Marie... Cette fois je fus désignée pour lui servir de compagne, car j'étais incomplètement remise de mes maux de tête, et ce voyage dans des conditions si peu confortables m'eût achevée. Aux fatigues extérieures se joignaient toujours pour moi les angoisses du cœur qui s'accéléraient à mesure que j'approchais du terme... »

Ce trajet fut pour notre chère éprouvée un long chemin de croix.... Oh ! oui, la souffrance y fut progressive.... et la dernière station lui fut bien un crucifiement... Mais laissons-la continuer ce récit émouvant.

***

UNE ÉRUPTION DU 16 MAI.

« Dans la nuit du 15 au 16 mai, des bruits sinistres vinrent jeter la terreur dans notre demeure hospitalière, dans ce caravansérail gratuit de la charité chrétienne... En quelques instants tout le monde fut sur pied... On courut au dehors... C'était une nouvelle explosion ! L'inlassable Pelée lançait dans les airs un gigantesque feu d'artifice. Nous rentrâmes, et tombant tous à genoux nous implorâmes la clémence divine... Cela dura quelque temps... Les grondements se faisaient toujours entendre, mais, la physionomie du terrible volcan semblant se calmer, nous allâmes essayer de reprendre notre repos si brusquement interrompu.

» Le lendemain, dans la matinée, des nuages opaques nous voilèrent soudain la vue du ciel et, entre dix et onze heures, éclata une nouvelle éruption... Au milieu des grondements terribles, nous percevions un bruit étrange et très distinct semblable à celui qu'auraient produit les hélices de plusieurs vaisseaux. Il nous semblait *que l'île marchait* et que tout tournoyait dans notre milieu... Des gerbes de flammes sortaient du gouffre toujours béant et s'élevaient en volutes, accompagnées de laves incandescentes qui allaient encore retomber sur la cité détruite.

» A Sainte-Marie, et dans les pays environnants, à la Trinité, entre autres, les dégâts occasionnés par cette nouvelle éruption, furent de beaucoup supérieurs à ceux causés par la catastrophe du 8 qui, du reste, s'était fait peu sentir dans ces parages.

» Il y eut une pluie intense de roches ignées et de cendre. *La mort nous parut certaine.* Tous, à genoux nous adressions au Ciel d'ardentes supplications, et pendant la durée de cette éruption, c'est-à-dire pendant trois quarts d'heure, nous tînmes nos bras en croix. La scène était des plus touchantes, car tous dans la famille Bernus jusqu'aux plus petits enfants élevaient comme nous leurs mains suppliantes vers le Maître de la vie... Oh ! que d'actes de foi, d'abandon, de confiance aura fait produire l'*Hydre* de la Martinique !... J'étais émue aux larmes et ravie aussi, devant un délicieux baby de deux ans priant les bras étendus. Il n'était vêtu que d'une chemise blanche, comme c'est l'usage aux Antilles, on eût dit un petit ange comme le représente le ciseau ou le pinceau. Il redisait sans se lasser cette prière inspirée par sa mère : « *Petit Jésus, sauvez-nous !* » Le chérubin essayait aussi d'unir sa voix argentine aux prières que nous récitions. « *Priez pour nous,* » gazouillait-il après chaque invocation des litanies. Aux grondements plus forts du volcan, il se blottissait sur le cœur de sa mère en murmurant tout bas : « *J'ai peur, Maman !...* » Qui peut peser la valeur de la prière de cet innocent auprès du Dieu qui a pour les enfants une prédilection si marquée, qu'il va jusqu'à promettre son paradis à ceux qui leur ressemblent ?

» L'anxiété de la famille Bernus était grande, car M. Bernus, père, et un de ses fils étaient en ce moment dans un autre domaine, situé entre l'Ajoupa-Bouillon et le Lorrain. On avait mille craintes pour eux, parce que ces localités étaient plus rapprochées du terrible destructeur...

» Quand éclata l'éruption de ce jour, les deux absents se trouvaient dans leur usine. Effrayés, ils rentrèrent dans leur habitation et se blottirent sous un meuble, attendant, dans d'indescriptibles angoisses, l'heure suprême qu'ils croyaient arrivée !... Les roches tombaient avec fracas accompagnées de détonations et d'une pluie de cendre qui obscurcissait la lumière du jour. Dès que les fureurs du volcan furent assouvies, les MM. Bernus s'empressèrent de regagner leur maison de « Sainte-Marie », où leur arrivée mit fin aux angoisses qui étreignaient tous les cœurs... »

* * *

UNE CONVERSION SOUS LA LAVE.

« Dès que la pluie de pierre eut cessé, je sortis sur la route pour ramasser quelques fragments de ces roches volcaniques, dont l'explosion ou l'éruption avait causé la mort de tant d'humains. » Plusieurs nègres s'y trouvaient. L'un d'eux s'approcha de moi et me dit : « *Ah ! ma Sœur, on nous avait dit qu'il n'y avait pas de Dieu, nous voyons bien maintenant qu'il y en a un, mais il est trop tard. — Il n'est jamais trop tard !* lui répondis-je, le Bon Dieu est si bon qu'il pardonne toujours... » Alors il me promit d'aller sur l'heure chercher ses papiers au *Lorrain* pour faire régulariser sa situation, car, hélas ! (et c'est le cas de beaucoup de ses semblables) son union matrimoniale n'avait pas la bénédiction de l'Église ni la sanction de la loi.

« *Ah ! ma Sœur*, me dit un autre noir, *nous allons tous périr !... mais mon âme est propre, car je me suis déjà confessé.* » Je l'encourageai en lui disant de mettre sa confiance en Dieu qui le protégerait... Ces pauvres nègres ! ils sont si facilement accessibles aux sentiments religieux lorsqu'ils n'ont pas été travaillés par l'esprit d'impiété et toutes ces théories du prétendu progrès qui, leur disait-on, les conduiraient au parfait bonheur humain... »

⁂

DÉCHIRANTE ANXIÉTÉ. — LETTRE A SAINTE-LUCIE.

« Mon angoisse au sujet de ma famille était de plus en plus aiguë ; de noirs pressentiments m'envahissaient. Qu'est devenue ma chère maman, me demandais-je cent fois le jour ? Car je m'obstinais à ne pas la croire dans l'immense hétacombe... et mes chers petits neveux ? et ma tante ?... Sont-ils sauvés ? ou sont-ils ensevelis sous le linceul de cendre ?... Cette incertitude me brisait. N'y tenant plus, je résolus d'écrire à « Sainte-Lucie ».

Nous donnons ici la lettre que notre chère Sœur écrivit à sa Mère qu'*elle voulait croire* à Sainte-Lucie, tandis que son corps achevait de se consumer dans le brasier de Saint-Pierre...

« Sainte-Marie, 17 mai.

» MA BIEN-AIMÉE MAMAN,

» Je suis à ton sujet dans une angoisse inexprimable, ne
» sachant si tu as pu prendre à temps le bateau pour Sainte-
» Lucie ainsi que la dernière lettre de tante Lydie m'en
» donnait l'espérance. Cette anxiété me tue, et je te supplie,
» ma bien-aimée Maman, si tu as pu échapper à la catas-
» trophe — ainsi que mon cœur veut encore l'espérer — de
» m'envoyer de suite un télégramme. Mille tristes pressen-
» timents me poursuivent depuis cette horrible journée du
» 8 et, tour à tour, je flotte entre l'espérance et la crainte...

» Jusqu'à présent, l'espérance surnage encore ; puisse ton
» télégramme si désiré, venir au plus tôt la confirmer ! De-

» puis le 10 nous avons quitté le Morne Rouge, où nous
» n'étions plus en sûreté et, après de nombreuses péripéties,
» me voici en ce moment dans la famille Bernus, avec
» Sœur E***, les autres religieuses sont parties pour « le
» François » où nous les rejoindrons dans quelques jours.

» La famille Bernus fait les plus vives instances pour
» nous retenir et me comble des attentions les plus délicates.
» Sois donc tranquille à mon sujet, ma chère Maman, la
» divine Providence veille visiblement sur moi.

» En te disant adieu, je t'embrasse avec la plus vive
» tendresse.

» Ton ÉDITH. »

Ce baiser plein d'angoisse, les Anges durent le porter à
la morte aimée dans cette autre vie où elle était entrée
depuis dix jours...

L'illusion dans laquelle resta jusqu'au bout Sœur Marguerite-Marie était permise par Dieu... elle était si fatiguée
qu'une émotion trop vive l'eût achevée... il fallait qu'elle eût
la force d'accomplir son long pèlerinage... la lueur d'espérance qu'elle garda la soutint...

* *

EXCURSION A SAINT-PIERRE

« Pendant notre séjour parmi les Bernus, ces messieurs
voulurent aller visiter les ruines de Saint-Pierre. — Ils
partirent au nombre de quatre, décidés à tout braver pour
arriver jusqu'au théâtre de la catastrophe du 8...

» C'est avec une émotion indescriptible qu'ils nous firent le
soir le palpitant récit de cette périlleuse et funèbre expédition.

» Au milieu d'un chaos de ruines où ils ne retrouvèrent
plus la géographie de cette ville, pourtant si connue, s'a-
moncelaient des cadavres carbonisés, putréfiés, répandant
une odeur méphitique qui viciait l'atmosphère... Dans la
cathédrale un confessionnal était resté debout intact. Non
loin, sur un pan de mur, une affiche avait à peine été léchée
par le feu quand d'autres à côté étaient complètement carbonisées... Cette affiche que ces messieurs lurent, tremblant
d'émotion, était un tissu d'injures envers la Très Sainte
Vierge... »

On a le *frisson noir* du poète en se reportant à de tels
spectacles...

*
* *

DIMANCHE, 18 MAI. — MESSE A SAINTE-MARIE.

» Le dimanche matin, tandis que la famille Bernus s'installait dans un cabroua pour se rendre au bourg assister à la Messe paroissiale, Sœur E*** et moi montâmes dans une petite voiture légère que nos aimables hôtes avaient gracieusement mise à notre disposition. Ce ne fut pas sans émotion intime que nous nous retrouvions dans le temple du Seigneur, près de ce Tabernacle où le Dieu du ciel a établi sa demeure parmi nous... Oh ! combien nous sentions la nécessité de sa présence. Habituées à passer notre existence sous le même toit, notre vie, loin de sa maison, nous semblait un exil... Avec quels sentiments de foi vive nous redisions ce cri de l'âme qui a souffert de l'absence de son Dieu : Je vous désire, comme le cerf altéré soupire après l'eau du torrent... Mon âme a soif du Dieu fort et vivant (¹). »

» Parmi la foule qui se pressait dans la vaste église de Sainte-Marie, les expulsés étaient nombreux... Nous en reconnûmes beaucoup qui vinrent nous saluer et nous offrir leurs services. Une dame de nos amies nous proposa aimablement de nous faire conduire en voiture jusqu'à « la Trinité », où elle nous assurait que M. de la Garigue serait heureux de mettre son équipage à notre disposition jusqu'au *François*. Nous acceptâmes cette offre inespérée avec une reconnaissance d'autant plus vive que MM. Bernus, malgré leurs recherches empressées, n'avaient pas trouvé dans la région une seule voiture qui pût être mise à notre usage. Le petit break qui venait de nous conduire à l'église était trop léger pour supporter un trajet si accidenté. »

*
* *

FAMILLE PROVIDENTIELLEMENT SAUVÉE
DE SAINT-PIERRE.

« Nous quittions à peine cette dame, que vint à nous M. de la Villegégu, une de nos connaissances du Morne Rouge, nous priant de venir rendre visite à sa famille échappée au cataclysme du 8 mai d'une manière vraiment providentielle.

» Quelques jours avant cette date néfaste, M. de la Villegégu avait dû s'absenter de Saint-Pierre y laissant sa

---

1. Ps. XI.

femme et ses enfants et leur recommandant de ne pas
quitter ce lieu jusqu'à son retour, car c'était le plus sûr,
disait-il.

.» Lorsque les pronostics de l'éruption s'accentuèrent, une
sœur de Mme de la Villegégu résidant au Carbet, vint la
supplier de s'éloigner de Saint-Pierre qui lui semblait le
plus menacé, l'assurant que son mari ne s'était pas rendu
compte du péril en lui conseillant de rester dans cette ville
et qu'il serait le premier à la féliciter de sa détermination.

» Il y avait deux jours que, cédant aux sollicitations de
sa sœur, Mme de la Villegégu s'était retirée au Carbet, lorsque éclata la brusque colère de la terrible Pelée. La trombe
de feu et de laves qui embrasa la ville étendit ses effets destructeurs jusqu'au Carbet, où elle fit de nombreuses victimes..
A son approche, beaucoup s'enfuirent du côté de Fort de
France, entre autres Mme de la Villegégu et ses enfants.

» Après un long trajet sous une pluie de cendre, les
transfuges arrivèrent en vue de Fort de France au moment
où un bateau appareillait pour aller faire une reconnaissance
du côté de la ville des Morts. Fou de douleur, à la pensée
que sa famille était anéantie, M. de la Villegégu avait pris
place dans cette embarcation, voulant tout tenter pour retrouver les cadavres de sa femme et de ses enfants... il
allait donc partir, lorsque, jetant un regard attristé du côté
de la plage, il aperçut la longue caravane des échappés du
Carbet, et quelle ne fut pas sa joie en reconnaissant les siens
parmi les fugitifs !...

» Nous allâmes donc faire une visite à cette honorable et
intéressante famille dont la fille aînée, que je connaissais
intimement, avait été guérie miraculeusement dans un
acte de confiance en Sœur Marie-Céline de la Présentation
au moment où les docteurs la déclaraient irrévocablement
perdue. »

* * *

DÉPART DE SAINTE-MARIE.

« Le lundi matin, 19 mai, il nous fallut prendre congé de
l'excellente famille dans laquelle nous avions reçu une hospitalité si généreuse et qui nous avait comblées de prévenances et d'attentions d'une exquise délicatesse... La séparation fut très pénible. Des liens d'une amitié profonde nous
unissaient depuis longtemps à cette honorable famille dont

les filles aînées avaient été élevées au couvent de la Délivrande du Morne Rouge... Nous retrouver, avait été très
doux de part et d'autre... Aussi cette station nous parut
comme une oasis dans notre route à travers le triste désert
que nous avions parcouru et qui s'étendait encore devant
nous.

» Malgré les vives instances de nos inoubliables amis,
nous étions pressées de regagner nos Sœurs qui nous attendaient au « François » et nous partîmes emportant l'impéris-
sable souvenir de la bonté de nos hôtes. Citons un trait entre
mille de la charité de Mme Bernus ! La disette se faisait
affreusement sentir à Sainte-Marie, les vivres y étaient insuf-
fisants pour le nombre de personnes qui s'y multipliaient tous
les jours. Malgré cela, Mme Bernus voulut envoyer au Père
Mary, resté au Morne Rouge, une partie des provisions
qu'elle avait réunies à grands frais pour sa famille »

* *

ARRIVÉE A LA « TRINITÉ ».

« Après un trajet de trois heures par un chemin hérissé
de rapides montées et descentes, nous arrivâmes à la « Trinité », petite ville sur la mer, très importante à cause de ses
nombreuses usines de sucre et de rhum. L'éruption du 16
avait laissé sur la cité une épaisse couche de cendre qui lui
donnait une expression de tristesse... un effet de demi-
deuil !...

» Nous allâmes directement au presbytère, où M. le curé
nous fit le plus cordial accueil et nous retint à dîner. Depuis
l'éruption du 8, deux Pères du Saint-Esprit appartenant au
collège de Saint-Pierre : les Pères Guyot et Gallo, étaient
devenus les hôtes du charitable prêtre. Étant à l'Ajoupa-
Bouillon le jour du désastre, ils y avaient échappé, mais
étaient inconsolables de la mort de leurs frères ensevelis
sous les ruines de leur magnifique collège. Sans ressources
tous les deux, n'ayant absolument que les vêtements
qu'ils portaient, ils n'avaient plus qu'un désir : se rendre au
plus tôt à la Trinidad où se trouvait une maison de leur
ordre.

» Nous avions fait prévenir M. de la Garigue de notre
présence et nous attendions sa voiture lorsqu'une pluie torrentielle, accompagnée d'orage et de sourds grondements
du volcan, nous força à retarder notre départ.

» Nous apprîmes que MM. Simonnet et Lasserre, que nous avions laissés mourants au Morne Rouge, avaient été transportés à l'hôpital de « la Trinité » où, après un long traitement, ils devaient guérir de leurs affreuses brûlures.

» La tempête s'étant apaisée, nous partîmes pour le « François » après avoir reçu la bénédiction du charitable curé de la « Trinité ».

* *

HALTE AU «ROBERT».

« Pour cela nous dûmes traverser le bourg du « Robert » où nous conduisit une route des plus accidentées, bordée de forêts vierges. Les mulets passant près de l'habitation de leur maître, voulaient absolument s'y rendre et, à tout instant, essayaient d'y retourner. Enfin, après un trajet d'environ trois heures, nous arrivâmes au bourg.

» Le Robert », moins important que la « Trinité » et « Sainte-Marie » est le site le plus enchanteur que l'imagination puisse rêver. La mer semble avoir fait des calculs de coquetterie pour festonner sa plage magnifique, tandis que des montagnes aux cimes majestueuses forment le fond du tableau qu'encadrent d'épaisses forêts...

» Au presbytère, où nous fîmes halte quelques instants, nous eûmes le plaisir de rencontrer le frère Gérard, transfuge comme nous du Morne Rouge et qui se fit notre cicérone pour nous faire visiter la charmante église du bourg ainsi que le cimetière. Par lui nous apprîmes que les différents groupes de nos Sœurs s'étaient arrêtés comme nous au « Robert ».

* *

DÉPART POUR LE « FRANÇOIS ». — ACCIDENT DE VOITURE.

Sous un soleil de plomb nous partîmes pour le « François ». La chaleur était intense, surtout sous la capote de notre voiture où elle se concentrait.

» Il ne nous restait plus que six kilomètres environ pour atteindre le but, lorsque nos mulets, justifiant le vieux dicton, se livrèrent à un acte d'opiniâtreté contre laquelle luttèrent en vain les coups redoublés de notre conducteur et nos cris d'épouvante !... Ils voulaient prendre un chemin de traverse ; les secousses du véhicule furent telles que nous pensions

verser... Cela n'eut pas lieu mais le brancard cassa et nous
dûmes descendre de voiture pour aviser au moyen de réparer
notre désastre... Une case de nègres se trouvait heureusement à peu de distance, nous allâmes demander une corde
et notre cocher assujettit le brancard de son mieux. Enfin,
à six heures, nous arrivions au « François », où nous étions
impatiemment attendues. »

*
* *

AU « FRANÇOIS ».

« Les Sœurs de la Délivrande ne possédaient au « François » qu'une très petite maison déjà encombrée par toute
la communanté du Morne Rouge à l'exception de Mère
Anselme, qui, fort malade, avait cédé aux instances de ses
filles et s'était retirée à Sainte-Lucie avec deux Religieuses.
Nous acceptâmes donc la gracieuse hospitalité de M. l'abbé
Bouyer, curé du « François », et nous allâmes rejoindre au
presbytère nos Sœurs qui déjà y avaient trouvé asile, entre
autres Sœur Gabrielle des Anges dont la santé donnait toujours de graves inquiétudes. Nous trouvâmes auprès de
l'excellent M. Bouyer les Pères Leininger et Bruno, les
aides du Père Mary au Morne Rouge et qui comme nous
étaient recueillis dans cette hospitalière maison. Ces zélés
religieux passaient tout leur temps au confessionnal qu'assié-
geait une foule nombreuse de pauvres pécheurs réclamant
le secours de leur ministère — la pacification de leurs âmes
dans le cas où le fléau les atteindrait... Que de régularisa-
tions de mariages, malgré les difficultés des démarches à
faire auprès de l'état civil ! Grâce à l'initiative intelligente
de M. l'abbé Bouyer et à son infatigable énergie, les succès
furent nombreux ! »

Il nous est bien difficile de ne pas interrompre un moment
ce récit pour admirer l'explosion de foi que le malheur fit
jaillir dans cette île infortunée.

Oh ! qu'il est bien vrai que Dieu fait tourner toute chose
au bien de ses pauvres créatures ! Voici un événement terrible, désastreux, qui est venu apporter la mort, la ruine, la
désolation dans tant de foyers et faire verser d'inconsolables
larmes... et il devient un moyen de salut pour des milliers
de pécheurs... Les menaces de mort qui pèsent sur ces
populations alarmées, et plus encore la grande leçon qui
sort de la cité détruite, font rentrer en eux mêmes ces pau-

vres peuples plus abusés que mauvais... Ils voient le vide
de ces doctrines nouvelles, infernales... elles ne leur ont rien
donné dans leur vie... et au moment de la mort, rien non
plus, sinon la crainte et le désespoir... Alors ils lèvent les
yeux vers le ciel d'où leur doit venir le secours... Il se fait
un *sursum* général. Oh! que le mot de ce nègre apeuré
résume bien ce qui s'était passé dans ces esprits et le brusque revirement qu'y produisit la vue du danger : « *On nous
avait dit qu'il n'y a pas de Dieu... nous voyons bien à présent
que ce n'est pas vrai !* »

**

DESCRIPTION DU « FRANÇOIS ».

Dans nos relations ou conversations avec des Martiniquaises, nous avions souvent entendu prononcer le nom du
« *François* » et toujours avec des paroles admiratives. Nous
trouvons en effet dans les notes de Sœur Marguerite-Marie
une courte esquisse qui justifie la réputation de ce petit coin
de la séduisante et malheureuse Martinique...

Le « François » est une petite ville charmante à peu de
distance du littoral, auquel il est relié par un canal naturel
que forme l'Océan en s'avançant dans les terres, ce qui
permet aux canots d'arriver jusqu'à la petite cité. On y jouit
d'un grand calme, et le paysage y est des plus séduisants.
Son église est splendide avec ses trois dômes majestueux,
son élégante façade et son clocher gracieux qui s'élève bien
haut. A l'intérieur, c'est une merveille... surtout dans son
autel central en marbres de couleurs différentes... Grand
cachet de distinction dans les décors... Les vitraux, œuvres
de grands artistes, célèbrent les grandeurs de la Reine du
ciel. Le plus remarquable représente une apparition de la
Très Sainte Vierge qui eut lieu au « François » à l'époque
de la construction de l'église.

» Ce splendide édifice est dû au zèle dévoué de M. le
chanoine Parel, actuellement curé de la cathédrale de Fort
de France. Pendant son séjour au « François » comme
curé, il y avait fait élever cette merveille architecturale qui
suffirait à y immortaliser son souvenir.. »

Voici ce que nous dit notre chère créole au sujet du
vitrail représentant la Sainte Vierge se manifestant dans
cette île, qui a toujours eu pour elle un culte de foi et d'amour
que sa maternelle tendresse s'est plu à encourager : C'était

au moment où se construisait l'église du « François » et où des difficultés sans nombre semblaient s'élever en barrières insurmontables. Le récit que nous en fait Sœur Marguerite-Marie lui a été laissé par un des témoins oculaires et digne de foi : Sœur Grabrielle des Anges.

« Passant au « François », il y a environ dix ans, Sœur Gabrielle des Anges, alors Mlle M. Artières, était allée dîner chez les deux Sœurs de la Délivrande, ses anciennes maîtresses du pensionnat du Morne Rouge, qui alors s'occupaient du catéchisme des enfants pauvres et de la sacristie de l'église.

» Vers la fin du repas, Sœur Saint-Michel, une des deux religieuses établies au « François », alla chercher quelque chose dans la pièce voisine... Ne la voyant plus revenir, et n'entendant pas le moindre bruit, Mlle Artières, inquiète, se lève pour s'enquérir de ce qui se passe. Quelle n'est pas sa surprise en apercevant la Sœur à genoux, devant la fenêtre, le visage baigné de larmes et les yeux fixés vers un objet qu'elle semble contempler avec ravissement ! Mlle Artières suit la direction de ce regard et se trouve elle-même en face d'une lumière éblouissante d'où émergent la Très Sainte Vierge et l'Enfant-Jésus...

» La Vierge était vêtue d'une robe blanche lumineuse et couronnée d'un diadème étincelant de mille feux. La tunique de l'Adorable Enfant, à longues manches flottantes, tombait jusqu'à ses pieds sans être retenue par une ceinture... La Reine du ciel, divinement belle, avait la main gauche appuyée sur l'épaule de l'Enfant-Dieu debout, près d'elle ; son regard avait une tendresse inexprimable. L'Enfant Jésus paraissait avoir dix ans.

» A cette vue, Mlle Artières tombe à genoux à côté de Sœur Saint-Michel, dans l'attitude de l'extase ; ses larmes coulent avec abondance.

» Voyant ses deux compagnes rester dans la pièce voisine, Sœur Saint-François s'émeut à son tour et demande à travers les parois la cause de cette absence prolongée : « Nous sommes en présence du surnaturel », répondit l'une des voyantes. A ce mot, Sœur Saint-François accourt... et aperçoit la vision comme dans un nuage lumineux qui se dissipe. C'était la fin... Alors dans un élan de foi elle s'écrie : « Ma bonne Mère, je vous en supplie, non, vous ne pouvez partir sans que je vous voie !... » Aussitôt le voile jeté sur la merveilleuse apparition tombe, et pendant quelques instants le troisième témoin put contempler, ravi, la Reine du ciel et son Enfant Jésus.

» Puis, soudain, ce groupe céleste, environné d'une éblouissante lumière, s'élance dans le sombre firmament. Il montait, raconte Sœur Gabrielle des Anges, avec la rapidité de l'éclair... et avant de disparaître à nos regards, les rayons lumineux qui l'enveloppaient se répandirent dans les airs en des millions d'étoiles.

» Nous restâmes longtemps à genoux, dit encore Gabrielle des Anges, pénétrées d'une émotion intense... Nos yeux qui avaient contemplé ces clartés célestes ne distinguaient plus rien de ce qui nous entourait. Nous ne voyions que des ténèbres au lieu de la vision. Ce n'est que peu à peu que nous pûmes distinguer les toits. L'apparition se montra à l'endroit où est le dôme actuel . . . .

» Après une enquête sérieuse, le souvenir de la visite céleste fut perpétué par l'admirable vitrail que j'eus le bonheur de contempler et dont si souvent j'avais entendu parler. »

* *
*

TERRIBLE NOUVELLE.

C'est au « François » qu'allaient sombrer les dernières espérances de notre chère créole. C'est là que les gouttes de sang, parsemées sur les rideaux de son lit, devaient, semble-t-il, trouver leur explication dans ces larmes que la douleur la plus profonde fit jaillir de son pauvre cœur brisé !... L'heure de l'épreuve, depuis si longtemps pressentie, avait sonné, et Dieu allait, dans l'âme de sa chère créature, enfoncer jusqu'à la garde l'épée de l'immolation totale... Mais nous le savons, les coups de sa divine Providence, lorsqu'ils sont reçus avec foi et amour, provoquent des jaillissements de lumière, des aperçus nouveaux,.. Notre chère Sœur avait depuis longtemps compris le vide du monde, de ses joies, de ses plaisirs... à présent, elle verra combien est fragile la vie humaine de la créature qu'une minute suffit pour faire disparaître à jamais !

Son âme, déjà si orientée vers le ciel, acheva son évolution surnaturelle, en se tournant vers *Dieu seul ;* dans le fond de son cœur, en face des sacrifices qu'Il lui imposait, elle pouvait murmurer malgré ses larmes : «Mon Dieu, vous

voulez tout !... mais vous aurez tout ! car tout vous est dû. »
Je sais qu'il y a une autre vie « où l'on se retrouve » et où
vous élèverez nos joies à la hauteur de nos douleurs et plus
encore' selon cette parole : *Les souffrances de la vie n'ont
aucune proportion avec la gloire future* ([1]). Vous appelez à
vous pour les couronner dans la gloire ceux qui, par leur
tendre affection, me procuraient les jouissances du temps...
et par la souffrance que me causa leur mort vous voulez
m'assurer, je l'espère, de nouveaux degrés de bonheur dans
l'éternité... »

Voici une lettre que notre chère fille écrivait peu de temps
après son arrivée parmi nous à une amie qui avait suivi
avec angoisse les bouleversements de la Martinique, sachant
que sa chère Édith se trouvait au fort de la mêlée...

       « Mons, 1903. — Juin.

  » MA BIEN CHÈRE AMIE,

 » Vous me demandez à quelle époque et de quelle
» manière j'appris l'étendue des deuils causés dans ma
» famille par la terrible catastrophe du 8 mai 1902. Pour
» répondre à l'affectueux intérêt que vous me témoignez, je
» vais soulever pour vous le voile du passé et faire revivre
» ces intimes et douloureux souvenirs . . . .

 » Depuis le 8 mai, j'étais dans une angoisse inexprima-
» ble. Je ne savais si ma bien-aimée maman, laissée le
» 3 mai à Saint-Pierre avec ma chère tante Lydie et mes
» deux petits neveux, avaient pu s'embarquer à temps pour
» Sainte-Lucie. Cette terrible incertitude me faisait agoni-
» ser, et j'attendais avec une anxiété indicible que des nou-
» velles exactes viennent me fixer sur le sort de ceux qui
» m'étaient si chers. En arrivant au « François », je trouvai
» un télégramme de mon père me pressant de venir au plus
» tôt à Sainte-Lucie. Ce laconisme même me parut être de
» bon augure, et je me repris à espérer... Hélas ! la plus cruelle
» affliction devait bientôt remplacer cette si fugitive espé-
» rance.

 » Le père Leininger, qui se trouvait à cette époque au
» presbytère où nous venions de recevoir de M. l'abbé
» Bouyer la plus cordiale hospitalité, se chargea de m'ins-
» truire de l'étendue de mon malheur... Comment vous

---

 1. S. Paul, *Ép. aux Rom.*, VIII, 18.

» raconter ce qui se passa dans mon cœur en apprenant la
» fatale nouvelle ?... Comment vous dépeindre ma poignante
» douleur ?... Il faut y avoir passé pour s'en faire une idée !...
» pour comprendre ce que fut ce brisement... cette inénar-
» rable affliction . . . .

» Ma chère maman, si bonne, si pieuse, ma plus ardente
» affection sur la terre, n'était plus ; ma petite nièce que
» j'élevais avec une tendresse maternelle et qui faisait
» rayonner autour de moi toutes les joies de ma famille
» éloignée, mon bon Édouard au cœur d'or, tous ces êtres-
» là n'étaient plus... Jamais je n'aurais la consolation de
» revoir leurs restes chéris et ceux de ma nombreuse famille
» qui tous n'auront d'autres linceuls que la cendre et la lave
» du terrible volcan. Le tableau des souffrances qu'avaient
» dû endurer ces bien-aimées victimes me torturait sans
» trêve... je me sentais mourir sous le poids de mon écra-
» sante épreuve, et c'est un miracle si j'ai pu survivre à une
» telle accumulation de souffrances... Quelle hécatombe !
» Quarante-sept personnes de ma famille avaient trouvé la
» mort en cette lugubre journée... Vous le voyez, c'était
» presque l'anéantissement de tous les miens, car il ne me
» restait plus que mon pauvre papa : mes sœurs Anna et
» Lucie, mes quatre tantes, sœurs de ma bien-aimée maman,
» puis mes cousins et, vous le savez, mes deux sœurs devaient
» bientôt succomber des suites de ces terribles émotions. .

» Aujourd'hui je ne vous parle que du passé, ce serait
» surcharger ce courrier que d'aborder ma nouvelle exis-
» tence toute en Dieu... Ce sera pour plus tard, si on me
» le permet.

» Adieu, chère Amie, je vous envoie mes plus tendres
» baisers en Jésus.

» Priez pour mes trépassés... »

Notre chère Sœur Marguerite-Marie était réellement au
sommet du calvaire... mais soudain, sur ces hauteurs où
Dieu portait son âme, tout s'illumina pour elle... et le calvaire devint bientôt un Thabor. Dieu lui fit la grâce de
comprendre que s'Il la crucifiait c'était pour lui faire imiter
davantage le Crucifié... Comment croire que Celui à qui
elle s'était livrée et qu'elle aimait jusqu'à la folie de la croix,
pouvait la frapper aussi cruellement sans des desseins de

miséricorde et d'amour !... Elle les ignorait encore ces desseins — ou du moins elle ne faisait que les entrevoir. —
mais, à genoux, elle les adorait à l'avance malgré les jaillissements de ses larmes... Le secret de sa force fut dans la
prière. « C'est, dit Mgr Baunard, la consolation de toutes
les âmes en deuil. On est séparé soudain, le cœur est solitaire et le foyer est vide, on s'assied tristement à côté des
tombeaux ; et, au lieu des parfums qu'on répandait naguère
sur des pieds adorés, il ne reste plus que les tristes et lugubres aromates de la sépulture. C'est la meilleure partie de
sa vie qu'on a vu un jour faire son ascension vers le monde
des vivants, et l'on reste seul, en bas, le regard fixé sur cette
cité d'espérance où l'on a envoyé tout ce qu'on a aimé, tout
ce qui mérite de l'être. Mais la communion des Saints est
plus vaste que ce monde, car elle embrasse tous les mondes.
Les âmes n'ont pas de lieu et elles ne se quittent pas. Si éloi-
gnées qu'on les suppose, elles ont pour se rejoindre deux
ailes prêtes à s'ouvrir : le souvenir et l'espérance. Puis il y a
la prière, l'autel, la communion, et n'est-ce pas pour tous une
grande patrie que le cœur de notre Dieu (¹) !... »

Ainsi notre chère Sœur devait nous arriver portant au
cœur le deuil de quarante-sept personnes de sa famille...
mais forte de toutes les consolations de la foi, de l'espérance
et de l'amour !...

C'est l'épreuve totale qui arracha au saint homme Job
cette sublime parole de résignation et d'abandon : « Le
Seigneur m'avait tout donné... Il m'a tout ôté : que son
saint Nom soit béni !... » A la suite, elle essaya courageusement de le redire et avec une grande chrétienne elle répéta
en baisant son crucifix désormais son unique Tout : « Pourquoi, ô mon Dieu, me plaindrais-je, puisque tout ce que vous
m'ôtez je vous le donne, et tout ce que je ne vous ai pas
donné, mon Dieu, je vous le dois ! »

Revenons au « François », où notre chère Sœur avait
appris la nouvelle officielle de tant de morts parmi les
siens... Suivons les notes du lugubre journal...

* *

ÉRUPTION DU 20.

A cinq heures et demie du matin, grondements du vol-

---

1. Mgr Baunard, *L'apôtre S. Jean.*

can suivis d'une panique dans la population du « François », qui jusqu'à ce jour ne les avait pas entendus... Des nuages de feu envahissent l'horizon... pluie de sable... encore un phénomène inconnu, la cendre seule était arrivée jusqu'ici... Effrayé, on se précipita dans les confessionnaux. On en fut quitte pour la peur... et bien des consciences devinrent *propres* comme disait le bon nègre de « Sainte-Marie... »

. . . .

Nous prenons dans le rapport de M. Parel le récit de cette nouvelle éruption du 20 mai dont la zone dévastatrice dépassa celle de la première éruption du 8.

« A cinq heures et quart, écrit-il, pendant que je m'habil-
» lais, tout à coup, j'entends deux formidables détonations
» du volcan, les plus fortes et les plus prolongées, je crois,
» qui se soient encore produites. J'appelle M. l'abbé Re-
» coursé qui couche au-dessous de moi depuis qu'il a cédé sa
» maison à une famille de réfugiés, et lui dis : « Le volcan
» est mauvais, il va se passer quelque chose... » Et au même
» instant, par-dessus les pitons du Carbet, dans la direction
» de la montagne Pelée, dans le lointain, j'aperçois, sortant
» d'un point noir du ciel un feu roulant d'éclairs accom-
» pagnés de tonnerres sourds et continus. Puis, par-dessus
» ce point noir, je vois monter les premières volutes de la
» colonne terrible. J'appelle de nouveau M. Recoursé
» lui disant : « Venez voir, venez vite ! »

» Et tous deux, alors, nous assistons, je ne dis pas sans
» une certaine terreur, au spectacle de ce météore montant,
» montant toujours dans le ciel, déroulant ses spirales, attei-
» gnant des hauteurs incroyables, puis s'approchant vers
» nous, s'étendant de tous côtés, couvrant les espaces supé-
» rieurs, évoluant toujours jusqu'à ce qu'il arrive au-dessus
» de nos têtes, nous laissant l'impression que c'était la fin de
» la Martinique ! Qu'allait-il se passer ? Allions-nous périr
» sous le feu comme Saint-Pierre ou sous la cendre comme
» Pompéi ? Nous étions prêts, regardant toujours l'immense
» nuée et ses flocons épais que colorait en rouge, vers
» l'Orient, le soleil qui se levait. Mais j'étais tombé à genoux,
» devant ma fenêtre, attendant l'heure de Dieu, lorsque,
» ainsi qu'un rideau qu'on tire dans un théâtre, un nuage de
» vapeurs s'étend au-dessous de la nuée aérienne et nous
» la cache tout entière.

» Mais la ville, la ville qui s'éveillait à peine, où est-elle !

» Une clameur immense et puis un « sauve qui peut » éper-
» du. Il n'y a plus personne ! je me trompe. L'église a été
» considérée par beaucoup comme un asile. Elle est archi-
» comble jusqu'aux autels : et dans quels costumes !... Les
» deux vicaires qui devaient aller en mission à Saint-Pierre
» ne peuvent qu'avec beaucoup de peine continuer leur
» messe. Le troisième vicaire fait prier ces cinq ou six mille
» personnes les bras en croix : c'est émouvant au-dessus de
» tout ce qu'on peut dire : ce sont de vraies scènes de la fin
» du monde.

« Un quart d'heure au moins s'est passé ainsi dans l'an-
» goisse. Alors commence la grêle de laves et de cendres.
» Aux premières pierres qui tombent, je cherche les flammes,
» mais je me rassure bientôt, et nous en sommes quittes,
» encore cette fois, pour la peur et pour une belle collection
» de pierres volcaniques dont quelques-unes atteignent la
» grosseur d'un œuf. Plus près du volcan, on en a recueilli
» de beaucoup plus grosses.

» Mais si nous étions sauvés que s'est-il passé dans les
» paroisses plus rapprochées ? Le *Suchet* part aussitôt en
» reconnaissance. Voici ce qu'il rapporte : le phénomène qui
» a anéanti Saint-Pierre s'est reproduit de la même façon et
» aux même lieux. Ce qui demeurait debout de murailles
» dans la malheureuse ville a été de nouveau passé par le
» tourbillon de feu : il n'en reste plus pierre sur pierre.

» Quelques maisons sur le pourtour où s'était arrêté le
» premier fléau ont été atteintes et passées par les flammes.
» Il n'y a pas de nouvelles victimes. Un ras de marée a
» ravagé la Grand'Anse du Carbet et emporté quelques
» maisons. Ce qui restait de population au Fonds Saint-
» Denis, au Carbet et au Morne Vert, a évacué vers le
» Sud ; les curés viennent d'arriver. Et j'apprends que le
» brave Père Mary a aussi quitté le Morne Rouge le
» dernier, menant devant lui les quelques vaillants qui lui
» étaient demeurés fidèles. Un débordement plus fort encore
» que les précédents aurait achevé de détruire la Basse-
» Pointe qui était déjà abandonnée. C'est l'exode de tout le
» Nord de l'île vers le Sud.

» Les conséquences de cette nouvelle journée sont incal-
» culables. Depuis hier, toutes les familles qui essayaient de
» renaître à la confiance sont dans le plus profond découra-
» gement.

« On s'embarque par milliers pour Sainte-Lucie, pour la
Guadeloupe, pour la Trinidad ; pour la France, pour
» l'Amérique ! Ce n'est plus seulement l'exode du Nord vers
» le Sud, mais de toute la Martinique vers l'étranger. »

. . . .

* *
*

DÉPART POUR LE LAMENTIN. — 23 MAI.

Une dépêche pressante reçue par notre chère Sœur la
détermina à se rendre au plus tôt à Fort de France d'où
elle ferait voile pour Sainte-Lucie, la dernière station de son
long chemin de Croix. Monsieur l'abbé Bouyer eut l'amabilité de mettre à sa disposition sa voiture pour la conduire au
Lamentin. Elle prit congé de ce vénérable ecclésiastique si
connu dans l'île par son zèle et sa bonté... Personne n'ignore
que la splendide cathédrale de Fort de France est due en
partie à sa générosité ; il y consacra sa fortune personnelle
alors qu'il n'y était que simple vicaire... et entreprit pour
l'achèvement et l'embellissement de cet édifice si admiré des
étrangers, des quêtes où il déploya un infatigable dévouement.

Sœur Marguerite-Marie fit ses adieux à sa chère communauté et partit, accompagnée de Sœur Saint-Edmond, désignée pour remplacer en son absence la Révérende Mère
Supérieure. Parties à quatre heures, elles arrivèrent au Lamentin à six, juste à temps pour prendre le yacht en partance
pour Fort de France. Là comme dans toutes les parties de
cette île, c'était la perturbation... Le bateau était encombré
de passagers, qui, effrayés par l'éruption du 20, fuyaient en
masse vers l'étranger... Ce voyage fut triste ; un silence
morne régnait parmi ces voyageurs, qui, pour protéger une
vie menacée, s'en allaient au loin, ne voyant devant eux que
les tristes perspectives de l'inconnu, et qui sait ? de la misère
peut-être !....

Arrivées à Fort de France, les deux voyageuses trouvèrent
une de leurs Sœurs de la Délivrande dans la tristesse ; elle
venait d'apprendre la mort d'une de ses parentes qui avait
fui à l'approche de l'éruption du 8 mai.

Elle habitait Saint-Pierre, où elle était mariée depuis deux
semaines à peine... On la trouva sur la route du Carbet
presque carbonisée et épouvantablement enflée... Il y avait

longtemps qu'elle était là, gisant sans secours, dans d'atroces souffrances. Transportée à l'hospice, elle y expira quatre jours après, malgré les soins les plus empressés. Encore une victime de la fatale journée !...

. . . .

> Ici-bas des tombeaux, des regrets et des larmes,
> La demeure des morts... Mais là haut plus d'alarmes
>   C'est l'Immortalité !
>
> Quand nos cœurs sont meurtris et nos âmes navrées,
> Traversons par la foi les sphères éthérées :
>   Là-haut l'Éternité !
>   (*Souvenirs......*)

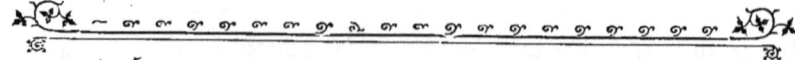

DÉPART POUR SAINTE-LUCIE.
ARRIVÉE ET SÉJOUR A CASTRIES.

*Car nous n'avions point en ce lieu de cité
permanente, mais nous en cherchons une à
venir... dont Dieu est le fondateur et l'archi-
tecte.*

(Genèse, XIII.)

DÉPART DE FORT DE FRANCE — BATAILLE
DE CANOTS.

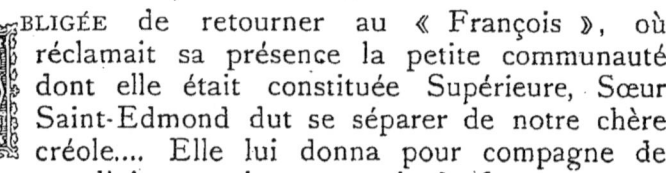BLIGÉE de retourner au « François », où
réclamait sa présence la petite communauté
dont elle était constituée Supérieure, Sœur
Saint-Edmond dut se séparer de notre chère
créole.... Elle lui donna pour compagne de
traversée, une religieuse qui se mourait de frayeur sur ce
sol volcanique et désirait s'en éloigner au plus tôt.

Le courrier anglais arriva à dix heures du soir. Quelles
ne furent pas la contrariété et la frayeur de notre chère
Sœur, en voyant venir à elle, au lieu de la solide embarcation qu'elle avait retenue pour gagner le large, un frêle
canot oscillant sur les vagues dont elle avait une si grande
crainte !... Elle fit au nègre nautonier de graves reproches
de cette substitution peu honnête... Sans s'émouvoir, il
répondit, — car les nègres ne s'émeuvent jamais : — *Pas
peur, ma Sœur, ça solide, ça ne pas chavirer !...*

La mer n'était heureusement pas mauvaise et la lune
projetait des rayons argentés qui éclairaient le liquide et
mobile élément. Force leur fut donc d'entrer dans cette
coquille légère, fléchissant sous leur poids... Elles se confiè-
rent en Celui « qui met un frein à la fureur des flots ».

« Nous ressemblions, dit Marguerite-Marie, à deux petits
pigeons effarouchés et blottis l'un contre l'autre dans le fond
du misérable canot... » Là elles pouvaient redire ce chant
de foi du pêcheur : *Seigneur, ayez pitié de moi, car la mer est
bien grande et ma barque est bien petite.*

**

LA VAGUE SUCCÈDE A LA LAVE ! APRÈS LE PÉRIL
DU FEU CELUI DE L'EAU !

Il semble que le chemin tracé à notre chère Sœur, sur

mer comme sur terre, dût toujours être marqué au cachet du
péril et de l'angoisse. Leur petite embarcation, légère
comme un goéland, après avoir passé entre des vaisseaux
de guerre, en rade de Fort de France, arriva en vue du
paquebot anglais qui devait les transporter à Sainte-Lucie...
Ce fut un moment critique et périlleux, un vrai combat
naval !... avec toutes les chances de noyades !!... Les différentes embarcations, conduisant les passagers au courrier
britannique, se piquèrent d'honneur. Chaque nègre voulait
arriver le premier... Il s'ensuivit une lutte à force de
rames... de canots... c'est une mêlée, un corps à corps... on
se repousse, on se barre le passage, on s'élance en avant
sans tenir compte des obstacles... Et puis, des cris, ou mieux
des vérocifération de nègres sauvages, des concerts d'impré-
cations... un brouhaha étourdissant !

Nos pauvres embarquées jettent en vain des appels désespérés, leur voix est couverte par la rumeur montante... elles
croient leur dernière heure arrivée, car leur petite barque,
heurtée, bousculée, penche à les verser... Après les menaces
du feu celles de l'eau !...

Tout à coup, s'avance une immense gabare (bâtiment
de transport) et leur frêle esquif est repoussé sous l'escalier
du paquebot où elles pensent être *brisées* par le choc !.. C'est
en vain qu'elles conjurent le rameur de céder le pas à ses
adversaires ! Une vanité de métier ne s'abdique pas sur un
mot ! *Pas peur, ma Sœur, pas peur ! si vous tombez vous,
dans l'eau, moi repêcherai vous !* C'était rassurant ! Sœur
Marguerite-Marie, apercevant une corde, pendant du paquebot, la saisit et s'y amarre avec énergie, croyant avoir trouvé
sa planche de salut... elle invite sa compagne à l'imiter...
Le nègre, furieux, crie d'une voix hurlante : *Lâchez corde,
ma Sœur, lâchez corde... nous perdus... nous coulons...*

Un officier du bord, témoin de cette scène, qu'il paraissait
suivre avec intérêt, vint à leur secours... En toute hâte, il
descendit l'escalier du paquebot et parvint à dégager le
canot en détresse des autres embarcations qui l'enserraient,
puis il aida les Sœurs à gagner l'échelle du vaisseau.

Sœur Marguerite-Marie pria le nègre chargé de ses
bagages de les porter à l'avant du navire, car, n'ayant pas
d'argent, elle voulait voyager dans les conditions des
pauvres, et c'est là, sur le pont, qu'elle s'installa avec sa
compagne. Mais bientôt elles y sont entourées d'un cercle

sympathique. « *Des échappées à l'éruption !* » murmure-t-on.
« Vous ne pouvez rester ici, leur dit un officier, vous n'avez
pas de quoi vous asseoir. » Elles remercient, sont confuses
de tant d'attentions et disent : « qu'elles se contenteront de
leurs paniers pour sièges... car, *ayant tout perdu dans la catastrophe*, il leur est impossible de faire quelques dépenses !»
Ces messieurs, de plus en plus touchés, vont leur chercher
des pliants et demandent au capitaine de mettre une cabine
à la disposition des deux transfuges... Ils étaient visiblement
émus de la situation des pauvres religieuses... Puis, s'apercevant que notre chère Sœur parlait anglais, ils la prièrent
de raconter les scènes terribles dont elle avait été témoin.

Elle retraça les navrants tableaux que nous connaissons
et ses auditeurs, — tous anglais, — suspendus à ses lèvres,
l'écoutaient en frissonnant... Ils ne se lassaient pas d'entendre des détails sur ces inoubliables journées où la mort
avait tant de fois menacé l'existence de cette pauvre religieuse.

Le capitaine fit offrir « gratis » une cabine des mieux
aménagées aux deux passagères, ce dont elles furent très
touchées... et le lendemain on leur présenta du thé et des
biscuits comme premier déjeuner. A six heures du matin,
elles arrivaient en rade de Sainte-Lucie et quelques instants
après elles débarquaient sur le magnifique quai de Castries
(chef-lieu de l'île)... Sœur Marguerite-Marie y trouvait deux
de ses cousins et un envoyé de son père, alors absent de la
ville.

* *

ÉMOUVANTE ENTREVUE !

Notre chère créole est arrivée au terme de son voyage,
ou plutôt à la dernière station de son accidenté chemin du
Calvaire... C'est ici que Dieu l'attendait pour lui faire prononcer son *Consummatum est.* En se jetant dans les bras de
son père, elle aurait pu dire à ce vénérable vieillard ce qu'un
funèbre messager dit à Job l'infortuné : « Soudain un vent
violent s'est élevé du côté du désert et il a ébranlé les quatre
angles de la maison, qui, s'écroulant, a accablé vos enfants et
ils sont morts... et j'ai fui, moi seule, pour vous l'annoncer (¹) ! »

. . . .

1. Job, 1, 19.

Nous retrouvons dans ses notes une lettre où elle raconte
à une amie, ses émotions et son entrevue avec les quelques
membres de sa famille qui lui restaient encore :

« MA CHÈRE AMIE,

» Je ne suis pas encore remise des cruelles émotions res-
» senties à mon arrivée à Castries, où je trouvai tous les
» miens dans le deuil et les larmes. Magré tout, j'espérais
» encore que ma chère maman, ma tante et mes petits ne-
» veux avaient pu échapper à l'horrible cataclysme. Je
» ne pouvais me faire à l'idée que cet affreux malheur était
» consommé. « Le bon Père Leininger a pu se tromper ! »
» me disais-je, et, n'ayant pas reçu des miens la confirmation
» de la navrante réalité, je voulais espérer encore. Hélas !
» je fus bientôt fixée, et mes dernières illusions sombrèrent,
» lorsque, sur le quai de Castries, je trouvais deux de
» mes cousins et un envoyé de mon père qui venaient à ma
» rencontre !!

» Quelle triste journée que celle-ci !... J'allai d'abord
» chez une de mes tantes dont la maison était peu éloignée,
» et ma douleur augmenta encore en étant témoin de ses
» sanglots déchirants...

» Chère Édith, me dit-elle en me couvrant de larmes et de
» baisers... *tu es donc seule !* Mes deux sœurs ne sont plus
» et nos chers petits neveux ont aussi succombé. » Alors je
» crus à l'étendue de mon malheur, je mêlai mes larmes à
» celles de ma tante et, quoique brisée moi-même, j'essayai
» d'élever vers le ciel le regard noyé de pleurs qui se fixait
» sur moi...

» Et cette scène navrante se renouvela plusieurs fois
» encore... Ce furent chez mes autres tantes et chez mes
» sœurs, même explosion de douleur, mêmes larmes brûlan-
» tes, mêmes sanglots... Comment ai-je pu supporter sans
» mourir, de si poignantes émotions qui ravivaient sans trêve
» mon inconsolable douleur ?... Je me le demande encore,
» chère Amie, tout en reconnaissant que la grâce puissante
» de Dieu a seule pu me soutenir...

» En allant chez ma sœur Anna, j'y trouvai mon neveu
» et ma sœur Lucie, qui, vous le savez, habitait la Marti-
» nique et qui, grâce au Ciel, avait pu se sauver à temps de
» cette île où elle avait, m'a-t-elle dit, couru le plus grand
» danger. Assez de victimes avaient succombé dans notre

» famille en ce jour à jamais néfaste, et Dieu avait bien
» voulu se contenter de ce sanglant tribut...

» Comme je vous l'ai dit en commençant ma missive,
» mon cher papa était absent à mon arrivée. Je ne pouvais
» songer sans frémir à l'assaut qui se préparait encore... En
» attendant ce redouté lendemain j'allai retrouver dans la
» demeure hospitalière qui leur servait d'asile, Mère An-
» selme et les quelques religieuses qui l'avaient accompagnée,
» voulant jouir encore de la vie de communauté.

» Le lendemain dans la matinée, papa revint de la Sou-
» frière et j'allai mêler mes larmes aux siennes. Oh ! que cette
» entrevue fut douloureuse!... Sans doute mon arrivée fut une
» consolation pour mon père bien-aimé qui n'espérait presque
» plus me revoir, étant resté sans nouvelle de moi depuis la
» date lugubre du 8... mon silence avait donné à croire à ma
» famille que j'avais été englobée dans le cataclysme...

» Le croiriez-vous, chère amie, malgré l'évidence des
» faits, mon pauvre papa refusa de croire à son malheur. Il
» espère encore que ma chère maman va revenir et il me
» disait avec un espoir qui faisait mal : *Ne changeons rien*
» *de place, car ta maman reviendra peut-être...*

» Et maintenant, je termine par où j'aurais dû commen-
» cer, c'est-à-dire, pour vous remercier des condoléances
» affectueuses que votre amitié m'a prodiguées. Lacordaire
» a bien raison de dire : « On a souvent besoin d'un cœur
» ami, et Notre-Seigneur lui-même avait saint Jean. »
» Dans cette effroyable agonie qui a fondu sur moi, la pensée
» que vous partagiez mes tristesses, que vous priiez pour
» les miens, a adouci l'amertume de mon immense épreuve.

» J'espère partir pour la France avec ma Supérieure, mais
» rien n'est encore décidé à ce sujet ; toutefois vous pouvez
» être certaine, ma bien chère amie, que je vous en ferai
» avertir.

» Adieu, chère M***, je vous embrasse bien affectueuse-
» ment.

» Votre amie très intimement unie en Jésus. »

. . . .

Sʳ MARGUERITE-MARIE.

**

VISITE A MÈRE ANSELME.

Ce fut avec bonheur que la Révérende Mère Anselme

retrouva ses filles... elles avaient tant de choses à lui raconter depuis leur séparation de quinze jours à peine, mais
qui semblait longue comme un siècle... Les événements
s'y étaient multipliés : les incidents, les périls, les émotions
douloureuses. C'est par là surtout que le temps se mesure.
Il y a des jours qui sont si longs... et il y en a de si
courts !... Suivant le sentiment qui le remplit, un instant
peut paraître un siècle, et un siècle, un instant... Mère
Anselme fut surtout heureuse de recevoir des nouvelles de
ses chères filles restées au « François ».

Son inquiétude au sujet de sa communauté augmentait
son état maladif qui empirait considérablement par suite
des émotions et des bouleversements de la situation générale. Sœur Marguerite-Marie, la trouvant très changée, s'en
alarma. De son mieux, elle la rassurait en lui disant que tout
allait bien au « François », grâce au choix éclairé qu'elle
avait fait de Sœur Saint-Edmond pour la remplacer... La
protection que ses chères filles trouvaient auprès de Mr
l'abbé Bouyer, facilitant leur établissement dans sa paroisse
par tous les moyens, le calma au sujet de l'avenir de sa
chère communauté et elle renonça au projet d'un exode
général à Sainte-Lucie...

Néanmoins, cette précieuse santé donnait de grandes
inquiétudes. Mère Anselme, si aimée de ses filles, était encore
avec sa sœur (Supérieure Générale) la fondatrice de la congrégation de Notre-Dame de la Délivrande et ce n'était
pas au fort de la tempête, quand le navire était battu de
toutes parts des vents et des flots, qu'il fallait que son pilote
lui manquât !... On tenta tout pour réagir contre un état qui
devenait tous les jours plus alarmant. Du reste, la chère
malade était si énergique, elle savait si bien dissimuler ses
souffrances à ses filles, que ces dernières, tout en trouvant
leur vénérée Mère très fatiguée, ne soupçonnaient pas la
gravité du mal. L'avis des médecins aurait pu les fixer,
mais leur Révérende Mère refusa formellement de les consulter.

C'est ainsi que son voyage en France fut décidé. On
pensait qu'un changement d'air, une diversion morale, la
joie de retrouver sa bien-aimée sœur opéreraient ce que les
soins n'avaient pu obtenir... On convint donc de prendre
le premier courrier anglais qui partait de Sainte-Lucie, le
6 juin. Sœur Marie de l'Enfant Jésus et Sœur Marguerite-

Marie furent désignées pour accompagner la Révérende Mère dans ce voyage au long cours...

* *

DESCRIPTION DE SAINTE-LUCIE.

Sainte-Lucie, petit île du groupe des Antilles anglaises, a moins d'étendue que la Martinique ; son sol est montagneux et productif. Castries est sa ville principale. Son port magnifique peut abriter toute la flotte anglaise et défier les ennemis, grâce à des fortifications redoutables qui en protègent l'entrée : la Vigie et la Touque. Sur les hauteurs du Morne qui domine la ville, se trouvent encore des fortifications dont une ligne de canons au col allongé dans la direction du port semblent jour et nuit le défendre contre toute surprise. C'est encore à Castries que les navires anglais viennent renouveler leurs provisions de charbon... ce qui constitue pour l'île une grande ressource et donne au port une incessante animation.

L'aspect de la ville est charmant, elle est très régulièrement construite ; ses rues sont larges et propres.

La ville secondaire de cette île, appelée la *Soufrière*, doit son nom à un volcan dont les trois cratères, nommés chaudières, sont constamment en ébullition et d'où se dégage une énorme quantité de soufre et d'alun. Les abords du volcan sont peu sûrs ; son sol est à fondrières ; aussi est-ce imprudent de s'y aventurer sans guide. Le volcan est néanmoins le but des excursions... les touristes savent avec quelle facilité les repas s'y improvisent. On creuse un petit trou dans la terre et les aliments introduits dans ce foyer y cuisent à l'instant...

Deux montagnes très élevées, appelées Pitons à cause de leur forme conique, ressemblant à celle d'un pain de sucre, s'élèvent non loin de là sur les bords de la mer...

* *

Après avoir jeté un coup d'œil géographique sur la patrie de notre créole anglaise, revenons à sa famille qu'elle a trouvée si affligée.

C'est d'abord son père qui ne peut croire à son malheur et pense voir surgir sa chère femme et ses petits enfants, le rayon de soleil de son foyer... puis sa sœur Lucie dont la santé paraissait si altérée par les émotions causées par

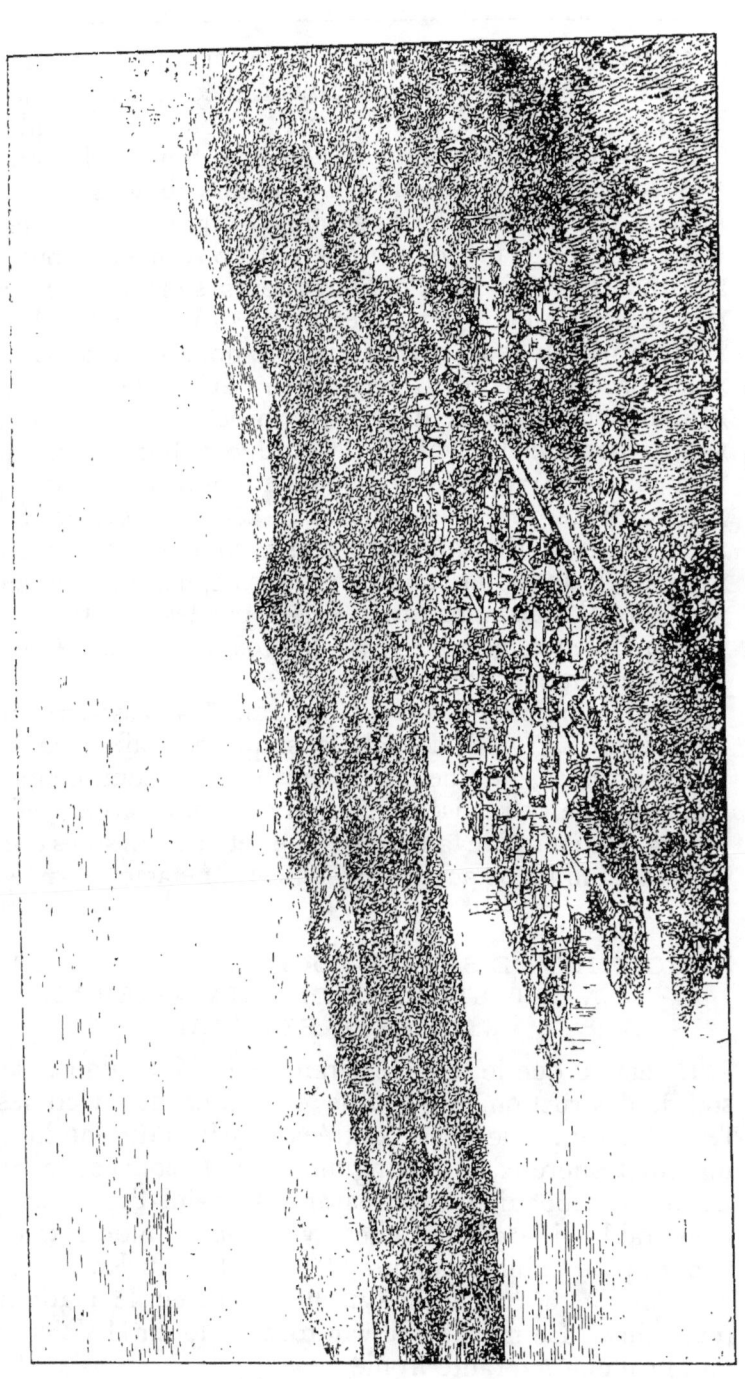

ÎLE DE SAINTE-LUCIE. — VUE DE CASTRIES. (P. 159)

le cataclysme ; car elle avait subi le fort de la bourrasque·

Le jour du 8 mai elle se trouvait avec son mari dans leur propriété de « Fond Saint-Denis ». Voici le récit qu'elle fit à sa sœur de cet instant fatal : « Je venais de me lever
» quand éclata l'éruption ; des hauteurs où nous étions, nous
» pûmes en contempler la sublime horreur ! Le jet de flam-
» me se dirigeait vers nous... Épouvantés, nous nous
» hâtâmes de fuir avec nos serviteurs sans prendre même
» le temps de nous vêtir. J'étais encore en robe du matin
» et en pantoufles... mais le danger nous enveloppait, je ne
» me préoccupais que d'une chose : éviter le fleuve de feu
» dont nous sentions déjà les approches... Seule, une des
» négresses de l'habitation, descendue de bonne heure porter
» le lait à la ville, fut victime de l'horrible catastrophe...
» Nous nous dirigions éperdus du côté de Fort de France,
» où, après plusieurs heures d'une course sans arrêt, sous
» un soleil de plomb, nous arrivâmes épuisés et couverts de
» cendre. J'étais anéantie et brisée par les émotions. Pour-
» rai-je m'en remettre ? Je ne le crois pas... car je me sens
» profondément atteinte. »

Sœur Marguerite-Marie puisa dans les ressources de son cœur et de sa foi les consolations qui pouvaient calmer de telles alarmes... Malheureusement les pressentiments de la jeune femme se réalisèrent... Peu de temps après, elle succomba des suites de tant de fatigues et des multiples douleurs dont sa famille fut accablée dans cette néfaste journée du 8.

***

VICTIMES DE SAINTE-LUCIE ENGLOBÉES DANS LA CATASTROPHE DE SAINT-PIERRE. NAVRANTE HISTOIRE.

Il semble que le terrible tyran de la Martinique, dans sa soif de destruction, n'ait pu se contenter des victimes qui l'entouraient... Bien des contrées voisines durent lui payer un tribut onéreux. Une vingtaine de personnes de Sainte-Lucie se trouvaient par hasard à Saint-Pierre en cette mémorable journée... elles y étaient momentanément venues pour affaires, comme Mme Duchâteau-Roger !... Mais leur famille à qui elles avaient dit adieu le matin ne les revit plus... Le monstre devait tout engloutir ! ! Voici encore un fait d'une navrante ironie :

Une dame de Castries faisait depuis deux ans démarches

sur démarches pour ramener dans son caveau de famille en
la terre natale, le corps de son mari, décédé à Saint-Pierre...
Les dernières difficultés venaient d'être levées, et pleine de
consolation, elle arrivait avec sa sœur, recueillir les restes
chéris de celui qu'elle pleurait... Mais elle devait trouver
plus que cela... l'heure de la réunion avec son époux avait
sonné... et c'est par la lave du volcan que lui est ouverte
la porte de l'éternelle patrie, lieu du céleste rendez-vous des
âmes...

Sainte-Lucie, Castries en particulier, devinrent dans ces
jours de malheur le lieu de refuge de bien des émigrés de la
terre de feu... On remarqua surtout plusieurs jeunes femmes
appartenant aux familles les plus distinguées de Saint-Pierre.
Effrayés des premiers pronostics de l'éruption, leurs maris
les avaient conduites à Sainte-Lucie avec leurs nombreux
enfants, se promettant de les rejoindre si le danger s'ac-
centuait. Le danger, ils ne le virent pas... ou plutôt il les
ensevelit, avant qu'ils l'aperçussent, sous les débris de leurs
opulentes demeures, devenues leurs mausolées... Leurs
femmes éplorées, réduites à la misère, attendirent vainement
leur retour !... Ce fut un brusque changement de fortune :
car le feu avait absorbé en un instant et leurs affections et
leurs biens... Le spectacle navrant de tant d'infortune
excita la sympathie et la compassion des habitants de l'île
anglaise... On vint en aide aux veuves désolées et aux
enfants orphelins... Mais quelles consolations donner à de
tels malheurs ? les pauvres femmes semblaient n'en pas
vouloir ; leurs pertes étaient de celles qui ne se réparent pas.

Ne rappellent-elles pas dans leur douleur, les femmes de
Troie que Virgile nous peint après la ruine de leur ville,
assises sur les bords de la mer, mornes, silencieuses, les yeux
noyés de larmes, avec un long regard fixé sur les flots ?.......

*
**

ÉGLISE DE CASTRIES.

Avant de prendre congé de la patrie de notre créole
anglaise, disons un mot de la magnifique église de Castries,
construite depuis dix ans à peine et due au zèle du
Révérend Père Tapon, chanoine et curé de cette ville
capitale.

Elle est vaste et bien éclairée, d'un beau style roman,
mais ce qui fait l'admiration des visiteurs, c'est son maître-

autel, véritable chef-d'œuvre d'art où la richesse et la grâce s'unissent harmonieusement. Ce merveilleux autel en marbres variés surpasse en beauté tous ceux qu'on cite à juste titre pour leur élégance dans l'archipel des Antilles, dont la richesse des sanctuaires a pourtant une si juste renommée... C'est une satisfaction pour tout cœur catholique de savoir que le Dieu du Tabernacle reçoit le juste tribut de l'art dans ce pays où il a semé avec tant de profusion les beautés et les richesses de la nature...

L'église de Castries s'est élevée avec les dons des fidèles... c'est le fruit des aumônes des pauvres et le résultat de leurs sueurs. Voici par quels moyens ingénieux et touchants les Pères de l'Immaculée Conception de Chavagne sont arrivés à réunir les sommes importantes que nécessitait une telle construction, car la ville n'est pas riche.

Ces bons et humbles Pères allaient le samedi au marché tendre la main à tous les vendeurs, pauvres nègres, bien pieux, mais n'ayant pas souvent un sou dans leur escarcelle. Ils donnaient ce qu'ils avaient et avec un cœur rempli de joie se défaisaient de la meilleure partie de leurs marchandises... Les modestes quêteurs s'installaient sur un banc et débitaient aux passants les dons de la charité... Il faut ajouter que les acheteurs se présentaient nombreux, heureux de concourir à l'érection de la demeure du Très-Haut et d'encourager le zèle des dévoués et ingénieux religieux...

* *

PROCESSION DU TRÈS SAINT-SACREMENT.

Le 29 mai, Sœur Marguerite-Marie eut la consolation d'assister à une manifestation de foi publique, par une procession en l'honneur du Dieu de l'Eucharistie. La ville était richement pavoisée et décorée de reposoirs splendides élevés par la piété généreuse des habitants. Le Très-Saint-Sacrement parcourut les vastes rues de la cité, suivi dans sa marche triomphale par toute la population, de races et de nationalités diverses qui composent ces pays hétérogènes. Tous l'acclamaient avec amour ! C'était un Roi parcourant ses domaines... Oh ! comme le *Laudate Dominum omnes gentes* était à propos sur ces lèvres parlant divers idiomes... mais se réunissant pour dire dans une même langue la louange au seul Dieu de l'univers...

Les protestants eux-mêmes assistèrent à cette manifestation religieuse, et c'est entre leurs rangs respectueusement inclinés que passa le Dieu-Hostie... Ce serait trop long de détailler les décorations superbes et les pittoresques costumes de tous ces peuples de rang si différents, depuis les pauvres négresses venues des savanes voisines jusqu'aux petites filles du pensionnat des Dames de Cluny, ravissantes dans leurs charmantes parures d'Anges...

Une des choses les plus curieuses, parmi tous les trophées d'honneur, c'était une grotte élevée par les laboureurs avec des branches de verdure, des feuilles de cocotier, palmier, fougères et mousses. Aux branchages étaient suspendues toutes les variétés des fruits et légumes de l'île (cocos, ananas, mangues, bananes, fruits à pain, ignames, choux caraïbes, etc.)... afin que le Créateur bénisse tout à son passage...

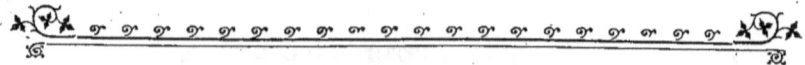

PREMIÈRE ÉTAPE D'UN VOYAGE AU LONG COURS.

> En quelque endroit que vous alliez
> je serai votre protecteur.
>
> *(Genèse, XXXIII.)*

ÉRUPTION DU 6 JUIN.

ENFIN le jour du départ arriva ; c'était le 6 juin que nos voyageuses devaient lever l'ancre et voguer vers de nouveaux horizons... Mais il fallait encore que le dernier jour passé par notre chère Sœur sur le sol natal, fût un jour de tribulation... Depuis son éloignement du foyer éruptif, ses yeux n'avaient qu'à de rares intervalles revu, et à distance seulement, les effluves fulgurants ; ce qui montrait que la terre voisine continuait à être maintenue sous un régime de terreur... Mais, dans la matinée du 6, ce fut une autre affaire !... Vers dix heures, soudain, des ténèbres couvrent la ville de Castries, tandis que l'on aperçoit, dans le lointain, une épaisse colonne de fumée s'élever vers le ciel et se répandre menaçante à l'horizon... Grande est la panique dans la petite cité... elle se croit menacée du sort de Saint-Pierre... Puis un phénomène qu'on n'avait jamais vu se produisit : la mer se retira subitement d'une centaine de mètres à l'endroit appelé : « Grand cul de Sac »...

Le paquebot, qui devait arriver à six heures du matin, n'avait pas encore signalé sa présence à midi. La mer était fort mauvaise, et le vaisseau, surpris par l'éruption, n'arriva qu'à quatre heures à Sainte-Lucie. Il était couvert de cendres...

Ce fut dans ce trouble atmosphérique que Sœur Marguerite-Marie dut faire ses adieux à sa famille désolée... La séparation fut déchirante... Tout y contribuait : et le passé avec ses lugubres évocations... et l'avenir avec ses craintes redoutées... Et puis, chacun le pressentait, ce départ avait tout l'air d'un adieu suprême... Elle avait laissé entrevoir son dessein de s'enfermer à jamais dans la solitude du cloître et d'échanger sa vie d'action contre une existence vouée exclusivement à la prière et aux austérités de l'Ordre séraphique. . . . .

*
* *

Depuis le 8 mai, la rupture des câbles sous-marins qui reliaient la Martinique à Sainte-Lucie empêchait toute communication entre les deux îles... de sorte que les pauvres Sœurs de la Délivrande durent partir emportant l'assertion de plus en plus accréditée dans Sainte-Lucie que le cataclysme du 6 juin, bien autrement terrible que celui du 8 mai, avait dû entraîner l'anéantissement total de la Martinique... Et alors, tout disparaissait !... et les chères Sœurs de la Délivrande, et les amis si nombreux laissés dans cette île infortunée...

Peu après cette éruption du 6 juin, pendant que nos deux émigrées traversent les Océans, nous recevions en juillet, d'une bienfaitrice de la Martinique, l'annonce d'une nouvelle éruption. Voici le passage de sa lettre qui nous la relate :

« L'éruption du 9 juillet a été la plus forte de toutes celles
» que nous avions eues jusqu'à ce jour ; d'une plus longue
» et plus haute portée, terrifiant de nouveau nos pauvres
» créoles. Elle a commencé à neuf heures du soir pour se
» terminer vers une heure du matin, causant une panique
» générale par les grondements sinistres de la montagne
» joints aux détonations formidables des « obus » d'électricité
» au-dessus de la ville et des environs. Je crois que toute
» l'île a dû en être témoin, puisque ce nuage épouvantable
» a été vu à Sainte-Lucie. Sans une brise bienfaisante, qui
» l'a chassé à temps, nos malheureux compatriotes eussent
» été asphyxiés et brûlés : Quelle angoisse ! » . . . . . .

. . . .

M. B.

Revenons à nos voyageuses :

Il fallut partir au milieu de si terribles anxiétés... D'autre part Mère Anselme était plus souffrante et nullement décidée à consulter un médecin, toujours convaincue de pouvoir supporter la traversée...

Le départ était fixé pour six heures du soir... L'excellente Mme Veuve Malet-Paret, qui avait accueilli les transfuges du Morne Rouge dans sa maison, les combla jusqu'à la fin de ses délicates attentions. Elle voulut les accompagner au bateau et les installer dans leur cabine... Sœur Marguerite-Marie n'eut que ses cousins sur l'embarcadère... Son père, ses sœurs et ses tantes n'eurent pas la force d'assister aux scènes du départ... elle jeta un dernier regard à cette île tant aimée où s'était écoulée son heureuse enfance et sa jeunesse, où avaient vécu ceux qu'elle avait le plus aimés ici-bas et où restaient encore des êtres bien chers... N'était-ce pas le moment de répéter le cri de saint François d'Assise qui allait être un jour la maxime de sa vie : *Deus meus et omnia. Mon Dieu et mon Tout !*... Elle confia à Dieu ceux qu'elle ne devait plus revoir... et s'abandonna elle-même entre les mains de sa Providence, lui livrant l'avenir inconnu vers lequel elle marchait...

⁎ ⁎

DEUX SURVIVANTES DU « RORAIMA ».

A bord du paquebot anglais l'*Eden* (Annexe faisant le service des Antilles et qui devait conduire les trois religieuses jusqu'à la Barbade), elles firent la rencontre de deux survivantes du *Roraïma*, steamer américain qui, en rade de Saint-Pierre le jour de la catastrophe, s'y était enflammé *comme de la résine !*... C'étaient une fillette de huit ans et sa bonne, qui sortaient de l'hôpital de Fort de France où elles avait été transportées le 8 mai. L'enfant avait encore la tête et les deux bras enveloppés de ouate. La pauvre domestique était loin d'être guérie des brûlures reçues dans la terrible journée. Voici le navrant récit qu'elle fit en anglais de la catastrophe qui anéantit le *Roraïma* et ses passagers...

« Je me trouvais, dit-elle, dans la cabine avec cette enfant
» et son petit frère que je tenais dans mes bras, lorsque,
» tout à coup, aux grondements formidables du volcan,
» succéda un bruit infernal ressemblant à des décharges élec-
» triques. Le vaisseau projeté en l'air par le soulèvement
» de la mer, retomba violemment, semblant se disloquer et
» près de sombrer. Un nuage de soufre, de feu et de cendre
» l'enveloppa. (Suivant M. Lacroix ([1]), ce nuage d'une den-
» sité effrayante contenait en suspension des cendres, de la
» vapeur d'eau, des gaz délétères à une température d'en-
» viron quatre cents degrés. Rabattu sur les flancs de la
» montagne, à une vitesse de quatre kilomètres à la minute,
» il accomplit en quelques instants son œuvre de destruc-

---

1. M. Lacroix, chef de la mission scientifique envoyée par l'Académie des sciences pour étudier les phénomènes volcaniques et avertir les populations des menaces du danger. Il a établi des postes d'observation qui, reliés à Fort de France par un téléphone, font connaître au chef-lieu les moindres trépidations du sol.

» tion.) Ce nuage pénétra dans la cabine, bien que le hublot
» fût hermétiquement fermé. Le bébé que j'avais sur mes
» bras fut tué sur le coup et je reçus à ce bras d'affreuses
» blessures... Renversées par la commotion, nous tombâmes
» sur le plancher de la cabine couvert de cendre embrasée.
» La fillette eut toute la tête brûlée par cette cendre ainsi
» que les deux bras... Mes genoux, ma tête sont encore
» couverts de plaies. Quant à mon bras il est si profondé-
» ment atteint qu'il n'y a pas d'espoir de guérison...

» Je me demandais en tremblant ce qu'étaient devenus
» mes maîtres qui se trouvaient sur le pont avec leurs nom-
» breux enfants au moment de l'explosion. Dès que le calme
» se fut un peu rétabli, que j'eus repris mes forces, je m'y
» rendis... Quel spectacle !... Le pont était jonché de cada-
» vres, parmi lesquels des malheureux râlaient encore dans
» les affres d'une violente agonie. Ces corps carbonisés
» avaient considérablement enflé... Ce n'étaient que plain-
» tes, gémissements, cris de détresse... Je cherchai parmi les
» morts et les mourants les parents de l'enfant qui m'était
» confiée et je finis par les reconnaître au milieu des cadavres
» défigurés qui gisaient autour de moi. Seule, ma maîtresse
» gardait encore un souffle de vie. Je m'approchai et, me
» penchant vers elle, je lui appris que sa fille vivait encore,
» mais que le bébé était mort...

» Réunissant ses dernières forces, elle me tendit une
» bourse d'argent en murmurant : « cela vous sera utile
» pour l'enfant. » Peu après elle expira... Les ténèbres
» ajoutaient encore à l'horreur de cette scène terrible. Trop
» profondément atteints pour se secourir mutuellement, les
» blessés ne pouvaient que gémir et pousser des cris lamen-
» tables... et, en face de nous, Saint-Pierre n'était plus qu'un
» vaste incendie...

» En allant rejoindre la fillette qui m'attendait dans la
» cabine, je constatai que l'avant du navire se consumait
» lentement... la machine avait pris feu. Si on ne vient à
» notre secours, me disais-je, c'est la mort à brève échéance,
» car le navivre va bientôt être consumé.

» Dans l'après-midi, le *Suchet*, qui revenait de Fort de
» France, accourut à notre secours. De tout l'équipage et
» des nombreux passagers une vintaine de blessés seule-
» ment purent être transportés à l'hôpital de Fort de
» France où presque tous moururent. »

En racontant cette navrante histoire, la pauvre bonne pleurait d'émotion, et la douleur de l'enfant était attendrissante : Partout où l'on allait, on était en face des victimes de l'infernale Pelée...

Un oncle restait heureusement à cette intéressante orpheline. Il habitait la Barbade... Ayant appris la fin tragique des parents de sa nièce, il la réclama et c'est là que se rendait cette petite fille dont le courage semblait être à la hauteur de son incroyable malheur. Sa résignation avait fait l'admiration de tous ceux qui l'avaient vue à l'hôpital de Fort de France...

« Je lui offris quelques bonbons, dit Sœur Marguerite-Marie ; depuis la mort de ses parents, ces douceurs ne lui avaient sans doute pas été prodiguées... Son ravissant visage, empreint d'une douce mélancolie, s'éclaira d'un délicieux sourire, elle me remercia avec une reconnaissance émue, puis, aussitôt, elle les partagea avec sa dévouée gardienne. Mais j'en offris à cette dernière, et je forçai ainsi notre intéressante petite malade à conserver ses friandises. »

*
* *

MORT DE MÈRE ANSELME.

> L'affliction nous enferme dans la volonté de Dieu comme dans une tombe.
>
> *(P. Faber.)*

La mer était très mauvaise, Sœur Marie de l'Enfant Jésus et notre chère sœur ne tardèrent pas à lui payer leur tribut de souffrances... « Je restai, dit cette dernière, toute la nuit dans le salon des Dames, j'étais horriblement secouée. Vers quatre heures du matin la Mère Supérieure et ma compagne vinrent me rejoindre. » A six heures, l'*Eden* entrait en rade de la Barbade où nous devions prendre le grand courrier Transatlantique l'*Otrato*, qui devait nous conduire directement en Angleterre ; de là nous passerions en France.

« Je remarquai que Mère Anselme paraissait plus souffrante ; elle était essoufflée et restait parfois dans un état d'assoupissement qui devenait inquiétant... Cependant, elle continuait de répondre à nos questions affectueuses par ces rassurantes paroles : « *Je vais beaucoup mieux, rien ne me fait mal !* »

« Je parvins à lui faire prendre du bouillon et un peu

de madère et nous espérions que cet état ne serait que passager.

« À notre départ de Sainte-Lucie, Mme Malet nous avait remis deux lettres de recommandation pour la Barbade. La première à l'adresse de sa sœur ; la deuxième destinée à un monsieur catholique de ses amis. Nous nous empressâmes d'envoyer par canot cette dernière missive à son destinataire, qui accourut aussitôt à bord nous offrir ses services dont nous allions avoir un si grand besoin. »

« Vers dix heures, Sœur Marie de l'Enfant Jésus, accompagnée de son charitable cicerone, descendit à terre pour acheter des pliants de bord. Pour moi je restai auprès de Mère Anselme et je plaignais ma compagne d'avoir encore à affronter la traversée en canot... les impressions ressenties à mon départ pour Sainte-Lucie ne s'étaient pas entièrement dissipées... Il avait été convenu que Sœur Marie de l'Enfant Jésus ne reviendrait pas sur l'*Eden* que nous devions quitter, mais se rendrait directement sur le grand paquebot où, pendant son absence, nous devions nous rendre nous-même avec la Mère supérieure. Déjà nos bagages avaient été tirés de la cale et on en commençait le transbordement... »

Voilà quel était le plan de nos trois voyageuses : passer de l'*Eden* dans l'*Otrato* et voguer vers l'Angleterre... Mais Dieu en avait décidé autrement... « Ses desseins ne sont pas nos desseins et ses voies ne sont pas nos voies. » Qui n'en a fait l'expérience... douloureuse parfois ?...

A midi, Sœur Marguerite-Marie voit, avec inquiétude, les traits de sa vénérable Mère s'altérer sensiblement ; les palpitations du cœur s'accélèrent... avec cela, un sommeil comateux persistant, irrésistible... Elle lui parle... elle ne répond pas... semble même ne plus voir... En vérité, elle perdait connaissance ! Seule, sans sa compagne, notre infortunée créole se trouve dans un grand embarras... Encore si Sœur Marie de l'Enfant Jésus avait dû revenir sur ce navire !... Comment la prévenir ?...

Elle fait redemander le docteur de l'*Eden*, celui qui le matin avait jugé la malade susceptible de supporter la traversée. Il arrive aussitôt et constate le changement subit, l'aggravation de la maladie dans des proportions effrayantes...

Une heure après... accentuation marquée... Cette fois le docteur, inquiet, demande une consultation avec son confrère de l'*Otrato*. Les deux hommes de l'art, après un long et minutieux examen, déclarent le cas très grave... et préviennent qu'il serait temps de faire appeler un prêtre pour administrer les derniers sacrements à la malade. On juge de l'effet produit par cette déclaration... Sœur Marguerite-Marie, pas plus que sa Sœur, ne s'étaient attendues à un si prompt et fatal dénouement ; car alors elles auraient prolongé leur séjour à Sainte-Lucie.

Pendant que notre chère affligée, toute à sa nouvelle épreuve, se demandait comment elle arriverait à l'unique prêtre qui se trouvait dans cette île presque entièrement protestante, M. X*** arriva. Il avait accompagné Sœur Marie de l'Enfant Jésus au grand paquebot et il venait de sa part chercher les deux religieuses restées à bord, car l'*Otrato* devait lever l'ancre à six heures.

Quand il connut les graves changements survenus en sa courte absence, il se mit au service de la pauvre Sœur pour aller chercher l'unique prêtre catholique de Bridgetown... un père Jésuite... Ce dernier arriva aussitôt en costume séculier, selon l'usage des pays protestants.

En ce moment si douloureusement solennel, notre chère créole était encore seule auprès de la Révérende Supérieure, car Sœur Marie de l'Enfant Jésus, quoique prévenue par le capitaine, était retenue sur l'*Otrato*, faisant retirer de cale les bagages déjà descendus. Malgré toute la diligence de la pauvre Sœur désolée qui eût voulu voler auprès de sa Mère expirante, son absence se prolongea, les formalités étaient interminables... puis on ne parlait qu'anglais sur ce navire... la nécessité d'avoir recours à un interprète compliquait, retardait tout...

Le Révérend Père Jésuite administra l'Extrême-Onction à la vénérée mourante... elle n'avait plus assez de connaissance et de force pour recevoir la Sainte Communion...

Mais entr'ouvrant son vêtement, il en sortit une custode renfermant la Sainte Hostie... puis, l'élevant, il bénit la malade et sa fille désolée... Quelle émotion pour notre chère Sœur lorsque, à genoux à côté de sa pauvre Mère presque inanimée, elle vit planer au-dessus de sa tête le Dieu immense sous des apparences si effacées !... Si effacées, que jusqu'à ce moment elle n'avait pas soupçonné la présence du Roi du ciel dans cet étroit salon d'un navire protestant... où il se présentait « incognito » pour visiter son épouse et la fortifier dans son passage du temps à l'éternité...

Le bon Religieux, *porteur du Dieu vivant*, ne pouvait rester davantage... il promit de revenir le lendemain... Un léger canot l'attendait, et le Maître du ciel et de la terre traversa la rade, passant au milieu de ses créatures en « étranger et inconnu », et pourtant « c'est le Seigneur, notre Dieu, nous sommes tous le peuple de son pâturage et les brebis de sa main » (¹) !

Quelques instants après, Sœur Marie de l'Enfant Jésus arriva, consternée, désolée du nouveau malheur qui s'abattait sur elle... si inopinément ! et en quel lieu... dans quelles conditions !... Une mort en mer ! Trop loin de la patrie et hélas ! encore si loin de la France... c'était l'*entre ciel et terre*... La sainte Religieuse ne discourut pas longtemps... elle y vit la volonté de Dieu et l'accepta sans murmure et sans faiblesse... malgré tout ce qu'elle lui apportait de particulièrement amer... Mais que faire ?... Il était bien reconnu que la malade ne pouvait aller plus loin, ni même être transportée à une petite distance... L'*Eden* quittait la Barbade le lendemain 8 juin dans la soirée pour continuer son service entre les différentes îles des Antilles... C'était donc là qu'il fallait attendre le dénouement fatal... La pauvre Mère avait fui le péril du feu pour venir mourir à bord d'un navire !... Dieu en avait ainsi décidé... et, en attendant l'heure de son appel, on se résigna à suivre les destinées du paquebot anglais !...

Heureusement le docteur du bord, très bon, venait souvent visiter Mère Anselme ; le capitaine et les passagers témoignaient également beaucoup de respect et de sympathie aux deux intéressantes religieuses... il y a partout de bons cœurs !...

Par le courrier qui appareillait vers l'Europe, Sœur Marie de l'Enfant Jésus informa la Mère Générale de son infortune et la prépara au malheur qui l'attendait : *Mère Anselme, très malade*, disait-elle, *sommes en rade Barbade, impossibilité de partir !* Un passager complaisant emporta ce laconique et complet billet à bord de l'*Otrato*, qui bientôt disparut à l'horizon...

Les pauvres Sœurs restèrent seules... au chevet de leur mourante, en face de cette île où elles étaient étrangères et sans appui... Elles eurent un moment le vertige de la peur...

---

1. Ps. XCIV.

Mais *les heures désespérées sont les heures de Dieu...* elles l'éprouveront une fois de plus...

« Vers onze heures et demie, écrit Sœur Marguerite-Marie dans ses notes, notre Mère s'affaiblit encore, le doc-teur présent nous dit que nous pouvions commencer les *prières de l'agonie,* car la fin approchait...

» Dix minutes après, Mère Anselme expirait sur son pliant, revêtue de son costume religieux, dans ce salon des Dames, témoin de nos inexprimables angoisses.

» Sa mort fut aussi calme qu'avait été sa vie. Elle s'éteignit doucement, succombant à une maladie de cœur avec complication... Nous la fîmes transporter dans une cabine où elle resta exposée...

» Notre douleur fut immense... nous perdions une Mère... et une des fondatrices de l'Institut. Nous pensions à la dé-solation des communautés de la Martinique... et de Grenoble, lorsqu'elles apprendraient la fatale nouvelle... »

*

UN CERCUEIL A BORD. — FUNÉRAILLES ÉMOUVANTES. — DIMANCHE, 8 JUIN.

Jusqu'à la fin, le capitaine de l'*Eden* et le docteur témoignèrent à leurs hôtes de bord l'intérêt le plus soutenu. D'eux-mêmes, ils s'offrirent pour remplir les formalités requi-ses dans ces tristes occurrences.

Le Père Baraud, qui avait administré la Révérende Mère, n'ayant pu revenir ce matin-là à cause des messes du di-manche, députa à sa place le Consul italien M. Paravicimo... Ce fervent catholique avait eu l'immense douleur de perdre sa fille aînée dans la catastrophe du 8 mai et versait sur elle d'inconsolables larmes. Il avait fait de nombreuses démar-ches pour ramener son corps à la Barbade ; n'ayant pu réussir, il venait généreusement offrir pour la vénérée défunte, le tombeau destiné à sa chère enfant ensevelie sous la cendre... Les Sœurs, confuses, acceptèrent cette offre inespérée avec la plus vive reconnaissance. C'était providentiel... Les chères religieuses l'apprécièrent d'autant plus, que Brid-getown, la capitale de la Barbade, n'avait qu'un seul cime-tière où, catholiques et protestants, reposaient indistincte-ment, tandis que là tombe offerte par le Consul occupait une place privilégiée près de la petite église de la ville...

Avec le Consul arrivèrent M. X*** et le directeur des pompes funèbres qui venait s'acquitter de la triste partie que sa mission lui assigne... Il promit le cercueil pour midi, car l'enterrement était fixé à quatre heures.

Aux souffrances du cœur, aux émotions de cette journée venaient se joindre pour les Sœurs de vives inquiétudes financières : les frais de funérailles et leur séjour prolongé dans l'île... car le paquebot anglais ne devait revenir que dans deux semaines...

A midi arriva le cercueil. Son luxe effraya les pauvres voyageuses... Il était recouvert d'une magnifique étoffe blanche, damassée, sur laquelle s'étendait une immense croix bleue. Au milieu de la croix, une plaque portait le nom de la défunte, son titre et la date de sa mort. Les poignées du cercueil étaient argentées... et l'intérieur, tout capitonné de satin blanc. La mise en bière fut des plus touchantes. Tous les messieurs du bord étaient là, chapeaux bas, dans une attitude respectueuse et sympathique. Ils déposèrent eux-mêmes la Révérende Mère dans son cercueil... ses filles trop émues n'en avaient pas la force... Sœur Marie de l'Enfant Jésus, élevée au pensionnat de la Délivrande, qu'elle n'avait quitté que pour entrer au Noviciat, considérait Mère Anselme comme sa vraie mère... Sa douleur immense attendrissait tous ceux qui en étaient témoins. Elle se jeta en sanglotant sur ce cercueil où la Vénérée Supérieure dormait en souriant... Il fallut abréger cette scène désolante.

Le cercueil fut descendu dans une chaloupe qu'un yacht devait remorquer jusqu'en rade... Les deux Sœurs en larmes suivirent leur Mère et se tinrent près de la bière qu'entouraient les officiers du bord et les catholiques les plus notables de la ville, amenés par le Consul italien. Le drapeau anglais protégeait le cercueil ; dans la rade tous les pavillons étaient en berne.

Lorsqu'on fut arrivé, un magnifique corbillard reçut la dépouille mortelle de la Mère Provinciale, tandis qu'une voiture avait été gracieusement préparée pour ses filles. Elles y montèrent, et le cortège sympathique et distingué les suivit. Il était deux heures quand on arriva à l'église... le cercueil fut placé sur un catafalque et recouvert de couronnes de fleurs offertes par l'assistance, profondément émue de ce triste événement.

L'enterrement ne devant avoir lieu qu'à quatre heures, on

se sépara après avoir récité quelques prières. Les Sœurs de la Délivrande profitèrent de ce laps de temps pour aller faire une visite aux religieuses Ursulines dont le petit couvent était près de l'église. Le Consul italien et M. X*** les accompagnèrent et les présentèrent à ces Dames qui leur firent le plus charmant accueil... Elles insistèrent pour les retenir près d'elles pendant leur séjour dans l'île... ce qu'elles acceptèrent avec une reconnaissance inexprimable, remerciant la divine Providence de veiller sur elles avec tant de sollicitude...

> Dieu laissa-t-il jamais ses enfants au besoin ?
> Aux petits des oiseaux il donne leur pâture
> Et sa bonté s'étend sur toute la nature (1).

. . . .

La cérémonie funèbre fut très touchante et très solennelle. M. et Mme Paravicimo s'étaient occupés des chants, qui furent splendides. Le *Libera*, chanté en parties, était saisissant de tristesse, de douceur et d'harmonie.

Enfin, le cortège se dirigea lentement vers le petit cimetière et, dans cette tombe, offerte par la charité d'un étranger, fut déposée la Supérieure provinciale de la Congrégation de Notre-Dame de la Délivrande. Pendant trente-cinq ans elle avait, sans jamais compter, donné à cette œuvre ses forces et son dévouement...

La foule était attendrie... des larmes coulaient de bien des yeux en voyant la tristesse des deux religieuses... La douleur de Sœur Marie de l'Enfant Jésus, sanglotant, fendait l'âme.

Au retour les deux orphelines se rendirent, épuisées de fatigues et d'émotions, au couvent des Ursulines, où elles trouvèrent des Sœurs en la foi et l'amour de Jésus... Le lendemain on vint leur apporter la note des funérailles de leur Mère. Grande fut leur surprise en face de la modique somme qu'elle représentait... Que Dieu récompense la générosité de tant de cœurs délicats, qui se trouvèrent sur le chemin du malheur pour lui venir en aide ! S'il a promis de rétribuer un verre d'eau froide donné en son nom, qu'en sera-t-il de tant de services rendus dans le plus parfait désintéressement, et inspirés par des sentiments prenant leur source aux grands principes de la charité évangélique !...

---

1. Racine, *Athalie.*

Il y avait juste un mois depuis le cataclysme du 8 mai !...
trente jours que nos Sœurs infortunées étaient poursuivies
par les ombres de la mort... Brisées d'émotions, elles pouvaient dire plus que jamais au soir de ce triste jour : « L'affliction nous enferme dans la volonté de Dieu comme dans
une tombe (¹). » Aussi émus que nous soyons à la vue de
tant d'épreuves, ajoutons malgré la répugnance invincible
que nous éprouvons pour la souffrance : nous devons tous
l'accueillir chrétiennement et la sanctifier, car, dit le Père
Faber : « Le grand secret de la sainteté consiste à n'avoir
jamais notre cœur dans notre poitrine, mais de l'avoir
toujours vivant et battant dans le cœur de Jésus : et cela
peut rarement s'accomplir autrement que par l'opération
d'une affliction sanctifiée. Heureux donc celui qui a en tout
temps une affliction à sanctifier. »

1. Père Faber.

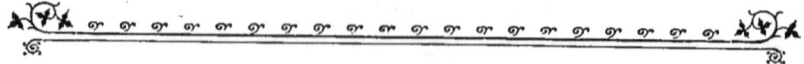

A LA BARBADE.

> Les années nous volent en passant. Un
> par un, hommes et choses disparaissent.
> Dieu seul ne manque jamais.
>
> *(Faber.)*

A Barbade est une petite île des Antilles anglaises formée par une agglomération de corail que recouvre une couche de terre dont la profondeur ne dépasse guère un mètre ; aussi la végétation y est sans vigueur. Les fruits et légumes y sont rares ; on doit les faire venir des îles voisines.

Malgré son peu d'étendue, l'île est très peuplée, son commerce actif et florissant, grâce à sa situation dans l'Archipel et à l'importance de sa rade où font escale tous les grands paquebots faisant le service entre l'Europe et les deux Amériques. C'est aussi la tête de ligne des vaisseaux secondaires appelés annexes et qui desservent entre elles toutes les îles des Antilles.

Bridgetown, la capitale, est une ville charmante, très bien bâtie, fort animée, jouissant de l'avantage des tramways. Le camp des soldats, magnifique, est fort admiré des visiteurs. Les casernes sont nombreuses et solidement bâties... La musique militaire attire autour de son kiosque, situé délicieusement sur les bords de la mer, l'élite de la société.

La charité, la délicatesse qui avaient accueilli les deux passagères de l'*Eden* ne se démentirent pas un seul instant pendant leur séjour dans l'île anglaise. Les Religieuses Ursulines les comblèrent d'attentions et ne cessèrent de les traiter avec la plus fraternelle affection. Le Révérend Père Baraud, caractérisé par cette bonté qui est le cachet des fils de Saint-Ignace, fut un vrai père pour les pauvres transfuges. Non seulement il ne voulut nullement être indemnisé pour les frais des funérailles de la Mère Anselme, mais encore il célébra plusieurs messes pour le repos de son âme... Chaque jour il mettait sa voiture à la disposition des deux religieuses, afin qu'elles pussent visiter la ville sans

Une histoire vécue.

fatigue et faire diversion à leurs nombreuses épreuves.

Les personnes les plus distinguées parmi les catholiques leur adressaient, à titre d'étrangères, des invitations pressantes... elles en acceptèrent quelques-unes, leur règle les y autorisant en voyage. Partout où elles allaient, c'étaient mêmes démonstrations de respect et de sympathie, de prévenances, de soins. Cette halte fut comme une oasis ménagée par la Providence, où elles trouvèrent, au milieu des délicatesses de l'amitié la plus cordiale, un repos physique dont elles avaient un réel besoin. Depuis le 8 mai, leur vie avait été un chaos de bouleversements, de complications, d'émotions multiples...

**
**

NOTES DE SŒUR MARGUERITE-MARIE.

« A la Barbade, je fus surprise de trouver beaucoup de changements dans les usages... Le service se fait à l'euro-péenne avec tous les raffinements de l'étiquette et du confortable anglais .. Nègres et négresses sont fort stylés et vêtus avec élégance...

» Une occasion nous permit d'écrire à la Martinique et à Sainte-Lucie les détails navrants des derniers jours de Mère Anselme et les soins de la Providence à notre endroit... Dans leur réponse, nos Sœurs laissées au « François » nous dirent qu'*elles attendent la mort de pied ferme...* La plupart de ces religieuses avaient été retirées des décombres lors du terrible cyclone de 1891.

» Plusieurs éruptions se sont produites depuis notre départ... le danger augmente... la mort plane sur toutes les têtes... Nos Sœurs sont pleines de courage et se confient en la puissance et bonté de la Madone de la Délivrande, qui les a jadis si miraculeusement sauvées... La mort de Mère Anselme est une cruelle épreuve pour toutes... elles trouvent bien consolants les honneurs rendus à ses restes vénérés.

» Les élèves de l'établissement des Ursulines rivalisent avec leurs maîtresses de délicatesse envers nous. Chaque jour, elles portent des couronnes de fleurs sur la tombe de notre chère défunte. Nous sommes touchées et reconnais-santes de la promesse que nous font les Ursulines, de visiter après notre départ le tombeau de notre regrettée Supérieure et de l'entretenir comme si c'était celui de l'une de leurs Sœurs. »

***

MORT DE Mlle JOSY PARAVICIMO.

Parmi les personnes qui entourèrent nos chères créoles d'attentions sympathiques, nous ne pouvons omettre de mentionner M. et Mme Paravicimo. Leur bonté fut incomparable... c'étaient des natures d'élite, et le malheur, loin de les replier sur eux-mêmes, semblait avoir agrandi leur âme, dilaté leur cœur... et donné une compréhension plus large des maux d'autrui. Il en est ainsi de la douleur lorsqu'elle rencontre de vrais chrétiens : elle produit un jaillissement de lumière et de charité... au lieu du froid égoïsme des âmes sans foi ou vulgaires...

Et puis, il y avait comme une liaison entre leur malheur et celui de ces étrangères à qui ils donnaient tant de sympathie. Ils pleuraient une fille, et elles, une Mère;... leur trésor était resté dans le brasier incandescent de la cité Martiniquaise et elles laissaient leur Mère Supérieure dans le tombeau préparé pour leur enfant... On ne peut retenir ses larmes en lisant le récit de cette touchante histoire ! !...

Nos chères Sœurs durent accepter plusieurs fois les invitations à dîner de la famille Paravicimo et entendirent dans l'intimité de ce foyer les détails douloureux de la mort de cette fille aînée : douze ans !... Son portrait était au salon, exposé au milieu de couronnes mortuaires, et c'est *là* que les inconsolables parents venaient faire les pèlerinages funèbres dont ils auraient voulu honorer ses cendres chéries.

Quand la terrible Pelée jeta l'effroi et la mort autour d'elle, il y avait six mois qu'ils s'étaient séparés de leur chère Josy. Ils l'avaient confiée à une famille amie, la famille Marry habitant Saint-Pierre, afin qu'elle pût apprendre le français. Quelques mois avant la date néfaste, Sœur Marguerite-Marie avait eu occasion de voir cette délicieuse enfant au Morne Rouge, où M. Marry avait une charmante villa ; et, particularité qui émut les parents, Melle Paravicimo s'étant trouvée au pèlerinage de la Délivrande avec son amie Melle Marry, elle avait gracieusement offert à notre chère Sœur de lui porter son carton de musique... Ils reconnurent là un des traits de leur aimable enfant, et soudain un lien s'établit avec ces étrangères, qui connaissaient leur fille...

Dès qu'étaient arrivées à la Barbade les premières rumeurs du réveil du volcan, le Consul italien avait envoyé à M. Marry un câblogramme réclamant sa fille... Ce dernier s'était retiré dans une habitation qu'il possédait à l'Anse, faubourg de Saint-Pierre, hors du Mouillage. Il se croyait en sûreté dans cette opulente demeure très bien construite... Il répondit à son ami : *Rien à craindre, sommes à l'abri.*

Cependant M. Paravicimo n'était pas rassuré. Il lança un nouveau télégramme, qui n'eut pas de réponse... Les choses en étaient là lorsque la foudroyante éruption du 8 vint joncher de morts Saint-Pierre et ses environs... A cette nouvelle, le Consul, fou de douleur, frète un navire et se dirige vers la ville fatale... Il n'a pu avoir sa fille vivante, au moins il veut la posséder morte... Il débarque à l'Anse... Près des ruines calcinées de l'habitation Marry, il trouve, gisant, de nombreux cadavres... Ce sont ceux de cette famille !!... Parmi ces corps carbonisés et horriblement gonflés, le malheureux père croit reconnaître celui de son enfant... ses vêtements n'étaient pas entièrement brûlés et elle était étendue, la face contre terre, dans l'attitude d'une personne qui tombe foudroyée en courant ; un bras était encore en avant et un pied en l'air... Elle était déjà dépouillée de ses bijoux, mais la place qu'ils occupaient et qu'ils avaient protégée contre les gaz brûlants était restée moins noire... tout le reste du corps était carbonisé.

C'est à la marque du linge intérieur que M. Paravicimo put constater l'identité de sa fille... Ceux qui avaient accompagné le pauvre père dans ce pèlerinage d'exploration parmi des morts versaient des larmes en face d'une douleur aussi profonde. Il voulut garder à jamais cette dernière vision, quoique si lugubre, de sa Josy et surtout l'emporter à sa mère... restée au loin... Pour cela il fit placer les restes de son enfant, en respectant leur dernière attitude, dans un immense cercueil et l'appareil photographique immortalisa le souvenir ultime de cette fleur cueillie à l'aube de son printemps Mais une difficulté inattendue se présenta devant le père désolé... Ces restes ne seront point à lui... le volcan, le tyran Martiniquais veut un tribut complet. Ce qu'il a renversé, lui appartient... En vain les démarches les plus actives sont menées avec intelligence et instance, M. le Consul ne peut obtenir la dépouille mortelle de sa fille. Le navire se refuse à ce transport à cause de l'état de décomposition du cadavre... et le malheureux père est forcé de faire un enterrement sur place...

Il put conjecturer que la mort avait surpris cette famille pendant leur premier déjeuner, car près des cadavres s'entassaient des fragments de vaisselle brisée... M. Paravicimo recueillit plusieurs de ces tristes débris et ils font partie du petit musée de famille où se conserve avec amour tout ce qui a appartenu à leur chère envolée... Montrant ces lugubres souvenirs à nos deux voyageuses, la pauvre mère leur fit remarquer que la cendre tombée sur cette porcelaine s'y est tellement incrustée que rien ne peut l'en détacher.

Le Consul italien garda de sa visite au champ de la désolation les impressions les plus ineffaçables. C'était avec sa douleur personnelle, inénarrable... le saisissement, la peur, le sentiment irrésistible de la fin des choses... Les animaux eux-mêmes semblaient s'émouvoir en face de ce spectacle inusité de morts et de ruines... M. Paravicimo raconta qu'un bœuf égaré, par mégarde, s'avança lentement près de ce chaos funèbre... Il regarde d'un œil effaré et, pris d'épouvante, se met à pousser des gémissements plaintifs et prolongés... On eût dit qu'il comprenait l'universelle douleur et s'associait au deuil de la nature...

*
* *

UN SERMON BRUSQUEMENT INTERROMPU.

La dimanche 15 juin, Sœur Marguerite-Marie se rendit à l'église pour assister à une bénédiction du Très Saint-Sacrement, laissant sa compagne, un peu souffrante, en compagnie d'une religieuse Ursuline retenue également par la maladie. Il était sept heures et demie du soir... Après le chapelet, les chants, le Révérend Père Baraud monta en chaire... Tout à coup sa prédication est brusquement interrompue par des cris perçants qui semblaient venir de la cour du couvent attenant à l'église.

Les religieuses, effrayées, regardent de tous côtés, se demandant ce qui se passait chez elles en leur absence... On apercevait vaguement une forme blanche évoluant dans la cour en poussant des cris stridents qui glaçaient d'épouvante. « Une des Sœurs blanches se meurt », cria-t-on dans l'assistance ; c'est le nom qu'on donnait aux religieuses de la Délivrande à cause de leur costume...

Les cris redoublaient, aigus, perçants, presque sauvages.

Que se passe-t-il ? On doit assassiner quelqu'un, se disent les Sœurs pleines de terreur... La Supérieure sortit pour se rendre compte du péril et porter secours à l'infortunée dont les cris jetaient la consternation dans la pieuse assemblée. Notre chère Sœur créole, inquiète de sa compagne, suivit la Révérende Mère et toutes deux se dirigèrent vers le fantôme blanc dont les appels désespérés redoublaient de plus en plus...

Quel ne fut pas leur étonnement en reconnaissant la domestique du couvent, *Néta*, enveloppée d'un drap de lit, ce qui lui donnait un air de revenant blanc... Elle était affolée, hors d'elle-même... on lui donne des calmants... Alors, elle raconte qu'étant fatiguée, elle s'était retirée dans sa chambrette et qu'au moment de se coucher, prise d'un vague pressentiment, elle avait regardé sous son lit pour s'assurer qu'il n'y avait personne... Quel n'est pas son effroi en apercevant un homme qui s'y était blotti... Éperdue, elle s'empare de son drap, se le jette autour du corps, — car elle était déjà déshabillée, — et se sauve en poussants les cris qui avaient causé l'émoi dans le temple du Seigneur !!... A son tour, le voleur, un grand nègre, épouvanté par le vacarme de celle qu'il venait de dépouiller et aussi par l'irrégularité de sa situation, saute par la fenêtre et s'enfuit à toutes jambes. Mais il paraît que ce larron n'était pas à son coup d'essai ; il connaissait la cachette où la brave domestique déposait le fruit de ses sueurs et plusieurs fois déjà il était venu les subtiliser.

Cependant, aux cris partis de la cour, la foule avait déserté l'église... On escaladait les murs de clôture des Ursulines pour leur porter secours, d'autres allaient avertir la police... La panique était à son comble... le Père Baraud, resté en chaire, sans auditeurs, dut en descendre et remettre à un autre jour la fin de son sermon...

Quand l'orage eut cessé, chacun revint à sa place, et le Révérend Père put achever de donner la Bénédiction du Très-Saint-Sacrement.

***

22 JUIN. — ARRIVÉE DE L'ANNEXE ANGLAIS. VISITE D'UNE ALLIÉE A LA FAMILLE DE SŒUR MARGUERITE-MARIE, ÉCHAPPÉE AU CATACLYSME DU 8. — SA FUITE ÉMOUVANTE.

Pendant leur séjour à Bridgetown, les Sœurs de la Délivrande reçurent la visite des Pères Guyot et Gallot qu'elles avaient rencontrés au presbytère du village de « la Trinité ». Ces bons Pères revenaient de la Trinidad, où leur Ordre possède une maison... Ayant appris l'arrivée à la Martinique de leur Supérieur, le Révérend Père Malleret, ils s'étaient embarqués aussitôt pour aller se mettre à sa disposition. Leur arrêt à la Barbade fut de deux jours qu'ils passèrent auprès du Père Baraud. Celui-ci leur fit l'accueil le plus empressé, leur offrant sa voiture pour aller faire des excursions dans cette île.

Par le même paquebot étaient débarquées deux dames alliées à la famille de notre chère Sœur : Mme Décomis et sa fille qui se rendaient à la Guadeloupe. Elle fut heureuse et surprise de les revoir, car elle les croyait parmi les morts de la fatale journée du 8. Par ces dames elle eut le récit palpitant de leur périlleuse fuite.

Se trouvant dans une habitation située près du Carbet, Mme Decomis avait été témoin de l'horrible embrasement de Saint-Pierre. « Je vis, dit-elle, des boules de feu courir sur la ville avec une vitesse extrême... elles semblaient venir dans notre direction... elles ne nous atteignirent pas, car je les entendis éclater sur la cité néfaste déjà embrasée... Je pris la fuite avec mes enfants, pensant nous réfugier au Carbet. Nous courions dans les ténèbres qu'éclairaient de temps en temps des zigzags de feu, au bruit de formidables détonations du volcan. — De nombreux fuyards, aussi terrifiés que nous, nous réjoignirent bientôt...

» Sur notre passage, les champs de cannes prenaient feu et nous précipitions notre course, éclairées par ces incendies aux lueurs blafardes.., La cendre tombait, corrosive, brûlante, et nous en portons encore l'empreinte sur nos cheveux et sur notre tête.

» Tout à coup voilà qu'un cri retentit dans notre caravane : « *Mer monte* », dit un nègre qui nous servait d'éclaireur, « *fuyez sur montagne.* » — Aussitôt nous reprîmes notre course dans la direction des montagnes et, vers midi seulement, épuisés, incapables d'aller plus loin, nous fîmes halte dans une grange abandonnée. Nous étions une centaine environ : blancs, indiens, nègres, mulâtres... toutes les races avaient ici leurs représentants. Mais il paraissait n'y avoir aucune différence d'origine... Le nivellement s'était fait en un instant par la cendre.,. Il eût été bien difficile de reconnaître un blanc sous le masque de noir de fumée qui nous recouvrait tous... et puis, l'identité du danger achevait la fusion des castes !...

» Un prêtre se trouvait heureusement dans notre groupe aux abois... Il essaya de ranimer les courages, exhortant à la confiance en Dieu... puis il nous donna l'absolution. Comme la contrition est facile et profonde en face de sa fin dernière !... Ce fut une scène touchante dont je ne perdrai jamais la mémoire !

» Torturés par une soif horrible, la plupart de ces malheureux semblaient râler et poussaient des gémissements lamentables. Quelques personnes dévouées allèrent à la recherche d'un peu d'eau potable. Ce fut en vain, elles ne trouvèrent qu'un liquide si épais de cendre qu'on eût dit de la boue. Pour échapper aux tortures de la soif, on se soumit à celles non moins vives causées par cet atroce breuvage.

» Vers trois heures, on aperçut au loin le *Suchet* dont la vue rendit force et courage... C'était le salut... Nous descendîmes la côte du Carbet pour nous rapprocher du vaisseau qui venait en aide à notre détresse : Quel spectacle s'offrit alors à nos regards ! Toute la route était jonchée de cadavres carbonisés, horribles, déjà en décomposition. Il nous fallut côtoyer ces morts pour atteindre le rivage qui lui-même ressemblait à un cimetière...

» Enfin nous prenons place dans les canots qui devaient nous rallier au *Suchet*. Ce fut alors une scène de désordre et de confusion telle qu'on ne put s'entendre. Je fus séparée de mes filles malgré nos mutuelles réclamations... A peine en mer, on s'aperçoit que l'embarcation prend l'eau et menace de couler à fond... L'épouvante nous gagne tous et pendant que les conducteurs s'empressent de gagner le navire à force de rames, nous nous occupons à vider notre canot — qui se remplit toujours — avec nos calebasses et même avec nos mains.

» Nous étions sauvés !... mais dans quel état effroyable débarquâmes-nous à Fort de France : pieds nus, couverts de cendre, et sans ressources... Des amis nous reçurent jusqu'à notre départ pour la Trinidad, où, grâce à Dieu, nous trouvâmes un accueil charitable. »

Mᵐᵉ Décomis acheva à Sœur Marguerite-Marie sa triste histoire en lui énumérant les pertes causées par la catastrophe. D'une situation brillante, elle se voyait réduite au plus complet dénûment ; elle en souffrait surtout pour ses enfants habitués jusqu'alors à une vie large et confortable. Sa fille aînée, mariée, avait dû la quitter pour suivre son mari en Cochinchine, où, après bien des démarches, il avait fini par obtenir une situation. Pour s'y rendre, n'ayant pas l'argent nécessaire à la traversée, il avait simplement sollicité une place sur le pont, et c'était là qu'avec sa jeune femme, jadis si élégante, il pensait gagner la Chine... Le capitaine, ému, lui fit offrir une cabine. En attendant d'aller les rejoindre, car la séparation lui était trop douloureuse, Mme Décomis et sa seconde fille se rendaient à la Guadeloupe, où un de leurs parents leur offrait un asile sous son toit.

**

DÉTAILS NAVRANTS SUR LA MORT
DES QUARANTE-SEPT PERSONNES DE LA FAMILLE
DE SŒUR MARGUERITE-MARIE.

Par Mme Décomis, que la Providence mit sur son chemin, Sœur Marguerite-Marie put avoir quelques détails sur la mort de sa nombreuse famille englobée dans le rayon du feu destructeur.

Aux premiers symptômes de l'éruption, la plupart des parents de notre chère Sœur se réfugièrent dans l'habitation d'une cousine... Cette maison, située sur les hauteurs du *Quartier Monsieur*, paraissait offrir un asile sûr à ses nombreux réfugiés qui s'y croyaient en parfaite sécurité, se trouvant bien éloignés de la ville dont le *Mouillage* et l'*Anse de Saint-Pierre* les séparaient.

Lorsque des flancs de la terrible Montagne s'abattit sur la ville la colonne de laves enflammées, semant la mort et la destruction, la pression atmosphérique qui se produisit alors fut telle que, semblable à un ouragan de feu d'une extraordinaire violence, elle étendit au loin ses ravages. Par son élévation même, le *Quartier Monsieur* était très exposé, aussi fut-il dévasté en un instant. La trombe destructive le rasa complètement et, dans sa formidable poussée, précipita tous ses habitants au pied de la colline, où ils furent tous retrouvés sanglants ou carbonisés...

Parmi ces morts chéris se trouvaient une tante et ses trois plus jeunes enfants. Son séjour ordinaire était Caracas (Amérique du Sud), où son mari et son fils aîné avaient une magnifique situation. Elle était venue pour passer quelques mois à la Martinique et se trouva ainsi dans l'hécatombe de cette journée funèbre. La douleur de son mari et de son fils fut immense...

De nombreux et ravissants enfants avaient été moissonnés dans ce groupe familial, entre autres *Baby*, l'amie intime de la petite nièce de Sœur Marguerite-Marie, délicieuse fillette de dix ans, blondine aux grands yeux bleus de pervenche qui venait de faire sa première communion depuis quinze jours à peine. Vouée au blanc en l'honneur de la Madone, la chère petite s'était envolée au ciel encore toute parfumée de son premier bonheur Eucharistique... et elle était allée s'asseoir au banquet éternel après lequel soupirait son âme pure et candide.

*
* *

ENCORE DES MORTS DANS LA FAMILLE DE SŒUR MARGUERITE-MARIE.

Deux autres cousins avaient pensé éviter les atteintes du terrible destructeur en se rendant aux environs de Saint-Pierre dans une habitation qu'ils y possédaient. La mort les y poursuivit. L'un d'eux fut trouvé à quelques pas de sa demeure, broyé, haché par des pierres volcaniques projetées du cratère béant... Le second, atteint par une roche tranchante, fut décapité au moment où il courait, cherchant sans doute un abri. On ramassa sa tête à quelques mètres de l'endroit où gisait son misérable corps carbonisé et horriblement gonflé...

*
* *

O MORT ! SUSPENDS TA FAUX, ÉPARGNE LES HEUREUX DE CE MONDE !

Parmi les amies que notre chère Sœur avait à Saint-Pierre se trouvait une jeune femme mariée depuis un an à peine et possédant tout ce qui peut procurer le bonheur ici-bas. Intelligence, beauté, fortune ; tout se réunissait pour en faire une de ces jeunes reines que le monde admire et encense...

Un bébé charmant était venu mettre le comble à la félicité des deux époux... Tout leur souriait, tout semblait leur prédire la plus heureuse des existences... Soudain éclata la terrible journée... elle n'épargna personne. Les heureux du siècle et les miséreux, courbant sous le poids de la détresse furent enveloppés dans la même destinée... M. et Mme T. H.

furent retrouvés avec leur enfant, carbonisés sous les ruines de leur luxueuse habitation. Le bébé tenait encore à la main *une cuillère d'or* avec laquelle il devait jouer au moment où la mort brisa sa frêle existence.

Ainsi, moissonnés en leurs printemps, ces infortunés auraient pu redire — et d'autres avec eux — cette plainte du prophète : « Seigneur, vous coupez la trame de notre vie lorsqu'elle commençait... Nous espérions vivre jusqu'au matin, mais le mal, comme un lion qui dévore sa proie, a brisé tous nos os ([1]). »

Quelques jours avant l'arrivée de nos voyageuses à la Barbade, une *éruption de la Soufrière de Saint-Vincent* avait jeté la consternation dans l'île. Bridgetown avait été couverte de cendre, et on y avait entendu de sourds grondements, échos de ceux du Mont-Pelé. Pendant le séjour des deux Sœurs de la Délivrande dans cette ville, une nouvelle éruption se reproduisit au même lieu, mais ne fut que faiblement perçue à la Barbade où éclata au même instant un violent orage...

Après tous ces lugubres événements, ce temps d'épreuves, d'agitations et de trouble, Sœur Marguerite-Marie se trouva dans une période de calme et de repos... Alors revivant des souvenirs du passé, elle en faisait comme une méditation perpétuelle, afin de se les graver à jamais dans l'esprit et le cœur pour les porter devant Dieu en une incessante prière de gratitude et d'action de grâces... Arrivée en Europe, notre chère créole dut quêter pour les sinistrés et passer une partie de l'hiver en Angleterre... Plusieurs fois le jour, elle devait raconter la série des lugubres événements dont elle avait été témoin... Ces récits perpétuels conservèrent intacte cette précision de détails si profondément gravés dans sa mémoire. C'est ainsi qu'elle put nous faire le narré de son long voyage, qui, dirigé à l'insu de tous par la divine Providence, devait en l'éloignant des lieux où sa vie était en péril, la conduire vers un port plus sûr, à l'abri des tempêtes de la mer et des laves des volcans. Mais elle avait dû avant réaliser cette parole de nos Saintes Lettres : *Il faut que vous passiez par le feu et par l'eau avant d'entrer dans le rafraîchissement* ([2]).

1. Cantique d'Ézéchias.
2. Ps. LXV, 12.

EN MER POUR TOUT DE BON !

Mon Dieu qui dominez la puissance de la
mer et qui calmez l'impétuosité des flots.
(*Ps.* LXXXVIII, 10.)

Levez-vous et venez me secourir.
(*Ps.* XLIII, 26.)

LE 22 juin, dans la soirée, nos deux voyageuses
firent leurs adieux aux Religieuses Ursulines
qui les avaient si fraternellement accueillies et
si délicatement traitées... Elles leur promirent
encore de veiller sur la tombe de leur Mère vénérée et de réciter chaque jour pour sa chère âme le *De
profundis*, promesse consolante qui adoucit leur douleur de
laisser ses restes aimés sur une terre étrangère. Après
une dernière visite au tombeau de la morte chérie, elles se
dirigèrent vers le port où le bon Père Baraud, qui les avait
accompagnées, leur donna une dernière bénédiction...

Deux jeunes filles appartenant aux familles les plus distinguées de la ville, montèrent en canot avec les *Sœurs
Blanches* pour jouir de leur présence jusqu'au paquebot
l'*Orenoco*, sur lequel elles devaient s'embarquer. .

Ce fut sous une pluie torrentielle qu'elles arrivèrent sur le
pont, où leurs charmantes conductrices, qui connaissaient le
capitaine, les recommandèrent à sa bienveillance. Elles en
sentirent les heureux effets depuis leur départ jusqu'à leur
arrivée. On leur donna une cabine fort belle et pendant tout le
trajet elles furent l'objet d'attentions soutenues et touchantes...

Elles eurent la bonne chance de se trouver à bord avec
un Père de l'Immaculée Conception de Chavagne et une
famille française qui, après deux ans de séjour à la Trinidad,
revenait en Europe. Ravies de se rencontrer avec des compatriotes, elles demandèrent au capitaine de leur donner une
table à part. Ce qu'il fit aussitôt. On l'appela : *la table des
Français !* ([1])

**

UN SOUVENIR MORTUAIRE.

Deux officiers anglais racontèrent à nos chères Sœurs que

---

1. Bien que créole anglaise, notre chère sœur appelait la France sa patrie,
toute sa famille étant d'origine française.

dans un pèlerinage aux ruines de la cité *mortuaire*, ils avaient découvert parmi les ruines de l'Orphelinat des Sœurs de la Délivrande, plusieurs cadavres de religieuses qui gardaient encore dans la mort l'attitude de la prière. L'une d'elles portait son chapelet enroulé autour de son bras, et il s'était comme incrusté dans les chairs. L'officier en prit un fragment qu'il emporta *comme une « relique »*, dit-il, dont il ne se dessaisirait jamais !...

*
* *

LE NAUFRAGE DU « GRAPPLER ». — FAMILLE INFORTUNÉE.

Parmi les passagers se trouvaient encore la femme et la fille d'une victime du 8 mai qui avait trouvé la mort sur le *Grappler*, petit vaisseau chargé de l'entretien des câbles sous-marins. Le câble anglais venait de se rompre depuis peu, et le *Grappler* se trouvait au jour funeste en rade de Saint-Pierre pour réparer l'accident. Des hauteurs du Morne Rouge, Sœur Marguerite-Marie le voyait parfaitement, quelques instants avant l'éruption, aller et venir dans la rade pour se rendre compte des dégâts. Ne sachant ce que faisait ainsi ce steamer, elle pensait qu'il était bien imprudent, avec les grondements du volcan, de s'aventurer si près du cratère... Peu après, l'éruption éclatait, terrible, destructive... Le *Grappler* coula à fond, sans avoir le temps de regagner la pleine mer...

Mme et Mlle X^*** étaient alors directrices du télégraphe de « Saint-Thomas ». Tous les détails de ce terrible accident leur passèrent sous les yeux. Sans préparation, elles apprenaient ainsi la perte de celui qui était tout leur bonheur [1], perte sans espérance, car on affirmait que pas un seul homme n'avait échappé au naufrage... Ne pouvant plus rester à « Saint-Thomas » après un tel malheur, ces dames s'embarquaient pour l'Europe, où elles espéraient trouver une situation.

*
* *

INCIDENTS DE VOYAGE.

Il n'était pas dans la voie de notre chère Sœur Marguerite-Marie de faire une aussi longue traversée sans éprouver les périls qui se rencontrent sur mer.

---

1. Les communications télégraphiques arrivaient par Sainte-Lucie.

Pendant deux jours la tempête secoua le navire et ses passagers, ce qui effraya beaucoup nos deux voyageuses qui durent encore payer tribut au terrible mal de mer. A deux reprises, leur repas fut interrompu par des accidents qui jetèrent l'effroi parmi les passagers. Un jour, ce fut le navire qui s'arrêta brusquement : un dégât survenu à la machine nécessitant la réparation du dommage.. Dans une autre circonstance, toutes les lampes électriques prirent feu à la fois, laissant les convives plongés soudain dans les ténèbres et croyant que le bâtiment allait être livré aux flammes... Puis c'est le vaisseau qui faillit heurter une épave ; heureusement que cette fâcheuse rencontre eut lieu en plein jour, car la nuit les conséquences eussent pu être désastreuses.....

Mais Dieu veillait... et ce que son cœur garde est divinement gardé !... Malgré tant de périls, de douleurs, de fatigues et de péripéties, Sœur Marguerite-Marie avançait vers le lieu de son repos...

Nous n'avons pas à raconter ici par quelles étapes le divin Maître la fit s'acheminer vers nous... Disons seulement que six mois après le déchirant adieu à la patrie, elle venait jeter l'ancre de la paix et de la consolation dans notre cloître d'exil... Quelque temps après, se revêtant des sombres livrées des filles de Sainte-Claire, elle s'ensevelissait sous un nom nouveau : *Edith Duchâteau-Roger*, comme *Marguerite-Marie* n'existait plus... Morte à tout et à tous, elle accomplissait ainsi son vœu fait sous la cendre et la lave : le cloître est son tombeau...

« *Dieu l'avait fait passer par le feu et par l'eau avant de l'introduire dans le lieu du rafraîchissement !* »

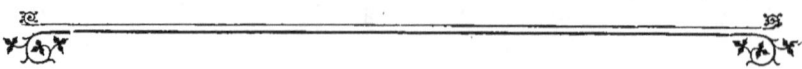

DESTRUCTION DU MORNE ROUGE.

S'il faut mourir, au moins mourons tout
entier et tombons tout d'une pièce !
(P. de Ponlevoy.)

ÉRUPTION DU 30 AOUT 1902 (¹).

CE fut quelque temps après son arrivée en France
que Sœur Marguerite-Marie apprit la catastrophe finale qui mit fin aux jours du Morne
Rouge et de son vaillant Pasteur, le Père
Mary. Jusque-là les flammes ardentes avaient
respecté la splendide église de Notre-Dame de la Délivrande... et dans les moments de terreur suprême, elle était
restée le lieu de refuge où se pressait la population affolée...

L'éruption du 20 mai ne fit pas de victimes au Morne
Rouge, mais y jeta un effroi irrésistible. Le Père Mary,
jugeant imprudent de rester dans le voisinage d'un volcan
en perpétuelles fureurs, pressa ses chers nègres d'abandonner
le bourg où leur vie était en péril... Il prit le Saint-Sacrement et, montant sur son cheval brun, le brave et fidèle
« *Comme vous,* » si connu des habitants, il donna le signal
du départ... Les pauvres et les vieillards de l'hôpital de
« Nazareth » l'entouraient ; les plus faibles tenaient la queue
du vaillant « *Comme vous* » qui se laissait tirer et *tirailler*
sans s'impatienter, traînant courageusement la bande des
infirmes qui, grâce à ce genre de remorquage, put suivre la
longue caravane jusqu'à la Grand'Anse, où l'on fit halte
cette première nuit...

Le lendemain 22, le Père Mary revint au Morne pour
essayer de sauver les ornements et vases sacrés laissés à la
sacristie. Avant de partir, il recommanda à ses paroissiens
d'attendre son retour. Mais, à peine s'était-il éloigné, que
les nègres, regrettant leurs misérables demeures, se précipitèrent sur ses pas, résolus à ne plus quitter leurs pénates...
Quand le Père Mary aperçut cette foule et qu'il connut son
dessein, il abandonna lui-même son projet de retraite et
resta sous la bouche du volcan... Son peuple avait besoin de

---

1. Les détails qui nous ont aidée à composer ce chapitre ont été donnés de
vive voix à notre chère créole par une religieuse qui se trouvait encore à la
Martinique lors de ces derniers désastres.

son ministère sacerdotal... il fallait qu'il lui donnât l'absolution, la communion... Puisqu'il n'avait pu mettre en sécurité
l'existence humaine de ses paroissiens, au moins voulait-il
leur assurer autant qu'il était en son pouvoir, le salut
éternel...

Il devint alors plus que jamais la providence de cette
population éprouvée... Les vivres manquèrent... le Père y
pourvut... Il en fit venir de Fort de France... et il organisa
des distributions quotidiennes de secours, il fit tuer un à un
tous les animaux domestiques qui, du reste, ne trouvaient
plus à se nourrir dans les savanes calcinées. « Il était
constitué, disait-il gaiement, médecin de l'âme et du corps,
pharmacien, intendant des vivres, Père et presque Maire. »
Grâce à sa prévoyance et à son initiative, il fit face à toutes
les nécessités, matérielles autant que spirituelles. Il était de
plus en plus le *Factotum* de ses paroissiens qui trouvaient
encore de dévouées infirmières dans les Religieuses de la
Délivrande restées au Morne Rouge...

Cependant, la santé du Père Mary ne put résister à des
fatigues si excessives. Vers la mi-juin, il se rendit à l'Ajoupa-
Bouillon et de là à « la Trinité » pour y prendre un peu de
repos.

On l'envoya ensuite à l'hôpital militaire de Fort de France;
après quinze jours de traitement, il le quitta, résolu de
regagner sa paroisse. M. l'administrateur lui ayant recom-
mandé de ne pas s'exposer, il se contenta de rester dans le
voisinage du Morne Rouge, afin d'être à la disposition de
ceux qui auraient besoin de lui.

Le 15 août, après avoir célébré la fête de l'Assomption
dans le magnifique sanctuaire de la Délivrande, il descendit
à Fort de France prêcher une retraite aux Sœurs de Saint-
Joseph de Cluny. En les quittant, il leur dit : « Je retourne
dans ma paroisse *que je ne veux plus quitter ! Mort ou vif*,
je resterai au Morne. » Cet héroïsme lui coûta la vie.

Quand le Père Mary arriva pour la dernière fois au
Morne, il le trouva presque repeuplé. Ne recevant de quoi
subsister ailleurs, les pauvres nègres avaient repris en masse
le chemin de leur village.

A partir du 25 août, le sol du Morne Rouge fut comme
une mer agitée : tremblements de terre, trépidations ; c'est à
peine si on pouvait se tenir en équilibre... les objets vacil-
laient sur les tables où on les plaçait, puis, tout près, à deux

VUE DE LA FORÊT. (P. 122.)

UNE VILLA DANS LA MONTAGNE, A SAINT-PIERRE. (P. 180)

ILE SAINT-VINCENT. — RUINES D'U

Le village de Wallibou contenait des plantations de canne à sucre, d'an
du rivage de la mer ; ses 200 habitants ont été victimes du désastre, en
fond la fumée, est dis

PLANTATION A SAINT-VINCENT. (P. 187.)

rot et de café ; toutes ont été détruites. Les ruines sont à moins d'un mille
·tie tués par l'éruption, en partie noyés. Le volcan, dont on voit dans le
t d'environ deux milles.

M. BOREHAN,
CAPITAINE DU « GRAPPLER ».
(P. 189.)

M. FREEMAN,
CAPITAINE DU « RODDAM ». (P. 104.)

pas, la lave toujours bouillante, vomie incessamment par le
monstre horrible... Assurément une catastrophe se préparait :
le feu couvait sous la cendre... Le Père Mary le comprit. Il
sonna la cloche du ralliement, fit seller son cheval... Mais il
avait compté sans la ténacité des nègres, préférant mourir
chez eux, sous la lave, que de s'exposer de nouveau aux
tortures de la faim. Voyant l'inutilité de ses instances, le bon
Père n'insista plus et attendit la mort au milieu de son troupeau, qu'il ne voulut pas laisser sans secours religieux... Cet
apôtre selon le cœur de Dieu comprenait ainsi sa mission.
Sa conduite ne redisait-elle pas ces paroles de saint Paul à
son peuple de Corinthe : « Je sacrifierai tout volontiers et
par-dessus je me sacrifierai moi-même pour vos âmes (1). »

*
* *

30 AOUT

A huit heures du soir, des détonations effroyables jettent
la panique au milieu de la population qui se livrait déjà au
repos. Une grêle de roches et de laves incandescentes s'abat
sur le bourg, enfonce les toits des maisons, détruisant et tuant
en masse.

Le Père Mary, voyant la toiture du presbytère s'effondrer
sous la terrible avalanche enflammée, se précipite hors de chez
lui pour gagner l'église, où il pense que sa présence serait
utile à ses infortunés paroissiens... Le trajet était relativement court ; mais, nullement protégé contre la pluie de laves
et absorbant des gaz délétères et brûlants, il se sentit frappé
à mort... Arrivé au sanctuaire, il s'élance auprès de la
Madone pour mourir sous son regard maternel. C'était pour
elle qu'il avait si vaillamment combattu, n'était-il pas juste
qu'il expirât à ses pieds ?...

Soudain, des cris désespérés retentissent ! Un malheureux,
nommé Arcade, qui, jusque-là avait résisté aux sollicitations
de son dévoué curé, se sentant mourir, s'était précipité vers
l'église. A peine en avait-il franchi le seuil qu'il s'affaisse, se
tordant de souffrances : « *Père*, s'écrie-t-il en apercevant son
curé, *Père, l'absolution... je me meurs ! !...* »

Par un suprême effort, oubliant ses propres maux, le saint
prêtre parvint à se relever et à se traîner au bas de
l'église...

Il a la consolation immense de réconcilier avec Dieu l'âme

---

1. S. Paul *aux Corinthiens*, XII.

de ce pauvre pécheur qui, quelques instants après, expirait bénissant la divine Miséricorde de la grâce qu'elle venait de lui faire...

Arcade était un employé de M. Carassus, le maire du Morne Rouge. Malgré ses longues résistances, il n'était pas mauvais... Quoique vivant éloigné de toutes pratiques chrétiennes, il ne manquait pas, chaque année, au jour de la « Fête-Dieu », de tirer un feu d'artifice en l'honneur du Très-Saint-Sacrement, manifestant ainsi son respect et sa foi en ce mystère. Qui sait si ce ne fut pas ce faible hommage, rendu à son humanité voilée, que Dieu récompensa en procurant à ce pauvre homme, plus ignorant que coupable, la grâce suprême d'une dernière absolution ?

Mais cet acte de dévouement acheva le Père Mary. Le soufre brûlant qu'il aspira, près de la porte du sanctuaire, lui causa d'indicibles tortures... il ne put aller plus loin... les forces lui manquant, il s'affaissa près du malheureux qu'il venait d'absoudre... ([1])

**

DÉGATS CAUSÉS DANS L'ÉGLISE PAR L'ÉRUPTION.

Les roches qui tombaient sur le toit de l'église, le défoncèrent en partie, pendant que l'air embrasé, la cendre et les vapeurs brûlantes détérioraient les magnifiques peintures dont elle était embellie et qu'un artiste de talent, Frère Fulbert, venait à peine d'achever. Son œuvre était splendide... Les principaux traits de la vie de la Sainte Vierge, les symboles qui l'annonçaient dans l'Ancien Testament, étaient représentés sur toile et ces immenses panneaux couvrant et la voûte et les murs faisaient de ce sanctuaire une merveille artistique, que complétaient les vitraux représentant les quinze mystères du Rosaire. Seule, la statue de Notre-Dame de la Délivrande, un peu noircie toutefois, resta debout et intacte, comme au jour du cyclone de 1891, sur son piédestal qui ne fut pas ébranlé...

**

STATUETTE DE LA VIERGE.

Une des rares maisons épargnées par l'ouragan de feu appartenait aux Religieuses de la Délivrande ; elle servait

---

1. On a evalué à deux mille environ le nombre des victimes de cette fatale journée.

d'asile à une jeune fille, Mlle Cara, et à huit personnes de sa connaissance qui s'y étaient réunies... La demeure était de structure légère, et tout l'espoir des réfugiées reposait en une petite statue de la Sainte Vierge, reçue des mains du Père Mary, qui, après l'avoir placée un moment dans les bras de la Madone miraculeuse, avait dit à la pieuse demoiselle : « Ayez confiance ; cette Vierge fera des miracles. »

Le sol s'ébranle, Mlle Cara et ses compagnes sont violemment projetées en l'air ; tout s'enflamme autour d'elles, même les mouchoirs qu'elles tiennent à la main... A genoux autour de la Vierge, elles multiplient leurs ardentes supplications... qu'anime une confiance sans bornes en la Mère de Dieu. « Sauvez-nous, ô Marie, pour que nous puissions raconter ce prodige à votre gloire, » répètent-elles malgré leur stupeur et leur effroi...

Enfin une accalmie succède à la tourmente ; les pieuses préservées se rendent au presbytère, inquiètes du bon Père !... Sa demeure est une ruine encore fumante... Mais où est-il ?... Elles courent à l'église... Sur un banc calciné gisait le vaillant Pasteur, couvert de multiples et douloureuses blessures...

La place qu'elles traversèrent était un champ de cadavres, victimes frappées par la mort avant d'avoir pu atteindre le sanctuaire, où chacun voulait mourir !... Ce peuple malheureux n'oubliait pas, à la dernière minute, que Marie est la porte du Ciel : *Janua Cœli*. Cette invocation avait si souvent retenti depuis cinquante ans sous les voûtes de ce sanctuaire !... Aujourd'hui on venait lui redemander de la réaliser. Les enfants du catéchisme jonchaient le porche de leurs petits corps brûlés. Ils en connaissaient si bien la puissance et l'amour de cette Madone aux traits si doux !... Quelques blessés agonisaient, parmi ces monceaux de cadavres ; ils remplissaient l'air de plaintes lamentables et de cris désespérés.

Les pieuses femmes prirent la lampe qui brûlait devant la Sainte Face et de son huile arrosèrent les plaies du Prêtre héroïque qui se mourait victime du devoir. Voyant en lui un Martyr de la charité apostolique, elles baisaient respectueusement ses mains consacrées, mais l'humble religieux les retirait disant : « *N'embrassez pas ce qui n'est que pourriture !* »

Mlle Cara, aidée de ses compagnes, transportèrent dans la demeure restée debout au sein des ruines, le Père Mary et les blessés afin de leur prodiguer leurs soins.

Ces femmes dévouées, dans leur office de charité, ne rappellent-elles pas les grandes chrétiennes des premiers âges de l'Église, allant recueillir les corps des martyrs de la foi et même des simples fidèles ? Les Praxède et les Pudentienne leur fermaient les yeux et, leur ayant lavé les corps avec respect, elles les oignaient d'huiles aromatisées. Ici, sur cette montagne lacérée par le volcan, les essences odorantes ont disparu, mais ces femmes à la foi vive, les remplacent par une huile qui s'est consumée devant la Face douloureuse du Sauveur... Après avoir, non pas fermé les yeux des moribonds, mais fait rayonner sur eux la lumière divine en les mettant en contact avec le Prêtre qui, quoique mourant, en est le dépositaire, elles pansent leurs plaies, car ils sont horriblement brûlés...

Le Père Mary arrachait des larmes par son état affreux. L'enflure de son corps était considérable et les zélées infirmières durent couper sa soutane pour pouvoir opérer le pansement ; puis, elles l'enveloppèrent d'un grand drap... Alors, ce fut une scène indicible. Le vénéré mourant réclame les Saintes Huiles afin de donner l'Extrême-Onction aux pauvres nègres agonisant à ses côtés... Mais le Martyr ne peut plus lever le bras... il faut qu'on le lui soutienne... et c'est ainsi qu'il donne le Sacrement de Pénitence à ses compagnons d'infortune et qu'il les oint pour le passage du temps à l'Éternité. Ne rappelle-t-il pas, ce généreux athlète du Christ, le Christ lui-même expirant sur la croix après avoir absout le larron coupable et consolé le disciple fidèle ?...

Comme son divin Maître, le saint Religieux dut subir le tourment de la soif... peut-être aussi d'une double soif, celle que la fièvre causait à son corps brisé et celle plus mystérieuse des âmes à sauver... Nous savons comment jusqu'au bout il étancha cette dernière soif sans souci de ses propres douleurs... Mais la soif de son corps !... Sous l'embrasement général toutes les sources étaient taries, et c'est en vain qu'on eût cherché une goutte d'eau dans les fontaines du bourg. Mlle Cara n'hésite pas à aller jusqu'à « Fond Saint-Denis », distant environ de quatorze kilomètres pour rapporter au Père Mary et aux autres mourants le verre d'eau froide auquel le Seigneur a promis de donner sa récompense...

Elle partit, se confiant en la protection de la Très Sainte Vierge et, chose merveilleuse, elle traversa des chemins, fumant sous la lave, couverts de débris incandescents, sans recevoir aucune blessure. Pourtant elle était pieds nus, car, dans son empressement à soulager son Père en la foi et ses frères dans le Christ, elle n'avait pas pris le temps de se munir de ses chaussures.

*
* *

MORT DES SŒURS DE LA DÉLIVRANDE.

Le couvent de la Délivrande ne possédait plus au 30 août que deux religieuses; celles que leur infirmité rendait incapables de supporter les fatigues du périlleux voyage de l'émigration. C'étaient Sœur Saint-Paul et Sœur Marie-Thérèse.. elles venaient de se mettre au lit quand l'océan de feu envahit le couvent... Les pauvres filles, carbonisées par l'élévation subite de la température, furent ensevelies sous les ruines embrasées de leur cher monastère qu'elles n'avaient jamais voulu quitter. Onze années auparavant, en ce même mois d'août, Sœur Saint-Paul avait été, — lors du cyclone, — retirée des décombres de son couvent par les soldats ayant à leur tête, on s'en souvient, le vaillant Capitaine agonisant aujourd'hui sur le même champ de l'honneur !...

Sœur Marie-Thérèse contemporaine de Sœur Saint-Paul, n'était pas au Morne Rouge au jour du cataclysme de 1891; elle se trouvait à Saint-Pierre avec la Mère Générale qu'elle avait aidée d'un dévouement infatigable dès les débuts de la fondation de son Institut...

*
* *

MORT DU PÈRE MARY.

Le lendemain matin, 31 août, vers neuf heures, le Père Mary fut déposé dans un hamac et transporté à « Fond Saint-Denis », d'où une voiture envoyée par M. le chanoine Parel devait le conduire à Fort de France.

Le chemin étant défoncé et jonché de débris, le pauvre blessé eut durement à souffrir. En traversant le bourg, il entendait les gémissements des victimes que la mort n'avait pas encore complètement vaincues... Alors le Vénéré Malade, prêtre du Seigneur jusqu'à sa dernière heure, faisait arrêter ses porteurs et avec une main, si défaillante qu'il lui fallait un secours étranger pour la soulever, il bénissait et absolvait ceux de ses paroissiens qui avaient encore un reste de vie...

Enfin il arrive à « Fond Saint-Denis »... Le temps pres-

sait... les moments du saint Religieux semblaient comptés...
A huit heures il reprend dans une voiture la direction de la
capitale... Dans le trajet il se confesse une dernière fois. Il
était deux heures du matin quand il faisait son entrée à
l'Hôpital de Fort de France, dernière étape de ce voyage
qui devait le conduire au Ciel. Le Père Bruno et le frère
Gérard ayant appris le douloureux événement de la veille,
étaient accourus pour assister leur frère mourant...

Le Père Mary reçut les derniers sacrements avec sa foi
vive et sa piété ardente, gardant jusqu'à la fin toute sa connaissance et édifiant son entourage par son admirable résignation. Son courage à supporter les maux physiques était
simplement héroïque. Après une courte agonie, le héraut *de
Dieu* expira à dix heures quarante-cinq du matin, le 1er septembre.

Les funérailles du saint prêtre furent solennelles et touchantes... M. l'Administrateur du diocèse tint à honneur
de les présider. Sans distinction de races et d'opinions, un
cortège immense l'entoura de sa sympathie et de ses regrets...
Il était universellement estimé dans l'île... on voyait en lui
un valeureux champion de la foi catholique que n'arrête
aucune considération humaine. Mais inénarrable est la douleur de ses nègres, paroissiens semés dans l'île depuis les
éruptions. Ils accourent de partout dès qu'ils apprennent la
mort de leur Pasteur. Ils veulent contempler une dernière
fois les traits de celui qu'ils aiment comme un père et vénè-
rent comme un saint... Ils ne laissent à personne l'honneur
de porter le cercueil du vénéré défunt et au milieu de sanglots ils le déposent dans le caveau des Frères de Ploërmle,
« *Saint Père Mary*, disaient en pleurant une vieille négresse,
résumant le sentiment populaire, *sans vous, qu'allons-nous
devenir ? Priez Dieu pour nous!* »

Le Père Mary avait cinquante et un an et il y en avait
vingt-six qu'il se dévouait corps et âme au salut des pauvres
nègres de la Martinique.

Que de bien il avait fait dans cette paroisse du Morne
Rouge où il se dépensait depuis dix-neuf ans ! Que d'œuvres
entreprises pendant les douze années où il en fut le curé !...

La reconstruction de ce magnifique Sanctuaire de Notre-
Dame de la Délivrande, si artistement décoré, si richement
orné, avec ses autels de marbre et d'onyx, son monumental
chemin de croix, chef-d'œuvre d'art qu'il avait fait venir à

grands frais de Paris, — le baptistère, les confessionnaux, la chaire, autant de merveilles de bon goût et de richesse dues à son zèle pour la gloire de Dieu.

Ne peut-on pas, dans une certaine mesure, appliquer à ce vaillant apôtre les paroles magnifiques par lesquelles l'Ecclésiastique fait l'éloge de « Simon, fils d'Onias, grand-prêtre qui, dans sa vie, a soutenu la maison du Seigneur et en ses jours a fortifié le temple ?

« C'est par lui aussi qu'a été fait le fondement profond du temple, le double bâtiment et les hautes murailles du temple.

« En ses jours ont coulé des puits d'eaux, et comme une mer ils ont été remplis outre mesure.

« Il a eu soin de sa nation et l'a délivrée de la perdition.

« Il a été assez puissant pour agrandir la cité; il a acquis de la gloire en vivant au milieu de la nation et il a agrandi l'entrée de la Maison du Seigneur et du parvis.

« Comme l'étoile du matin, au milieu d'un nuage et comme la lune luit dans les jours de son plein.

« Et comme le soleil resplendissant, ainsi lui a resplendi dans le temple de Dieu ([1]) !

1. Eccles., L.

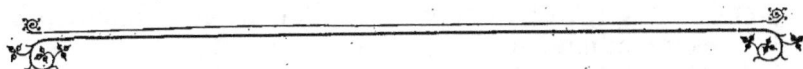

LETTRES DES ANTILLES.

> Mais ayant repris cœur après l'orage, rappelez vos forces à la vue de mes miséricordes, car je suis près de vous, dit le Seigneur, pour rétablir toute chose.
>
> *(Imitation,* Liv. III, chap. XXX.)

L'ILE dont nous avons suivi avec intérêt les péripéties émouvantes, ne semble point être rentrée dans le calme d'une situation relativement normale. Les lettres d'au delà les océans à notre adresse ou à celle de notre chère Sœur sont encore toutes remplies des commotions de ce sol, des mugissements du volcan, signes indubitables que cette terre traverse une période de crises volcaniques et géologiques sur les résultats desquelles la science ne dit rien encore ou ne peut rien dire de précis...

C'est donc toujours pour les habitants de cette terre tourmentée, la stupeur perpétuelle, le désarroi, l'émigration, suivie de près par l'immigration, car que faire hors de chez soi ?... On est à l'abri de la lave, c'est vrai, mais c'est la misère, la perte d'une situation, des biens livrés aux pillages... et puis le sol natal ! le sol natal, rien ne le remplace !

Nous donnons ici quelques lettres venues des Antilles françaises ou anglaises, nous parlant encore de ce pays que nous avons admiré au jour de sa splendeur et de l'heureuse prospérité de ses habitants et qui, à présent, n'est plus que ruines, désolation... et où ne vivent que des êtres sur lesquels la mort semble projeter comme une ombre...

La lettre qui suit nous vient de Trinidad où s'était réfugiée une famille amie, après les premières éruptions de mai et de juin qui avaient déterminé de si nombreuses émigrations vers la France ou l'étranger...

« Septembre 1902. — Trinidad (Antilles anglaises).

» CHÈRES RÉVÉRENDES MÈRES ET AMIES

» Vous devez être avant nous au courant des derniers
» événements de notre Martinique; des mortalités nouvelles,
» au nombre de deux mille, ainsi que des blessés de l'érup-

» tion de la fin d'août. On s'y attendait, le volcan n'ayant
» jamais cessé d'être en activité, et l'on ne comprenait pas
» la mesure administrative qui renvoyait les malheureux
» habitants du Nord dans leurs foyers, en obligeant les exilés
» des autres colonies de revenir au pays, alors qu'ils étaient
» à l'abri de tout danger. Maintenant que l'évidence n'est
» plus à contester, il est même question d'évacuer Fort de
» France... Quel désarroi et que de tribulations sans fin pour
» nos pauvres compatriotes !... Ce n'est pas une petite
» affaire que l'émigration de trente-cinq mille habitants au
» moins, sans compter ceux du Nord à caser, au sud de l'île
» et ailleurs.

» Je vois d'ici la désolation générale du chef-lieu où il
» faisait si bon de vivre et de mourir. Comment oublier Fort
» de France et s'habituer ailleurs ? ... Ceux-là qui venaient
» de l'exil, ces temps derniers et avaient été dépaysés à
» l'étranger disaient :« *Vive la Martinique malgré son vol-*
» *can !* » Je le répète avec eux ... Notre beau pays ne sera
» jamais remplacé par aucun pays d'adoption ; le soleil y
» semble plus brillant, grâce à une série de beaux mois que
» nous n'avons nulle part : ici, il pleut continuellement toute
» l'année ; trois jours de soleil sont une exception à la règle:
» aussi l'humidité y est grande et la chaleur excessive, ce qui
» gâte fruits et légumes. Nous regrettons notre climat
» tempéré, nos fruits savoureux et une si grande variété de
» légumes, racines... Que la vie y est facile, moins chère
» qu'à la Trinidad !...

» Il s'est produit le 25 août, à Fort de France, un phéno-
» mène atmosphérique semblable à celui qui avait détruit
» jadis la ville de Quito ; on a cru à un tremblement de terre,
» alors que cela venait de haut, comme des vibrations élec-
» triques qui auraient pu renverser les maisons par le som-
» met ; donc ce n'est pas seulement un ras de marais qu'ils
» ont à craindre, ni les autres dangers venant de la
» Montagne Pelée. La destruction les menace de tous côtés ;
» et ce jour-là, les grondements venaient du Sud, chose
» curieuse, car la soufrière du Vauclin ne fume pas encore.
» Il y a donc un travail souterrain et sous-marin considé-
» rable et aucun volcan ne peut être comparé au nôtre !

» Je conserve peu d'espoir de revoir ma Martinique mal-
» gré les projets de ma mère et de ma tante, d'y retourner
» à la fin de l'année voire même au mois d'octobre ; ce qui

» me serre le cœur douloureusement ! «*On ne transplante*
» *pas de vieux arbres,* » disent-elles... »

　　　　　　　　　　　　　　　　» M. B.

.　.　.　,　.　.　.　.　.　.　.　.　.　.　.　.　.　.　.

　　　« 18 décembre 1902. — Trinidad-Belmont.

　　» CHÈRES RÉVÉRENDES MÈRES ET AMIES,

　　» Je n'attends pas vos vœux et souhaits du nouvel an
» avant de vous envoyer les miens les plus pieux et les plus
» affectueux ! !... tout ce que l'on peut désirer à des exilées
» dont le cœur souffre loin de la patrie... Qui sait si je pour-
» rai continuer ma correspondance après des malheurs pré-
» vus, annoncés encore pour notre île infortunée, et qui,
» cette fois, nous toucheraient de plus près, brisant davan-
» tage nos cœurs et nos corps déjà endoloris, nous rui-
» nant !..
　　» Les dernières lettres reçues de Fort de France nous ont
» atterrées lundi ; elles nous apprenaient que le sol était en
» mouvement dans le Sud et que les habitants du Marin
» étaient dans l'angoisse, se demandant si leur volcan, éteint
» depuis des siècles, ne chercherait pas à se mettre aussi de
» la partie, ce qui placerait nos Martiniquais entre deux feux,
» avec la perspective de voir le pays disparaître en entier
» ou partiellement. Dieu veuille que ce soit des ter-
» reurs vaines, nous avons été visités maintes fois par des
» tremblements de terre et nous nous y sommes presque
» habitués, car ils ne causaient pas de dégâts sérieux ! . .

.　.　.　.　.　.　.　.　.　.　.　.　.　.　.　.　.　.

　　» Des préparatifs sont faits pour rouvrir notre collège de
» Fort de France, réparé à neuf ; les Pères Maristes sont
» arrivés ; ils sont bien courageux de revenir parmi nous ...
» Il est vrai que les âmes d'élite envient le sort de leurs
» aînées, ayant succombé, victimes du devoir, et ambi-
» tionnent peut-être la même fin. Ne sont-ce pas des
» martyrs ?...

　　　　　　　　　　　　　　» M. B. »

　　　　　　　　　　*
　　　　　　　　*　*

LETTRE DE SAINTE-LUCIE, ÉCRITE PAR UN COUSIN D'ÉDITH DUCHATEAU-ROGER.

« Février 1903.

» MA CHÈRE ÉDITH,

» Vous ai-je déjà raconté ma première excursion faite à
» Saint-Pierre le dimanche 30 juin ? Nous avions pris un
» des petits vapeurs qui font le service de la côte. Comment
» vous dépeindre l'horreur du spectacle qui s'offrit à mes
» yeux, lorsque je parcourus la malheureuse ville, que j'avais
» vue si belle quelque temps auparavant ? Partout des amon-
» cellements de ruines ... on ne pouvait reconnaître aucun
» des quartiers de la cité anéantie .. , à quelques endroits des
» monceaux de pierres volcaniques atteignent une hauteur
» de dix mètres !... Ce spectacle était tellement effrayant
» qu'il faisait frissonner......

.   .   .   .   , ...

» Le 25 janvier, je voulus tenter une nouvelle excursion
» dans ce champ de mort ... Nous partîmes au nombre de
» trois cent quatre-vingt-cinq environ, sur le courrier *Esk*.
» Vers cinq heures de l'après-midi, pendant que l'on
» parlait de revenir, une terrible éruption se produisit. Il
» restait encore deux cent cinquante personnes sur la place
» Bertin, attendant leur tour pour s'embarquer sur les canots
» qui devaient les conduire au steamer. La panique fut
» générale... On courait dans toutes les directions pour
» essayer d'échapper à la terrible avalanche qui arrivait.
» Naturellement cette fuite ne nous eût pas protégés si
» cette masse était tombée sur la ville. Mais le Tout-Puis-
» sant veillait sur nous et sauva nos vies, car cette trombe,
» passant sur nos têtes, alla tomber dans la mer. C'était
» une masse de fumée très dense, capable de couvrir plusieurs
» kilomètres et un énorme volume de boue brûlante projetée
» dans les airs, sillonnés par des feux sortant du cratère.
» Les deux gendarmes qui étaient avec nous, gardant la
» ville, sautèrent sur leurs chevaux, qu'ils poussèrent à force
» d'éperons en nous criant : « *Vous êtes tous perdus... dé-*
» *brouillez-vous... nous partons, car c'est sauve qui peut !* »
» et ils s'élancèrent au triple galop dans la direction du
» Carbet...
» Plusieurs des dames coururent comme des chevaux de
» course ; d'autres poussèrent des cris de détresse ; d'autres

» s'évanouissaient de frayeur ; d'autres enfin, après quelques
» instants d'une course folle, tombèrent d'épuisement et
» d'émotion. Pour moi, un instant je perdis la tête, mais ce
» ne fut pas de longue durée. Quelques secondes après, je
» repris ma présence d'esprit et j'allais au secours des Dames.
» J'en recueillis autant que je pus dans un canot et quand il
» fut au complet, saisissant les rames, je voguai lestement
» jusqu'à l'*Esk*.

» A Fort de France, où l'éruption avait jeté la panique, on
» nous croyait tous perdus, steamer et passagers ; aussi notre
» retour causa-t-il une joyeuse surprise.

» Il n'y a pas à dire, le spectacle dont j'ai été témoin est
» unique, c'est une scène sublime qui vaut la peine d'être
» vue. Aussi, après la première terreur passée, chacun se
» félicitait de cette journée dont on se souviendra long-
» temps !

» Une autre chose remarquable dont je veux vous parler,
» c'est le cône qui surmonte le volcan. Oh ! quel magnifique
» et splendide spectacle !... Représentez-vous une immense
» colonne, en forme de pain de sucre, ayant trois cents
» mètres de hauteur, étincelante comme de l'argent et lumi-
» neuse la nuit...

» Votre sœur Anna était des nôtres, et son émotion fut
» grande quand se produisit l'éruption qui faillit nous
» anéantir. Grâce à Dieu, nous en fûmes quittes pour la
» peur.

» Nous arrivâmes en pleine nuit à Castries et vous pouvez
» vous imaginer avec quelle joie nous débarquâmes dans ce
» port que, sans une protection de Dieu, nous aurions pu ne
» jamais revoir... La joie et l'émotion de la famille furent
» grandes en apprenant à quel danger nous venions d'échap-
» per, et des prières d'actions de grâces s'élevèrent de tous
» les cœurs en remerciement de l'incomparable préservation
» dont nous avons été l'objet. La joie était aussi générale
» que le deuil eût été universel, car toute l'élite de la société
» de Castries prenait part à cette excursion qui pouvait se
» terminer si lugubrement ...

» Votre cousin affectionné
» WILHELM. »

Quelque temps après, un courrier de Castries apprenait à
notre chère Novice qu'à la suite des émotions éprouvées le

jour de son pèlerinage à Saint-Pierre, sa pauvre sœur Anna était descendue dans le tombeau. L'ange de la mort s'était marqué une nouvelle victime dans cette famille qui avait cependant payé déjà un navrant tribut au terrible volcan.

* * *

CE QU'EST DEVENUE LA VIERGE DE NOTRE-DAME DE LA DÉLIVRANDE.

Après la destruction du Morne Rouge, M. l'abbé Parel envoya chercher la Madone miraculeuse, restée debout au milieu des ruines. Mais, en traversant les bois, ses porteurs, surpris par une éruption du tyran toujours éveillé, abandonnèrent leur précieux dépôt et se sauvèrent à toutes jambes.

M. l'abbé Jourdan, curé de Saint-Joseph, petite paroisse située sur les hauteurs, du côté du Lamentin, en pleines forêts vierges, apprenant que la vénérée statue était abandonnée, alla la recueillir avec bonheur accompagné de ses paroissiens, et l'emporta chez lui, l'estimant comme un trésor qu'il comptait conserver à tout prix. « Pour prendre la Vierge, disait-il, il faudra d'abord passer sur mon corps. » Et l'on disait agréablement « *que la Sainte Vierge était allée rejoindre saint Joseph* », allusion au nom de la paroisse, dirigée par M. l'abbé Jourdan.

Malgré tout son désir de conserver la relique insigne, le saint prêtre fut obligé de s'en séparer. Elle fut transportée au séminaire de Fort de France.

Le 29 juillet 1903, notre créole recevait d'une de ses amies de la Martinique une lettre dont nous extrayons les passages suivants :

« Mon oncle est allé au Morne Rouge, il y a quelques
» mois et il y est resté deux jours. Voici les détails qu'il m'a
» donnés sur ce bourg qui nous était si cher : Le couvent de
» la Délivrande n'existe plus ; c'est à peine s'il y a quelques
» morceaux de bois brûlé à terre. Les murs du parloir et de
» la citerne sont debout ; il m'a rapporté de la pharmacie
» des Sœurs, un petit bocal en verre. Le verre s'était fondu,
» et le couvercle en fer y était resté adhérent. Il m'a rapporté
» aussi un flacon fondu dans lequel il y avait eu du jalap. J'ai
» envoyé le tout à Paris à ma cousine, Mme de L.
» Monseigneur a donné à notre curé, l'autel, le beau
» chemin de croix et l'orgue de l'église du Morne Rouge.

» L'autel et le chemin de croix sont déjà placés, mais nous
» ne pouvons encore jouir de l'orgue, car il y a huit tuyaux
» de *montre* qui sont brûlés et il faut attendre qu'on en
» reçoive d'autres de France.

» Tu sais déjà que j'ai eu plusieurs fois le bonheur de
» voir et même de baiser la statue de Notre-Dame de la
» Délivrande. Elle est restée quelque temps au presbytère
» de Saint-Joseph ; en ce moment elle est au séminaire de
» Fort de France. Personne ne sait encore où Monseigneur
» la placera.

» Ma tante a une toute petite fille que l'on dirait *avoir été*
» *électrisée par le volcan* tant elle est nerveuse. Elle ne veut
» pas rester dans son berceau !...

. . . .

» En ce moment il y a une épidémie de fièvre typhoïde
» qui règne au Lamentin. Si tu pouvais m'envoyer une petite
» relique de Sœur Céline, j'en serais bien contente.

» Je t'embrasse bien affectueusement

» J. DE L. »

Toujours de tristes nouvelles de l'infortunée Martinique :
Elles viennent cette fois de sa capitale, encore debout
malgré tous les sinistres présages... Les émigrés y reviennent... l'exil leur est trop dur... ils lui préfèrent la patrie en
dépit de toutes les éventualités d'un avenir de feu...

« Hauteurs de Fort de France, 9 juin 1903.

. . . .

» Nous ne savons qu'augurer de l'activité effrayante du
» Mont-Pelé qui nécessite l'évacuation de la zone du Nord
» non encore dévastée. Le danger semblait imminent au
» commencement du mois ; nous entendions distinctement
» les grondements de la montagne sans trop d'émotion ;
» tant il est vrai que l'on s'habitue même aux éventualités
» les plus effrayantes, attendant les terreurs des fortes érup-
» tions dans un calme relatif. Que le Sacré-Cœur nous en
» préserve ! D'autant que les sinistrés, retournés dans leur
» foyer, se font tirer l'oreille pour l'abandonner de nouveau ;
» ce qui fait craindre que nous n'ayons encore de nombreux
» morts et blessés à la première occasion... Et si nos hôpi-
» taux sont laïcisés avant la fin de nos calamités volcaniques,

» je doute fort que les futures victimes reçoivent les mêmes
» soins intelligents et dévoués que ceux que prodiguent
» nuit et jour nos Sœurs de Saint-Paul... Quelle infection
» à affronter auprès de ces corps en putréfaction, même avant
» le décès !!! A l'usine, où nous nous étions réfugiées en
» famille, on en avait une idée de loin. Ne serait-ce pas le
» comble de la haine sectaire de nous infliger dans de telles
» conjonctures cette laïcisation à outrance qui priverait nos
» orphelines de leurs bonnes Sœurs ? Ce serait pour nous un
» grand regret. .   .   .   .

.   .   .   .

» La Martinique, agonisante par son volcan si meurtrier,
» qui n'a pas dit son dernier mot, devrait être respectée
» dans ses sentiments religieux ; nos populatious survivantes
» ne sont-elles pas à la veille peut-être de passer du temps
» à l'éternité, comme nos quarante mille morts derniers ?

» M. B. »

« 10 août 1903.

« CHÈRES RÉVÉRENDES MÈRES ET AMIES,

» J'avais cacheté et affranchi ma lettre, lorsque nous
» fûmes visités par un terrible cyclone du 8 au 9. Par quel-
» les angoisses nous avons passé... et que de dévastations à
» déplorer dans toute l'île, surtout à la campagne ! Ces
» fléaux successifs nous ruinent et font de notre vie une
» agonie.

» Il doit y avoir nombre de morts et de blessés à la
» Martinique ; je n'ai aucun détail jusqu'à présent... Notre
» maison de campagne est à tous les vents, recevant la pluie
» par sa toiture arrachée et projetée... Il n'est pas de fortune
» qui puisse résister à tant de fléaux successifs. On dit que les
» éclairs venant du volcan étaient effrayants ; il gronde
» joliment notre monstre depuis quelques jours, et il pourrait
» bien se mettre de la partie pour nous achever... Que Dieu
» nous garde !...

» Les bulletins du volcan ne varient pas, et rien de grave
» n'est arrivé depuis le 30 août de l'année dernière. M. Gi-
» raud est venu s'installer de notre côté pendant cet hiver-
» nage, se rendant matin et soir à Fort de France pour
» recevoir et publier les nouvelles du Monstre que ses com-

» pagnons lui envoient de leur observatoire. C'est M. Giraud
» qui remplace le savant M. Lacroix.

» Nous avons fini par nous habituer au dangereux voisin,
» qui se contente de faire entendre des grondements de
» temps à autre, après avoir menacé de nouveau le Nord.
» Je doute fort que les habitants consentent à évacuer cette
» partie de l'île si riche, les usines donnant un bon ren-
» dement.

» M. B. »

. . . .

Une autre lettre adressée à notre créole mentionne sous
une autre forme le nouveau cataclysme du 8 août.

« Lamentin, 24 août 1903.

» BIEN CHÈRE SŒUR,

» Nous voilà encore éprouvés par une nouvelle catas-
» trophe. Dans la nuit du 8 au 9 août, un violent cyclone a
» ravagé la Martinique et la Dominique ; te dire ce que nous
» avons souffert pendant ces longues heures d'angoisse, cela
» est impossible.

» Nous sommes tous restés rassemblés dans une petite
» chambre opposée au vent, priant et *attendant la mort.*
» Pendant un moment, les plus jeunes, c'est-à-dire, mon
» oncle Louis, sa femme et moi, nous sommes allés clouer
» les portes et fenêtres ; il fallait voir avec quelle rage le
» vent nous arrachait tout des mains !

» Le cyclone a commencé depuis neuf heures du soir et
» ce n'est que vers deux heures du matin qu'il a commencé
» à s'apaiser. La maison a été découverte, toutes les cases
» des travailleurs, magasins et dépendances sont entièrement
» tombés et ce qu'il y a de pire, c'est que les cannes à sucre
» (les seules ressources de l'habitation) ont été écrasées et
» arrachées. Mon oncle dit qu'il a perdu quarante pour cent
» sur la nouvelle récolte. Enfin, heureusement que dans la
» famille il n'y a eu aucune mortalité !... Nous sommes tous
» bien portants, grâce à Dieu... Mes oncles ont accepté
» cette grande épreuve bien chrétiennement ; ils sont rési-
» gnés et ont déjà recommencé avec ardeur les nouveaux
» travaux...

» Notre église a été complètement écrasée, c'est elle qui
» a le plus souffert parmi toutes celles de l'île...

» Tout ce que notre Curé avait rapporté du Morne Rouge
» n'existe plus. Monseigneur lui a donné la permission de
» retourner dans ce bourg pour prendre tout ce qui y reste
» afin de relever au plus vite l'église...

» Je ne puis t'écrire plus longuement aujourd'hui, car
» M. le Curé et son Vicaire sont ici pour toute la journée.
» Ils sont allés à l'usine pour demander au Directeur de
» leur prêter son yacht pour aller au Morne Rouge. Ils vont
» revenir tout à l'heure et je ne pourrai continuer ma lettre.
» Il faut te dire que depuis le cyclone ma chambre est sens
» dessus dessous et mon bureau ne peut s'ouvrir *tant il a bu*
» *de l'eau...* Alors je me suis installée au bureau de mon
» oncle, au salon.

» J'ai beaucoup de choses à te dire, ce sera pour le pro-
» chain courrier. Cette fois je ne t'envoie que ces deux mots
» pour te faire savoir *que je ne suis pas morte* et me recom-
» mander à tes ferventes prières ainsi que ma chère famille
» si éprouvée.

» Reçois, bien chère Amie, avec les meilleurs souvenirs
» de toute la famille, un affectueux baiser de celle qui ne
» t'oublie pas.

» J. DE L. »

« Je t'envoie la photographie de Notre-Dame de la Dé-
» livrande ; prochainement je t'enverrai les vues du volcan
» et du cyclone. Excuse ce griffonnage, *je suis sinistrée*,
» l'encre et les plumes ne valent rien. La photographie de
» Notre-Dame de la Délivrande a été abîmée par le
» cyclone ! »

Moins d'un mois après, nous recevions encore une lettre
alarmante dont nous extrayons le passage suivant :

« Fort-de-France, 22 septembre 1903.

» Nous sommes encore menacés d'un nouveau et prochain
» cataclysme, vu l'activité effrayante du Mont-Pelé depuis
» le commencement du mois. Certains voisins du volcan ont
» déjà déguerpi ; les autres vont suivre bientôt, car tout le
» Nord est menacé et trop peuplé, hélas !

» Il faut entendre les réflexions pessimistes des pauvres
» gens des hauteurs, qui passent sous nos fenêtres pour

» arriver en ville. Les grondements se succèdent, surtout
» depuis hier ; et le temps était sinistre par les cendres qui
» assombrissaient l'atmosphère. Il n'en tombe pas encore de
» notre côté heureusement, et les éruptions ne dépassent
» pas la même zone jusqu'à présent ; mais l'on s'attend à
» quelque surprise désagréable ou panique fondée au chef-
» lieu, où de légers tremblements de terre ont été ressentis
» ces jours passés. Quelle perspective après les désastres du
» cyclone non encore réparés !

» M. B. »

Les tristes nouvelles contenues dans cette lettre se trouvent confirmées par les lignes suivantes que nous empruntons
à la *Croix* de Paris :

« Des nouvelles alarmantes nous arrivent de la Martinique et le dernier rapport de M. Giraud, chef de la mission
scientifique, signale une recrudescence d'activité au cratère
de la montagne Pelée.

» Après avoir décrit les phénomènes qui se manifestent,
coulées de laves, grondements, croissance du dôme, forma-
tions de nuages denses analogues à ceux qui détruisirent
Saint-Pierre, le savant conclut par ces mots peu rassurants :

» La situation est grave, une forte éruption peut se
produire prochainement, et je répète encore que, dans ce
cas, toute la partie septentrionale de l'île, de la rivière
Capot au Carbet, serait certainement atteinte. Il y a un
danger très grand à y séjourner.

» L'évacuation totale de la partie septentrionale de l'île
s'impose de plus en plus. L'insouciance et l'obstination des
habitants de cette région qui persistent à rester malgré
des symptômes assez alarmants, peuvent faire craindre de
nouvelles catastrophes.

» Espérons que l'Administration remédiera à l'imprudence
de la population par des mesures énergiques. »

UNE GERBE DE SOUVENIRS
RECONNAISSANTS

La reconnaissance est un pont qui, jeté au-dessus de tous les événements de cette vie agitée, conduit le cœur qui doit au cœur qui a comblé...

L'ÉPANOUISSEMENT de sentiments sympathiques et confiants envers notre chère Sœur Marie-Céline de la Présentation a été trop spontané parmi nos pieuses créoles de la Martinique pour que nous nous taisions sur quelques-unes des grâces merveilleuses que lui attribuent ses aimables clientes...

Parmi ces dernières, beaucoup, nous le savons, se sont endormies de leur dernier sommeil en l'année funèbre... d'autres, Dieu merci ! survivent à l'effondrement général.... et celles-là se plaindraient si « pour la plus grande gloire de Dieu », nous ne disions rien ici des faveurs que leur « Jeune Protectrice » semble avoir accordées à leur foi, et qu'elles-mêmes nous ont relatées.

Après nous être entretenus si longtemps des tristesses de notre colonie antillaise, avoir écouté les grondements sinistres du volcan, respiré ses émanations délétères, rasséré-nons nos cœurs par le récit de quelques joies accordées par notre Dieu que nous proclamons admirable dans ses Saints ! !...

Ce ne sera pas pour cela quitter ceux avec qui nous avons pleuré... c'est au contraire prolonger notre séjour en leur compagnie, entendre ensemble la voix de ceux qui ne sont plus... de ceux pour qui les cataclysmes ont marqué le terme de leur pèlerinage terrestre... Mais s'ils sont morts à la terre, la foi nous l'enseigne, leurs âmes sont entrées dans la vie... et leurs corps eux-mêmes n'ont été jetés dans le sillon de mort que pour y germer à une nouvelle existence. « La tombe n'est point un anéantissement, elle est un berceau ([1]). »

Parmi les si nombreux témoignages de gratitude dont la

---

[1]. S. Jérôme.

Martinique n'a cessé depuis cinq ans de fleurir la tombe de
la vierge Clarisse, morte en odeur de sainteté en notre
monastère de Bordeaux, citons en premier lieu la lettre
d'une jeune femme charmante, native des Hautes-Alpes et
mariée depuis peu d'années à Saint-Pierre-Martinique. Son
amabilité, sa piété, l'y avaient rendue sympathique à toute la
société créole la plus distinguée.

Ce n'est pas sans émotion que nous avons relu, pour le
transcrire, cet autographe documentaire, émouvantes lignes
de cette parfaite jeune femme qui, nous l'avons su, succomba
au jour fatal du 8 mai.

« Saint-Pierre (Martinique), 8 octobre 1901.

» MA RÉVÉRENDE MÈRE,

» Je suis heureuse de vous faire connaître la faveur que
» votre angélique petite Sœur Céline a bien voulu m'accor-
» der dernièrement. J'étais atteinte d'un abcès des plus
» dangereux dont je souffrais horriblement. La Sœur de
» Notre-Dame de la Délivrande qui me soignait eut alors
» l'idée de me faire porter une relique de Sœur Céline et
» me dit d'invoquer avec confiance la gentille petite Cla-
» risse. Et cependant la bonne religieuse m'a avoué plus
» tard, que, l'abcès étant dans un état de formation si
» avancé, elle n'osait en espérer la guérison.

» Le médecin vint me voir et me déclara qu'il était
» urgent de donner un coup de bistouri, l'abcès ne pouvant
» disparaître tout seul...(et il ajouta en se tournant vers ma
» garde-malade) : « A moins de prières extraordinaires de la
» Sœur ! ! ! »

» Moi, j'avais confiance, j'invoquai Sœur Céline... Je me
» trouvais déjà mieux ne souffrant presque plus.

» Le lendemain, le médecin revient avec son bistouri
» et... constate d'un air légèrement surpris que l'abcès s'en
» allait bel et bien tout seul... Jugez de ma joie et de ma
» reconnaissance à Sœur Céline. Aujourd'hui je suis *presque*
» complètement remise et dans deux ou trois jours je le
» serai tout à fait !

» Les bonnes Sœurs de la Délivrande m'ont prêté la vie
» de votre cher « Ange du Noviciat » et j'ai vu avec joie
» que cette aimable petite sainte a fait sa première commu-
» nion le même jour où il m'était donné d'avoir ce grand

» bonheur. Peut-être qu'à ce titre Sœur Céline daignera me
» protéger. Ma Révérende Mère, je serais bien heureuse si
» vous vouliez avoir la charité de me nommer au Bon Dieu
» dans cette chapelle où Sœur Céline a si souvent répandu
» au pied de l'autel le parfum de ses prières et de ses
» vertus...

　» Veuillez agréer, ma Révérende Mère, l'expression de
» ma religieuse et bien respectueuse considération.

　　　　　　　　　　　　　　» Mme MICHON,

　　　　» Hôtel de la Banque à Saint-Pierre. »

　　Le couvent de Notre-Dame de la Délivrande du Morne
Rouge parut attirer spécialement les faveurs de notre chère
Marie-Céline... et c'est de là qu'on nous écrivait souvent
qu'elle semblait se plaire à réjouir les cœurs par les émanations d'odeurs célestes dont elle favorise tant de personnes,
et aussi par des guérisons attribuées à son intercession. En
voici quelques relations ;

　　« Congrégation de Notre-Dame de la Délivrande.

　　　　　　　　　» Morne Rouge, 31 mai 1901.

　　» MA RÉVÉRENDE MÈRE,

　» Nous avons été embaumées plusieurs fois par votre
» chère petite sainte. Sœur Marie-Céline est l'ange chéri e-
» imploré par toutes nos élèves, nous prêtons sa photogra,
» phie et ses reliques à tous les malades du bourg, et, déjà,
» elle se fait connaître à la Martinique. Deux jeunes filles
» semblaient être à la dernière heure, nous leur prêtons sa
» relique ; l'une d'elles est aujourd'hui en pleine convalescence,
» l'autre va mieux ; une jeune enfant ressent aussi les effets
» salutaires émanant de la céleste image. Une fillette condam-
» née par trois médecins a été guérie par la relique, après
» le vœu que la mère a fait de faire porter à son enfant
» pendant un an les couleurs du vêtement de la sainte
» Clarisse.

　» Les Sœurs de la Délivrande ont une grande confiance
» en l'intercession de Sœur Céline, nous la prions toutes.
» Nous n'avons plus de reliques, je vous en supplie, envoyez-
» nous-en le plus que vous pourrez.

» Si vous pouviez m'envoyer pour moi-même une petite
» photographie ? On en fait de petites en France pour peu de
» chose, j'en aurais ici et nous en placerions beaucoup. Je
» n'ai pas même une relique pour moi, je tiens plus à sa
» gloire qu'à ma propre satisfaction, aussi me suis-je démunie
» généreusement...

» Votre chère et très Révérende Mère Abbesse, qui est
» si bonne, ne nous refusera pas des reliques les plus mi-
» nimes, je vous le répète : *de la poussière de son tombeau !*

» SŒUR MARIE DE L'INCARNATION. »

« MA TRÈS RÉVÉRENDE MÈRE,

» Je vous remercie mille fois des reliques que vous avez
» bien voulu m'envoyer. C'est un enthousiasme qui est
» produit ici par les vies de vos si chères saintes. Je vous le
» répète, ma chère Mère, *toutes les personnes* à qui nous
» avons prêté une relique de Sœur Céline *ont été guéries*
» *pendant l'épidémie de fièvre typhoïde !*

» SŒUR MARIE DE L'INCARNATION
» fille de Notre-Dame de la Délivrande.

» Morne Rouge, 27 juin 1901. »

Un jour, nous a raconté Sœur Marguerite-Marie, je lisais
avec une autre religieuse dans la *Vie de Sœur Angélique*,
le récit de l'apparition de Sœur Céline. Nous sentîmes un
délicieux parfum d'héliotrope se répandre dans tout l'appar-
tement... J'ai su également que Mme D. R^***, en se couchant,
sentit une forte odeur d'encens. Ne se rendant pas compte
d'où elle pouvait provenir, elle envoya sa bonne pour voir
si rien ne brûlait dans le feu de la cuisine. Le parfum re-
doubla, et elle constata avec émotion qu'il sortait du petit
sachet qu'elle portait sur elle. Ce parfum continua pendant
une demi-heure.

« Morne Rouge, 30 juillet 1901.

» MA RÉVÉRENDE MÈRE,

» Par un juste sentiment de reconnaissance et pour la gloire
» de Dieu, je vous envoie les lignes suivantes : J'avais un
» petit enfant de dix ans, très souffrant de rougeole et de

» broncho-pneumonie. Il avait de pénibles étouffements et
» ne pouvait respirer que par l'extrémité d'un poumon, le
» mal ayant envahi tout le reste. Les médecins ne croyaient
» guère possible sa guérison. Je lui mis une relique de Sœur
» Marie-Céline, cousue à un scapulaire et lui fis invoquer
» avec confiance cette chère Sainte. L'enfant le fit réguliè-
» rement et il guérit à la surprise des médecins.

» Un autre enfant, très malade de fièvre, guérit aussi en
» *portant une relique de Sœur Céline.*

» Je me plais à attribuer ces faveurs à l'intercession de
» votre sainte Religieuse, à laquelle je recommande une
» cause spirituelle et temporelle toute spéciale.

» A. P.. tertiaire de Saint-François,
» Saint-Pierre Martinique. »

*
* *

POITRINAIRE GUÉRI.

Nous allons donner la guérison d'un jeune homme tel que
le récit nous en a été fait :

Vers le mois de mars 1902, un jeune mulâtre habitant le
Morne Rouge se mourait de la poitrine, condamné par le
médecin. Une religieuse de la Délivrande, avertie de son
état désespéré, alla le visiter pour le préparer à la mort et le
disposer à sa première communion qu'il avait négligé de
faire jusqu'alors. La religieuse fut bien accueillie du pauvre
mourant qu'elle fit réconcilier avec son Dieu. Elle eut alors
l'inspiration de demander sa guérison à Sœur Céline, et
faisant accepter au moribond un sachet contenant un fragment du linge de la petite Clarisse, elle le mit sous sa protection. A partir de cet instant, le pauvre malade se sentit
immédiatement soulagé. Il renaissait à la vie... ses douleurs
disparaissaient... le mieux inespéré s'accentua de plus en plus
et au bout de quelques jours il était parfaitement guéri.

Ce jeune homme était artiste dessinateur ; plein de reconnaissance pour sa charitable visiteuse, il offrit de mettre son
beau talent à sa disposition en faisant son portrait. Mais la
Sœur, lui remettant une photographie de Marie-Céline, lui
dit : « Voici celle qui, par son intercession auprès de Dieu,
vous a guéri... au lieu de faire mon portrait, je préfère que
vous reproduisiez en grand celui de votre céleste Bienfaitrice. »

L'artiste se mit à l'œuvre plein de joie et de reconnaissance, et son travail était à moitié achevé, lorsque le cataclysme du 8 mai vint brusquement l'interrompre.

Il quitta le Morne Rouge pour échapper aux menaces du terrible volcan, mais on croit qu'il ne tarda pas à y revenir et qu'il périt dans la catastrophe du 30 août.

* *

GUÉRISON D'UNE PÉRITONITE.

Un bébé de trois ans était atteint d'une péritonite. Le médecin l'avait abandonné et, le jugeant perdu, refusait de revenir le voir. Le pauvre petit se tordait dans d'atroces douleurs... déjà l'agonie commençait. — Affolée, la mère supplia Dieu d'abréger les souffrances du petit martyr en le prenant au plus tôt, tandis que le père courait au couvent de la Délivrande réclamer des remèdes et des prières.

« Je me trouvais alors à la pharmacie, raconte une Sœur de la Délivrande, et vivement émue de la douleur de ce pauvre père, je lui remis un sachet de Marie-Céline, lui disant de le mettre au bébé. Le père se hâta de rentrer chez lui et de placer la relique sur le petit malade qui s'endormit presque aussitôt. Le lendemain matin, quelle ne fut pas la joie des pauvres parents en constatant que leur enfant était entièrement hors de danger. Au bout de quelques jours, le petit malade était parfaitement rétabli. »

On nous disait, dans une lettre précitée que dans l'épidémie de fièvres typhoïdes qui sévit à la Martinique en 1901, plusieurs personnes avaient attribué leur guérison à leur confiance en Sœur Céline et à l'usage d'un de ces petits sachets qui contiennent des fragments du vêtement de l'humble Clarisse.

Ce serait trop long de donner tous les cas de guérisons ; nous extrayons des rapports qui nous ont été faits le récit suivant. Il nous intéressera, d'autant plus qu'il a trait à une de ces familles dont nous avons parlé au cours de cette histoire et qui fut, par une protection du Ciel, sauvée du cataclysme du 8 mai.

* *

GUÉRISON D'UNE FIÈVRE TYPHOÏDE.

« Une jeune fille de treize ans, Mlle Thérèse de la Villegégu, atteinte de fièvre typhoïde, venait d'être condamnée par les docteurs. Ses parents, qui l'adoraient, étaient au désespoir, ne pouvant se résigner à l'idée de sa mort qui paraissait prochaine. Déjà elle avait reçu les derniers Sacrements lorsque, pensant qu'un changement d'air pourrait avoir quelque bon résultat, ses pauvres parents la firent transporter au Morne Rouge, ce qui se fit avec des précautions infinies.

» La petite malade était couverte de plaies affreuses, dont l'une, épouvantable, de trois à quatre centimètres de profondeur, s'était formée dans le dos, et la gangrène se mettait dans toutes ces plaies devenues horriblement noires. Les Docteurs la déclarèrent perdue. « L'agonie commençait, lorsque j'appris la présence au Morne Rouge de la famille de la Ville-gégu, raconte Sœur N***. Je me rendis aussitôt auprès d'elle et, racontant à la pauvre mère la récente guérison du bébé atteint d'une péritonite, je lui remis un sachet en lui disant d'avoir confiance en Sœur Céline à qui nous allions faire une neuvaine.

» A peine le sachet était-il sur la fillette, que la fièvre baissa aussitôt. Les plaies épouvantables devinrent roses, et au bout de la neuvaine la jeune fille était en pleine convalescence. Sa santé, qui auparavant était délicate, se fortifia si bien qu'en peu de temps elle devint magnifique.

» Un des docteurs qui l'avaient soignée déclarait que ce n'était pas la science qui l'avait sauvée !...

» Le frère de cette jeune fille fut atteint, lui aussi, de la terrible maladie, mais sa mère lui mit aussitôt le sachet protecteur et les progrès du mal s'arrêtèrent. En peu de temps il fut complètement guéri. »

« Couvent du Saint-Nom de Jésus — Port d'Espagne.

» Trinidad, 29 janvier 1903. »

» MA TRÈS RÉVÉRENDE MÈRE,

» Je puis vous annoncer quelques grâces obtenues par votre
» sainte Sœur. J'ai envoyé une de ses reliques *à la Réunion*
» à une dame paralysée depuis deux ans. Elle me dit ressentir un mieux *sensible* dans son état depuis qu'elle porte
» la sainte relique. On a pu l'asseoir sur son lit et elle m'a

» même écrit, ce qu'elle ne pouvait faire depuis longtemps.
» Aussi, sans attendre le *miracle complet*, j'ai tenu à accom-
» plir tout de suite une des trois promesses que j'avais faites
» à Sœur Marie-Céline : celle de faire dix-neuf communions
» et d'assister à la Sainte Messe en action de grâces des
» dix-neuf années qu'elle a passées sur la terre. Le père
» d'une de nos Sœurs à qui nous avons donné une relique
» et qui souffrait de l'asthme d'une façon très pénible, en est
» débarrassé depuis qu'il porte la précieuse relique ; de plus
» il a été favorisé de l'odeur de parfums s'exhalant de la
» relique.

                    » SŒUR MARIE DE LA RÉSURRECTION, R. D. »

Tout ce qui précède est une cueillette faite un peu au
hasard de quelques fleurettes prises dans la gerbe de souvenirs à l'adresse de notre Sœur du ciel... Ce serait prolonger
indéfiniment que de vouloir tout reproduire. Nous allons
terminer en donnant la conversion d'un habitant du Morne
Rouge, où il était connu par son impiété. Son retour à Dieu
y eut un retentissement d'autant plus grand.

CONVERSION ÉCLATANTE

M. Gérodias, vieillard presque octogénaire habitant le
Morne Rouge, *était renommé pour son impiété*. Il inspirait
de l'effroi à tout le monde...

Ancien vétéran de la Guerre de Crimée, où il avait été
décoré, il était très habile en toute sorte de métiers, et malgré
son âge se rendait utile par son adresse et son esprit ingénieux. Très souvent on l'employait à l'église pour répara-
tions d'orgue ou autres, car il était apte à tout ce qu'il
voulait...

Une religieuse de la Délivrande qui avait essayé plusieurs
fois, mais en vain, de le ramener à Dieu, se sentit inspirée
par Sœur Céline, dit-elle, de tenter un nouvel assaut. Elle
aborde le malheureux obstiné, qui ne veut pas se rendre,
mais consent cependant à *mettre un petit sachet de Sœur
Céline dans son porte-monnaie*.

La Sœur était à peine de retour à son couvent que
Gérodias s'y présente et lui dit : « *Me voici, je suis
entre vos mains ; faites de moi tout ce que vous voudrez !* »

La religieuse, stupéfaite d'une conversion si subite, n'osait y croire. Enfin elle lui parle de confession. — « *Oui, ma Sœur*, répond le vieux soldat, *je veux me confesser... et c'est au Père Mary que je veux m'adresser, car j'ai dit beaucoup de mal de lui : je veux réparer cela.* Mais, ajouta-t-il, je suis pauvre et j'ai une dette *de vingt-cinq francs* qui m'inquiète, si j'en étais délivré, je serais tout à fait content. » La Sœur lui dit de ne pas s'inquiéter de sa dette, qu'elle s'en chargeait...

Elle partit à l'église pour annoncer la grande nouvelle de cette conversion merveilleuse au Père Mary. En route, une dame l'arrête et, lui remettant une somme de *vingt-cinq francs*, lui dit : « Prenez cela pour vos pauvres, ma Sœur. » Très émue de ce secours qu'elle sentait venir du ciel, la religieuse se dit : « *Voici pour Gérodias !...* »

Le Père Mary refusa d'abord de croire au récit de sa pieuse visiteuse : « *Gérodias s'est moqué de vous*, disait-il, *je ne le connais que trop... vous verrez ! !* » Il consentit, cependant, à recevoir sa confession. Avec de grands sentiments de repentir, le vieillard confessa ses longs égarements. La confession fut très longue, et le Père Mary, vivement touché, embrassa son pénitent...

Gérodias persévéra dans ses bonnes dispositions. Tous les jours il suivait le catéchisme préparatoire à la première communion. Il fit avec une ferveur touchante la retraite de trois jours qui précéda cette grande action. Le jour de sa première Communion fut un jour de fête pour toute la paroisse. Tous étaient émus lorsqu'ils virent le beau vieillard, radieux d'une joie sainte, la décoration des braves étincelant sur sa poitrine, revenir du banquet sacré.

« *Ah !* disait-il souvent après, *si j'avais su que c'était si bon de servir Dieu, je l'aurais toujours servi !* »

**

Ce qu'un converti n'a pu dire qu'au soir de sa vie, nous qui avons eu le bonheur de le répéter depuis notre enfance, oh ! redisons-le avec nos pieux lecteurs avant de nous séparer : *oui, il fait bon de servir Dieu !... son joug est doux et léger !* Dans les labeurs spirituels ou matériels de ce service, dans les souffrances ou dans la joie, dans le malheur ou la prospérité, aux jours de deuil comme aux jours de joie, du matin au soir et du soir au matin, à la vie, à la mort,

toujours, soyons de fidèles serviteurs de notre Dieu ; glori-
fions-nous d'être voués au service de ce divin Maître, bénis-
sons notre sort, et rappelons-nous ce mot célèbre :

« SERVIR DIEU, C'EST RÉGNER ! »

TABLE DES MATIÈRES.

Une gerbe de souvenirs reconnaissants.

Une histoire vécue.

DU MÊME AUTEUR.

Le Mois du divin Epoux, format in-12. — Prix : **3** fr. ; franco, **3** fr. **50.**

De la Terre au Ciel ou 12 séries d'exercices pour la retraite du mois. 2 volumes in-12. — Prix : **5** fr. ; franco, **5** fr. **80.**

Histoire de Philippa de Gueldre, 2 volumes in-8°. — Prix : **7** fr. ; franco, **7** fr. **85.**

Le Poème de saint Antoine de Padoue. — Prix : **3** fr. ; franco, **3** fr. **45.**

Histoire poétique de la Bienheureuse Isabelle de France. — Prix : **1** fr. **80** ; franco **2** fr.

Histoire poétique de la Bienheureuse Marguerite-Marie, Vierge Visitandine. — Prix : **2** fr. **75** ; franco, **3** fr. **30.**

Marthe et Marie ou les **Échos de Béthanie répercutés dans les maisons religieuses.** 2 volumes in-12, brochés. — Prix : **4** fr. ; franco, **4** fr. **75.**

Fleur du Cloître ou **Vie édifiante de Sœur Marie-Céline de la Présentation,** Vierge Clarisse, morte en odeur de sainteté à l'âge de dix-neuf ans. — Prix : **3** fr. ; fianco, **3** fr. **70.**

Le Dévouement sanctifié ou le **Guide des Sœurs Converses.** Prix : **3** fr. ; franco, **3** fr. **50.**

Prodiges et Faveurs (supplément à la Vie de Marie-Céline de la Présentation). Prix : **1** fr. ; franco, **1** fr. **25.**

Vie édifiante de Sœur Marie-Angélique de la Croix. — Prix : **3** fr. ; franco, **3** fr. **85.**

Mois de sainte Claire. — Prix : **1** fr. ; franco, **1** fr. **25.**

Pour tous ces ouvrages, s'adresser au Monastère des Clarisses, 123, rue de Nimy. — MONS (Belgique).

Imprimé par Desclée, De Brouwer et Cie, Lille-Paris-Bruges.

CARTE DE LA MARTINIQUE.

www.ingramcontent.com/pod-product-compliance
Lightning Source LLC
Chambersburg PA
CBHW051243050726
47594CB00001B/288